beck'sche reihe

bsr

C.H.Beck Geschichte Europas – die zehnbändige Reihe vereint herausragende Vertreter der deutschen Geschichtswissenschaft, die auf dem neuesten Stand der Forschung eine zugängliche und zeitgemäße europäische Geschichte vorlegen. Ihr Blickwinkel ist europäisch, nicht nationalstaatlich. Sie konzentrieren sich auf zentrale Entwicklungen, die ein ganzes Zeitalter prägten, und vermitteln zugleich das wichtigste Wissen über den behandelten Zeitraum. So wird deutlich, was «Europa» in den unterschiedlichen Epochen seiner langen Geschichte ausmachte und was für Vorstellungen jeweils mit dem Begriff verbunden wurden.

Zwar verfielen die europäischen Imperien nach 1945, und der Kontinent erreichte nie wieder die Stellung als politisches, wirtschaftliches und kulturelles Zentrum der Welt, die er vor 1914 inne gehabt hatte. Doch trat Europa in eine Periode außergewöhnlichen Wohlstands ein und erfuhr in seinem westlichen Teil eine grundlegende gesellschaftliche Demokratisierung. In Westeuropa entstanden in dieser Epoche der moderne Wohlfahrtsstaat, eine liberale Zivilgesellschaft und stabile Demokratien. Das östliche Europa erlebte eine von oben erzwungene Industrialisierung, Alphabetisierung und soziale Sicherung im Zeichen zum Teil brutaler Diktaturen. In seinem konzisen Überblick zeigt Hartmut Kaelble, wie sich trotz der Fronten des Kalten Krieges die alten Divergenzen zwischen Ost und West sowie Nord und Süd mit wachsenden Gemeinsamkeiten zwischen den europäischen Gesellschaften vermischten.

Hartmut Kaelble, geb. 1940, war bis zu seiner Emeritierung Professor für Sozialgeschichte an der Humboldt-Universität zu Berlin. Seitdem hat er dort eine Seniorprofessur inne. Bei C.H.Beck ist von ihm erschienen: Sozialgeschichte Europas. 1945 bis zur Gegenwart (2007).

Hartmut Kaelble

Kalter Krieg und Wohlfahrtsstaat

Europa 1945–1989

C.H.BECK GESCHICHTE EUROPAS

Mit 3 Abbildungen und 3 Karten

© Verlag C.H.Beck, München 2011/Satz, Druck u. Bindung: Druckerei C.H.Beck, Nördlingen/Umschlagbild: Brandenburger Tor mit Stacheldraht um 1965/© V. Pawlowski/ullstein bild/Umschlagentwurf: malsyteufel, willich/Printed in Germany/ISBN 3 406 61327 2/*www.beck.de*

Inhaltsverzeichnis

Einleitung

Dieser Band handelt von einer Epoche, die fast das Ende Europas hätte bedeuten können. Direkt nach dem Zweiten Weltkrieg war der Kontinent in weiten Teilen ein Trümmerhaufen. Viele Stadtzentren, Wohnviertel, Eisenbahnen, Straßen und Brücken waren zerstört. Rund 50 Millionen Menschen waren im Krieg umgekommen, darunter viele Zivilisten. Die zahllosen Kriegsgeschädigten, Invaliden, Vergewaltigten, psychisch Ausgebrannten sind nie gezählt worden. Europa war drei Jahrzehnte vorher, am Vorabend des Ersten Weltkriegs, noch das glanzvolle politische, wirtschaftliche und kulturelle Zentrum der Welt gewesen. Nun hatte es nicht einmal mehr die Macht, die grundlegenden Entscheidungen über sich selbst zu treffen. Sie fielen jetzt in Washington und Moskau.

In dem halben Jahrhundert danach nahm Europa jedoch eine ganz erstaunliche Entwicklung: Es gewann eine Friedensstabilität zurück, wie sie jahrzehntelang nicht mehr bestanden hatte, und trat in eine Periode außergewöhnlichen Wohlstands ein. Zumindest in seinem westlichen Teil begann eine Zeit der stabilen Demokratie, wie sie selbst diese Region nie hatte genießen können. In ganz Europa setzte eine Epoche der intensiven Staatstätigkeit ein. Das westliche Europa sah die Entstehung des modernen Wohlfahrtsstaates, der modernen Stadtplanung, des modernen Bildungs- und Gesundheitssektors, das östliche Europa erfuhr eine von oben durchgeführte Industrialisierung, Alphabetisierung und soziale Sicherung, allerdings erzwungen durch brutale Diktaturen. Der Wiederaufstieg Europas, aber gleichzeitig auch seine tiefe Spaltung zwischen Demokratien und Diktaturen sind das zentrale Thema dieses Bandes.

Die Zeit vor 1914, in der der Kontinent die Welt beherrscht hatte, kehrte allerdings nicht zurück. Die europäischen Imperien verfielen in den ersten drei Jahrzehnten nach 1945 endgültig, und mit ihnen vergingen die kolonialen Repressionen und deren massive Rückwirkungen auf die Mutterländer. Europa wurde nicht noch einmal das Zentrum der Welt, sondern blieb politisch, kulturell und wirtschaftlich eine zweitrangige Weltregion ohne Glauben an eine eigene Mission, aber auch ohne die militärischen und wirtschaftlichen Kosten einer Weltmission. Darüber hinaus bot es seinen Bürgern weit mehr soziale Sicherheit und weit mehr Wohlstand, wurde im westlichen Teil weit demokratischer als vor 1914. Sein Wiederaufstieg gab dem Kontinent nicht nur ein ganz anderes Antlitz als vor 1914, die Europäer lernten auch allmählich, dass die angebliche Glanzzeit vor 1914 ein fahler Traum war und es sich nicht lohnte, ihr nachzutrauern. Aber gleichzeitig mussten sie mit neuen Herausforderungen und Krisen, mit neuer Armut und erneuter Arbeitslosigkeit, mit der schlechten Integration von nach dem Weltkrieg neu eingewanderten Immigranten, mit den Gräben zwischen Ost und West, zwischen reichen und armen europäischen Ländern sowie mit der neuen Verantwortung für die Nachbarn Europas fertig werden.

Nachkriegskrise und Wiederaufstieg Europas waren nicht völlig einzigartig. Man sollte nicht vergessen, dass auch anderswo in dieser Zeit ganz ähnliche Erfahrungen gemacht wurden. Drei wichtige andere Weltregionen steckten direkt nach 1945 ebenfalls in einer tiefen Krise und überwanden sie anschließend: die Sowjetunion sowie Ostasien und Südasien. In ihrem überlebenswichtigen westlichen Teil war die Sowjetunion besonders stark zerstört und hatte eine enorme Zahl an Toten zu beklagen. Sie gehörte zwar zu den Siegern des Zweiten Weltkriegs, aber diesen Sieg hatte sie sehr teuer bezahlt. Ostasien hatte wie Europa ebenfalls einen verheerenden Krieg erlebt, mit ähnlichen Zahlen von Toten und einem ähnlichen Ausmaß an Zerstörungen. China zählte mehr Kriegstote als die meisten europäischen Länder. Japan war durch eine ähnliche Nachkriegsnot gelähmt. Indien hatte zwar keinen Krieg auf eigenem Boden erlebt, war aber doch als Teil des britischen Imperiums in den Zweiten Weltkrieg verwickelt gewesen und geriet nach der Unabhängigkeit 1947 in einen Bürgerkrieg, der viele Millionen Menschenleben forderte.

Auch diese drei Weltregionen erlebten in den folgenden Jahrzehnten einen Aufstieg zu – allerdings bescheidenem – Wohlstand und zum Global Player, wenn auch einen anderen Aufstieg als Europa, meist mühsamer und langsamer, in China mit schweren Krisen und Millionen von Toten, ohne Demokratie bis heute sowohl in China als auch in Russland, am Ende aber doch mit einer weit besseren materiellen Situation als in der unmittelbaren Nachkriegszeit. Man muss daher genau hinsehen und genau vergleichen, um das Besondere an der europäischen Entwicklung herausstellen zu können. Darüber hinaus verlief die Geschichte Europas nach 1945 nicht isoliert von den anderen Weltregionen. Sie war inter- und transnational stärker verflochten als je zuvor.

Dieses Buch versucht die Geschichte Europas seit 1945 in viererlei Hinsicht aus einem besonderen Blickwinkel zu erzählen. Es rückt erstens die politische Geschichte nicht so stark ins Zentrum wie die meisten anderen Überblicksdarstellungen, sondern gibt der Gesellschafts-, Kultur- und Wirtschaftsgeschichte das gleiche Gewicht. Man kann die Geschichte Europas seit 1945 nicht begreifen, wenn man sich ganz auf die Politik beschränkt. Weder die Krise um 1945 noch der spätere Wiederaufstieg noch die Teilung im Kalten Krieg waren rein politische Entwicklungen, so wichtig die Politik auch immer blieb.

Zu fragen, was die Geschichte Europas als Ganzes ausmacht, ist ein zweites Anliegen dieses Buches. Sie war nicht einfach ein Nebeneinander von 30 bis 40 Nationalgeschichten. Sie hatte vielmehr ihre eigenen Tendenzen, Ereignisse, Themen und Kontroversen, die sich von Epoche zu Epoche änderten und sich auch im Blick der Historiker verschieben. Die Geschichte jedes einzelnen europäischen Landes in einem Band über die Geschichte Europas schreiben zu wollen, würde weder den individuellen Nationalgeschichten noch der gesamteuropäischen Geschichte gerecht. Es ist allerdings nicht immer einfach, die wirklich gewichtigen europäischen Tendenzen herauszufiltern, weil sie fast nie alle europäischen Länder betrafen. Die Anfänge gemeinsamer europäischer Entwicklungen müssen manchmal sogar in Epochen behandelt werden, in denen sie erst einmal nur einen kleineren Teil Europas betrafen.

Innereuropäische Unterschiede, ihre Zunahme und ihre Abschwächung herauszuarbeiten, ist ein drittes Anliegen. Dabei geht es nicht ausschließlich oder in erster Linie um den Gegensatz zwischen Europa und den Nationalstaaten und um Unterschiede zwischen den einzelnen europäischen Ländern. Die internationalen Gräben zwischen ganzen *Gruppen* von Ländern waren in der zweiten Hälfte des 20. Jahrhunderts für Europa prägender, die Gräben des Kalten Krieges zwischen östlichem und westlichem Europa, die Gräben zwischen den wohlhabenderen industrialisierten und den ärmeren agrarischen Ländern, die Gräben zwischen den zerfallenden europäischen Kolonialimperien mit ihren letzten Kolonialkriegen und den Nationalstaaten ohne Kolonien. Aus den inneren Unterschieden Europas ein Dogma von einem Kontinent der außergewöhnlichen inneren Vielfalt zu schneidern, ist allerdings nicht die Absicht dieses Buches. Es wird vielmehr versucht, für jede Epoche zu verfolgen, welche Divergenzen und Konvergenzen Europa prägten und ob eher jene oder eher diese überwogen. Diese Einordnung der inneren Unterschiede und Gemeinsamkeiten Europas wurde bisher noch in keinem Handbuch über die Geschichte Europas seit 1945 vorgenommen.

Das vierte Anliegen dieses Bandes ist der bisher meist vernachlässigte globale Kontext der Geschichte Europas nach 1945. Zwar gehört ein ausführliches Kapitel über die Entkolonialisierung zum Standard der Überblicksdarstellungen, aber in der Entkolonialisierung erschöpften sich schon in ihrer Epoche nicht die globalen Verflechtungen Europas. Nach dem Ende der europäischen Kolonien gingen diese zudem nicht einfach verloren. Die neue postkoloniale globale Rolle Europas, welche die europäische Gegenwart zutiefst prägt, gerät in den klassischen, auf Europa selbst beschränkten Erzählungen zu wenig in den Blick.

Diese roten Fäden werden über drei Epochen hinweg verfolgt: die unmittelbare Nachkriegszeit, die Jahre vor der Normalisierung der Grundversorgung der Bevölkerung um 1950, aber auch die Zeit des beginnenden Kalten Krieges; danach der außergewöhnliche Wirtschaftsboom und der Höhepunkt des Wohlfahrts- und Planungsstaats der 1950er- und 1960er-Jahre, zugleich die heißeste Phase des Kalten Krieges; schließlich nach dem säkularen Umbruch der 1970er-Jahre die politische Glanzzeit des Marktliberalismus, die erneute, nach der durch den Ersten Weltkrieg abgebrochenen, Globalisierung, aber auch die morose Zeit der steigenden Arbeitslosigkeit, der verschärften sozialen Ungleichheit und des erneut zugespitzten Kalten Krieges der späten 1970er- und frühen 1980er-Jahre. Das Buch endet in einem kurzen Epilog über das Jahr 1989.

Im Durchgang durch Wirtschaft, Kultur, Gesellschaft und Politik Europas leiten den Leser drei rote Fäden, die auch den Zuschnitt der drei Kapitel zu jeder Epoche bestimmen: die *gemeinsamen* Entwicklungen und Ereignisse, Krisen und Aufschwünge; die innereuropäischen *Divergenzen und Konvergenzen*, die Teilungen und das Zusammenwachsen Europas; und die *globale* Rolle Europas, der Abstieg des Kontinents vom imperialen politischen Zentrum der Welt und sein Hineinwachsen in eine ganz andere, postkoloniale Rolle.

Prolog: Europa um 1945

1945 war ein Tiefpunkt der europäischen Geschichte. Dieser lastete umso mehr auf dem Kontinent, als das Jahr zwar ein Ende des Krieges, aber noch keinen Aufbruch aus der Krise brachte. Er war in diesem Sinne keine Trennlinie zwischen zwei Epochen. Mit den kläglichen Selbstmorden Hitlers und seiner engeren Kamarilla, ihrem Herausstehlen aus der Verantwortung, mit der bedingungslosen Kapitulation des nationalsozialistischen Deutschland, mit dem Zusammenbruch des brutalen nationalsozialistischen Besatzungsregimes in Europa, mit der Befreiung der KZs, in denen Millionen von Menschen ermordet worden waren, mit dem Schweigen der Waffen nach einem Krieg, der in seiner Schlussphase besonders viele Menschenleben sowohl unter den Zivilisten als auch unter den Soldaten gekostet hatte, ging eine Schreckenszeit zu Ende. Aus diesem Grunde brachte das Kriegsende eine Zeit der Feste, des Tanzens, der läutenden Kirchenglocken, der Freude über das Ende deutscher Besatzung. Auch in Deutschland waren nicht wenige erleichtert. «Als die ersten amerikanischen Panzer an meinem Fensterchen vorbeirollten, war ich unendlich froh», schrieb Hildegard Hamm-Brücher, damals eine junge, promovierte Chemikerin, in ihr Tagebuch. «Der Krieg in Europa ist aus.»[1]

Aber gleichzeitig wurde mit dem Ende des Krieges erst die Katastrophe voll sichtbar, in die der Krieg geführt hatte. Erst jetzt nach dem Ende erfuhren viele Menschen, wer in der eigenen Familie umgekommen war, und erst jetzt starben Hoffnungen auf ein Wiedersehen. Die spätere französische Politikerin jüdischer Abstammung Simone Veil beschrieb Jahrzehnte danach in ihrer Autobiografie ihre Rückkehr aus dem KZ: «Der Krieg war vorüber. Meine Schwester und ich waren noch am Leben, aber die Raserei der Nazis hatte [...] uns einen hohen Tribut abverlangt. Schon bald erfuhren wir, dass wir weder unseren Vater noch unseren Bruder Jean jemals wiedersähen. Meine Mutter hatte den Typhus nicht überlebt.»[2] Es schien aussichtslos, aus eigener Kraft die in Trümmern liegenden Städte, die zahllosen zerstörten Brücken und Eisenbahnen wieder aufzubauen, die verminten Wälder zu räumen und die Wirtschaft wieder in Gang zu bringen. Das Jahr 1945 bedeutete zudem für viele Europäer nicht das Ende, sondern die Fortsetzung der Gewalt in anderer Form: von Vergewaltigungen, Vertreibungen von Polen, Ungarn, Italienern und Deutschen mit vielen Toten, bürgerkriegsähnlichen Abrechnungen mit den Kollaborateuren in bis dahin besetzten Ländern und von Selbstmorden.

Das Jahr 1945 war schließlich auch ein Jahr der Ermüdung, des Ausgelaugtseins, der Erschöpfungskrankheiten und der inneren Lähmung sowie der schwierigen Rückkehr in vom Krieg psychisch schwer angeschlagene Familien. Eine amerikanische Europakennerin schrieb über Warschau: «Das Jahr 1945 war kein Jahr des Neuanfangs, der Zukunftspläne.» «Es war noch zu früh, um an die Zukunft zu denken», urteilte Jean Monnet, einer der Väter der europäischen Integration, drei Jahrzehnte später in seinen Memoiren. «Die Folgen des Krieges, die Aufgabe des Überlebens nahm alle Mittel, alle Energie in Anspruch.»[3]

Wirtschaft. Diese Nachkriegskrise war eine Krise des ganzen Europa. Nur sechs Länder waren wenig betroffen: am Rande des Kontinents Island, Irland und Schweden sowie Spanien und Portugal und in seiner Mitte die Schweiz. Für die meisten Europäer war dies nicht die erste Krisenerfahrung ihres Lebens. Viele hatten zuvor schon den Ersten Weltkrieg, die anschließende Nachkriegskrise und die Weltwirtschaftskrise ab 1929 erlebt. Aber die Krise, die 1945 begann, war doch grundlegend anders. Sie traf die Wirtschaften viel schwerer, brachte mehr Not und Leid für die Europäer mit sich, löste ganz ungewohnte gesellschaftliche Spannungen und eine tiefe Verarmung der Kultur aus und trieb viele Länder in eine schwere politische Krise bis hin zu bürgerkriegsähnlichen Zu-

Abb. 1: Der Zweite Weltkrieg verursachte in ganz Europa schwere Zerstörungen. Hier ein Blick auf das durch deutsche Luftangriffe verheerte Rotterdam, Februar 1941.

ständen. Sie unterschied sich zudem von einer gewöhnlichen zyklischen Krise, in der die Produktion sinkt und die Arbeitslosigkeit steigt. Ausgelöst wurde sie durch die Zerstörungen des Krieges und durch den Tod von vielen Millionen Menschen, die nun als Arbeitskräfte ausfielen. Zumindest im westlichen Europa waren die während des Krieges modernisierten Produktionsanlagen überwiegend intakt oder ließen sich vergleichsweise schnell wieder in Gang bringen. Entscheidend war die Zerstörung der Verkehrswege und -mittel, der Eisenbahnen, Straßen und Brücken, Schiffe, Züge und Kraftfahrzeuge sowie der städtischen Geschäftszentren und vieler städtischer Wohnviertel. Dadurch konnten die Rohstoffe nur unter großen Schwierigkeiten in die Fabriken transportiert und deren Produkte nicht wie gewohnt an die Kunden geliefert werden. Je nach Grad der Schäden traf es die einzelnen Länder unterschiedlich schwer.

Vor allem wegen des Ausfalls der deutschen Wirtschaft fehlte es in Europa an Industriegütern. Gravierend waren darüber hinaus die Schäden in der Landwirtschaft, der Verlust an Vieh, an Saatgut und an landwirtschaftlichen Maschinen. Der Agrarsektor produzierte infolgedessen nicht mehr genug, um den Kontinent zu ernähren. Europa musste deshalb große Mengen an Nahrungsmitteln importieren. Für die Einfuhr von Industriegütern und Nahrungsmitteln aus den USA fehlten jedoch die Devisen, und diese «Dollarlücke» konnte die europäische Wirtschaft nicht mehr wie vor dem Weltkrieg durch Exporterlöse schließen.

Anders als in gewöhnlichen zyklischen Krisen waren die Geldmittel der Konsumenten in der Nachkriegszeit keineswegs gering. Ganz im Gegenteil hatten die Europäer während des Krieges ihre Einkommen oft nicht ausgeben können und besaßen deshalb erhebliche Reserven. Die Disparitäten zwischen Geldbesitz und Knappheit von Gütern führten zu einer starken Inflation. Zwar war auch die Arbeitslosigkeit in der Nachkriegszeit hoch, aber nicht so hoch wie während der Weltwirtschaftskrise und daher nicht das zentrale Problem. In manchen Ländern wie Frankreich oder Belgien waren Arbeitskräfte sogar knapp. Das Vertrauen in den Markt, wie es vor dem Ersten Weltkrieg in Bevölkerung und Öffentlichkeit bestanden hatte, war zudem durch die Erfahrung der Weltwirtschaftskrise, aber auch der Wirtschaftsplanung während der beiden Weltkriege erheblich geschwächt worden. Das Auseinanderfallen von Geldbesitz und Warenangebot, die schlechte Versorgung mit Nahrungsmitteln und Wohnungen sowie die steigenden Preise bei sinkenden Reallöhnen verstärkten dieses Misstrauen in den Markt noch weiter.

Gesellschaft. Auch gesellschaftlich unterschied sich die Situation Europas um 1945 grundlegend von den vorhergehenden Krisen. Noch stärker litten die Europäer unter Hunger wegen der schlechten Lebensmittelversorgung, unter Kälte wegen fehlender Brennstoffe, unter Krankheiten wegen der schlechten medizinischen Versorgung und unter dem Fehlen einer Privatsphäre wegen der Wohnungsknappheit. Für eine Friedenszeit war die Sterblichkeit in einigen europäischen Ländern ungewöhnlich hoch. Insbesondere die Kindersterblichkeit stieg in den meisten vom Krieg betroffenen Ländern erschreckend an und war nicht nur höher als in der vorangegangenen Friedenszeit, sondern auch höher als im Zweiten Weltkrieg.

Der Zweite Weltkrieg hatte wie kein anderer europäischer Krieg des 19. und 20. Jahrhunderts die Zivilbevölkerung in Mitleidenschaft gezogen, durch wirtschaftliche Ausbeutung, Bombardements, Deportationen und Vertreibungen, Vergewaltigungen und durch Genozide und systematische Liquidierungen von Eliten. Auch nach seinem Ende waren daher die europäischen Familien weit schwerer als nach früheren Kriegen durch den Kriegstod von Angehörigen oder die Unsicherheit über deren Verbleib, durch Invalidität und psychische Schäden, durch Zerstörung von Wohnungen und Heimatlosigkeit und durch Probleme des Alltags belastet.

Eine neue Erfahrung war die Anomie, der kurzfristige Zusammenbruch der politischen und rechtlichen Ordnung zwischen dem Ende der nationalsozialistischen Herrschaft und der Errichtung der neuen Ordnung der Alliierten beziehungsweise der neuen nationalen Regierungen. In diesem rechtlichen und politischen Schwebezustand war jeder auf sich allein gestellt. Dieser Zustand lähmte oft, löste manchmal auch hektische Betriebsamkeit aus. In vielen europäischen Ländern entstanden daraus vorübergehend volatile nichtoffizielle Ordnungen des Schwarzmarkts, der Hamsterbeziehungen zwischen Landbewohnern und Städtern, der Jugendbanden, der neuen Geschlechterrollen, der Exklusion der Flüchtlinge aus der sozialen Ordnung der Einheimischen. Sie bauten sich neben den von oben gesetzten, vorübergehenden Ordnungen auf, den Lagern der Kriegsgefangenen, den Zwischenlagern für Juden aus den KZs und für *Displaced Persons* und den Beziehungen zwischen den einmarschierenden Besatzungstruppen und den Besetzten.

Niemals zuvor waren so viele Europäer im 20. Jahrhundert erzwungenermaßen mobil und dabei noch zusätzlich belastet durch ein weitgehend zerstörtes Transportsystem. Millionen waren davon betroffen. Ehemalige Zwangsarbeiter kehrten in ihre Heimat zurück oder suchten, wenn sie dort nicht mehr willkommen waren, eine neue. Entlassene Kriegsgefangene und Soldaten, KZ-Insassen, Deportierte und Evakuierte strebten zu ihren Familien. Vertriebene und Flüchtlinge suchten eine neue Heimat, teils weil sie wie viele Deutsche, Polen, Italiener, Finnen und Ungarn aufgrund der neuen Grenzziehungen ihre gewohnte Umgebung verlassen mussten, teils weil sie unter den neuen politischen Regimen der Nachkriegszeit nicht überleben konnten oder leben wollten. Relativ klein war demgegenüber die Zahl der Experten, die aus den Ländern der ehemaligen Achsenmächte freiwillig oder gezwungenermaßen in die Länder der Alliierten überwechselten. Die erzwungene Mobilität traf nicht alle gleich hart. Ehemalige nationalsozialistische und faschistische Machthaber flohen oft komfortabel über den Atlantik. Viele überlebende KZ-Insassen mussten dagegen in Lagern erst einmal wieder physisch instand gesetzt werden, um überhaupt reisen zu können. Im Krieg Evakuierte fanden nicht selten leicht in ihre frühere Umgebung zurück, während viele Flüchtlinge mühsam eine neue Existenz aufbauen mussten.

Das Jahr 1945 war auch geprägt durch neue, unfreiwillige Formen des familiären Zusammenlebens. Mehrere Familien mussten häufig für ein paar Jahre zusammen in einer einzigen Wohnung wohnen und sich damit abfinden, Zimmer, Küche, Toilette und Garten zu teilen und auf die gewohnte Intimität zu verzichten. Zudem sprangen die Scheidungsraten in die Höhe, weil viele rasch geschlossene Kriegsehen in die Brüche gingen oder weil die Rollen, in die sich Ehemänner und Ehefrauen durch den Krieg einleben mussten, nicht zusammenpassten. Die außerehelichen Geburten stiegen an, teils wegen der Vergewaltigungen, teils wegen der durch die Kriegsverluste herrschenden Männerknappheit, teils weil im Nachkriegschaos auf die Zukunft gerichtete Entscheidungen wie eine Eheschließung aufgeschoben wurden.

Nach dem Krieg entwickelten sich in Europa schließlich auch ganz neue Formen der sozialen Ungleichheit. Neben die klassischen Ungleichheiten zwischen sozialen Klassen, Ethnien, Nationalitäten und religiösen Gruppen traten vorübergehend neue soziale Ungleichheiten und Konflikte in den Vordergrund: die zwischen den Städtern mit ihrem Hunger, aber auch mit ihren Gemälden, Teppichen, Möbeln und den Bauern, Händlern und Waldbesitzern mit ihren Lebensmitteln, ihrer Kohle und ihrem Holz; die neue Ungleichheit zwischen den Flüchtlingen und den Einheimischen, hinter der oft auch unterschiedliche Konfessionen standen; die Gegensätze zwischen Widerstandskämpfern oder Unbelasteten und den abgesetzten Trägern und Kollaborateuren des alten Regimes; und in den Teilen Europas, die von den Alliierten besetzt waren, die neuen Unterschiede zwischen den wenigen Europäern, welche die Sprache der örtlichen Besatzungsmacht beherrschten, und den vielen anderen, die mit ihr nicht kommunizieren konnten.

Kultur. Auch die Kultur befand sich um 1945 in einer Krise, allerdings mit Unterschieden zwischen den europäischen Ländern. Der Kunstbetrieb litt an den Folgen von Diktaturen und Krieg, am Tod vieler Künstler, an der politischen Isolation, der psychischen Ausgelaugtheit und der materiellen Not ihrer Träger, am Niedergang und dem Verbot von Künstlerzeitschriften und Künstlerreisen während der Diktaturen und Besatzungen, an der Zerstörung und Schließung von Museen und Galerien, von Theatern, Konzerthäusern und Opern sowie von Kunstschulen. Neuentwicklungen gab es kaum. Der Aufbruch der «Goldenen Zwanziger» nach dem Ersten Weltkrieg wiederholte sich nach dem Ende des Zweiten Weltkriegs zunächst nicht.

Schon 1945 begann zudem ein tief gehender Generationskonflikt das kulturelle Leben Europas zu prägen. Auch er war Teil der Krise. Die damals ältere Generation hatte den Zweiten Weltkrieg in Europa getragen oder ertragen, war entweder aktiv am Krieg beteiligt gewesen, hatte zurückgezogen gelebt oder war, in den seltensten Fällen schon 1945, aus dem Exil zurückgekehrt. Diese Generation rückte nun in die politischen und wirtschaftlichen Machtpositionen ein und begann auch die Kultur zu prägen. Ihr stand eine junge Generation gegenüber, die als Soldaten im Zweiten Weltkrieg gedient oder als Zivilisten die Bombardements und die nationalsozialistische Herrschaft erlitten hatte und stark dezimiert war, nun ihre Ausbildung nachholen, unter den schwierigen damaligen Umständen eine Familie gründen wollte und nicht selten aus dem verarmten, zerstörten Europa auswanderte. Sie sah sich als missbrauchte Generation und warf der in den Machtpositionen sitzenden älteren Generation vor, dass sie versagt habe und die Schuld an der Misere Europas trage.

Der Schriftsteller Heinrich Böll, damals selbst ein junger aus dem Krieg zurückgekehrter Soldat, sagte dreißig Jahre später in einem Interview über die junge Generation der Nachkriegszeit: «Ihr Nihilismus, ihre Gleichgültigkeit oder Verachtung bürgerlicher Formen waren doch höchst suspekt. Und die Anpassung der Heimkehrenden in diese Gesellschaft war sehr schwierig [...] Obwohl die Generation der Väter, nennen wir sie so, den Faschismus nicht hatte verhindern können, sondern mit einer gewissen Blindheit hatte über sich ergehen lassen, warf man meiner Generation vor, dass wir Nazis gewesen waren [...], diese eingebildete Herablassung der alten Liberalen.»[4] Die Philosophie des französischen Existenzialismus begann in dieser jungen Generation eine große Rolle zu spielen, da sie ein Grundgefühl ausdrückte: das Ende der alten Werte, den Zusammenbruch der traditionellen weltlichen wie kirchlichen Autoritäten und das Zurückgeworfensein des Individuums auf sich selbst, seine individuelle Existenz und seine persönliche Freiheit.

Politik. Schließlich steckte Europa 1945 in einer tiefen politischen Krise. Erstens besaß es kaum noch politische Eigenständigkeit. Auch nach dem Ende der nationalsozialistischen Herrschaft konnte es nicht selbst über seine Zukunft entscheiden, da es nur in wenigen Ländern, in Großbritannien und in den vom Krieg verschonten Ländern, eine Kontinuität der Regierung gab. In den meisten Staaten mussten nicht nur Regierungen, sondern ganze politische Systeme mit neuen Verfassungen und neuen Parteien erst einmal neu etabliert werden. Die Grundentscheidungen über die zukünftigen Grenzen Europas waren daher anders als nach dem Ersten Weltkrieg nicht von einer Friedenskonferenz von Europäern unter amerikanischer Beteiligung, sondern auf den Konferenzen von Teheran (1943), Jalta (Februar 1945) und Potsdam (Juli 1945) von den USA und der UdSSR unter Beteiligung eines einzigen europäischen Regierungschefs, des britischen Premierministers Winston Churchill, gefällt worden.

Zweitens standen viele europäische Länder vor einer Krise der politischen Elite. Die bisherigen Spitzenpolitiker waren entweder durch die NS-Besatzung inhaftiert, umgebracht oder vertrieben worden oder hatten als Träger des NS-Regimes oder als Kollaborateure ihre Glaubwürdigkeit verloren. Wer in der Lage sein würde, die politischen Spitzenämter zu übernehmen, war 1945 oft unklar.

Drittens schließlich steckte die Demokratie immer noch in einer Krise. Diese begann nicht erst in der Nachkriegszeit. Nach dem hoffnungsvollen Aufbruch am Ende des Ersten Weltkriegs 1918/19 waren die neu entstandenen Demokratien im Laufe der 1920er- und 1930er-Jahre in einem europäischen Land nach dem anderen durch Diktaturen oder autoritäre Regime ersetzt worden. Diese schwere Krise der Demokratie war mit dem Ende des Zweiten Weltkriegs nicht einfach überwunden. In den ehemaligen Rechtsdiktaturen, in Deutschland, Österreich und Italien, stand ein erheblicher Teil der Bevölkerung nach 1945 der Demokratie weiterhin skeptisch bis feindlich gegenüber. Das Heer von Fachleuten in mittleren und höheren Entscheidungspositionen, das die Diktaturen vor 1945 getragen oder zumindest akzeptiert hatte, passte sich zwar an die neue Situation an, um zu überleben, war aber in der Regel ebenfalls keine Stütze der Demokratie. Darüber hinaus war die stalinistische UdSSR nicht bereit, in ihrem Einflussbereich liberale Demokratien zuzulassen. Die an ihr orientierten starken kommunistischen Parteien in Frankreich und Italien hatten ebenfalls andere Ziele als den Aufbau liberaler Demokratien.

Insgesamt war 1945 ein besonders dunkles Jahr in der europäischen Geschichte. Zwar war der Krieg zu Ende, aber die durch ihn erzeugte Krise wurde erst jetzt richtig sichtbar, ohne dass sich ein deutlicher Weg aus der Krise abzeichnete. Das Jahr 1945 war das Ende einer Epoche, aber noch nicht der Anfang einer neuen Zeit.

I. Die Nachkriegszeit (1945–1949/50)

1. Gemeinsame Nachkriegskrise und gemeinsamer Aufbruch

Das Weiterlaufen der Krise: Die Krise Europas, die mit dem Ende des Zweiten Weltkriegs offenbar wurde, blieb auch in den darauffolgenden Jahren virulent. Die geschilderten wirtschaftlichen und gesellschaftlichen Probleme, die Kriegszerstörungen, die Geldentwertung, die Arbeitslosigkeit, die darniederliegende Exportwirtschaft und die Devisenschwäche, die gestörte landwirtschaftliche Produktion, die erzwungene Mobilität, die Spannungen zwischen Stadt und Land, zwischen Einheimischen und Flüchtlingen, zwischen Besatzungsverwaltungen und Besetzten waren weiterhin drängende Herausforderungen. Auch die schwierige Versorgungslage setzte sich erst einmal fort und löste 1947/48 in einer ganzen Reihe von europäischen Ländern eine große Streikwelle aus. Nur wenige Probleme von 1945 lösten sich schnell: Meist kehrten die Displaced Persons rasch in ihre Heimat zurück oder wanderten aus. Die Anomie ging zurück, und die offiziellen Ordnungen der neuen Verfassungen, der Wohlfahrtsstaaten, der Bewirtschaftungen, Wirtschaftsplanungen und Bodenreformen wurden mehr und mehr durchgesetzt.

In der Kultur entstand auch nach 1945 kein neuer Aufbruch. Die kulturellen Strömungen der Zwischenkriegszeit dominierten die unmittelbare Nachkriegszeit. Die massive Nachkriegsnot und die Alltagszwänge führten allerdings zu Skepsis gegenüber großen Visionen in der Literatur, der Musik und der bildenden Kunst, wie sie in den 1920er-Jahren weit verbreitet gewesen waren. Weder optimistische Aufbruchsphantasien oder Visionen des «neuen Menschen» kommunistischer und faschistischer Spielart noch Endzeitvisionen des endgültigen Zusammenbruchs Europas prägten die unmittelbare Nachkriegszeit. Gewiss wurden auch jetzt noch Utopien des «neuen Menschen» entworfen, nach der Diskreditierung des Faschismus nun überwiegend von kommunistischer Seite. Auch fanden pessimistische Endzeitvisionen viele Leser: George Orwells «1984» (1949), Arthur Koestlers «Sonnenfinsternis» (1940), Constantin Virgil Gheorghius «25 Uhr» (1950) und Arnold Toynbees zwölfbändige Weltgeschichte (1934–1961) mit ihrer Botschaft, dass das alte Europa wie schon viele andere, frühere Zivilisationen in der Endphase seines Lebenszyklus angekommen sei. Aber die Wirkung solcher Aufbruchs- und Endzeitvisionen war nun begrenzt. Die Nachkriegszeit wurde bestimmt von der «skeptischen» Generation, die eher pragmatische Ziele als große Visionen verfolgte. Entsprechend gewann die abstrakte Kunst nun großes Ansehen. Frankreich und vor allem Paris beeinflussten die deutsche, italienische und belgische Kunst stark. Der Einfluss der USA stieg zwar bereits an, aber er sollte für die unmittelbare Nachkriegszeit nicht überschätzt werden.

In der Politik spitzte sich die Situation im Laufe der Nachkriegszeit immer deutlicher auf drei Probleme zu: die Krise der europäischen Demokratie, den Beginn des Kalten Krieges und schließlich die Schwäche der europäischen Kolonialimperien.

Neben ihren noch aus der Zwischenkriegszeit herrührenden Legitimationsproblemen war die Entwicklung zur Demokratie, wie im Laufe der unmittelbaren Nachkriegszeit immer deutlicher wurde, vor allem durch die Ausdehnung des sowjetischen Imperiums auf den östlichen Teil Europas bedroht. Mit dem kommunistischen Staatsstreich in Prag 1948 und dem Ende der demokratisch gewählten tschechoslowakischen Mehrparteienregierung wurde der europäischen Öffentlichkeit klar, dass die stalinistische Sowjetunion in ihrem Machtbereich keine echte Demokratie zulassen würde. Aber auch in wichtigen westlichen Ländern erschienen die Wahlerfolge der von der UdSSR stark beeinflussten kommunistischen Parteien bedrohlich groß. Sie erhielten in Frankreich 1946 mehr als ein Viertel, in Italien im gleichen Jahr fast ein Fünftel der Wählerstimmen. Kommunistische Minister saßen anschließend in den Regierungen Frankreichs und Italiens.

Eng damit zusammen hing das zweite Element der politischen Krise der Nachkriegszeit in Europa, der Kalte Krieg zwischen den Supermächten USA und UdSSR. Der Kalte Krieg war ein globaler Konflikt, er entwickelte sich aber in der unmittelbaren Nachkriegszeit vor allem in Europa und Ostasien. Die meisten europäischen Länder wurden in ihn hineingezogen. Er war *kalt*, weil es in Europa nicht zu wirklichen militärischen Auseinandersetzungen zwischen den Supermächten kam. Trotzdem wird er als *Krieg* bezeichnet, weil durch das außergewöhnlich umfangreiche konventionelle und atomare Wettrüsten zwischen den Supermächten USA und UdSSR fortwährend die Gefahr eines Kriegsausbruchs zwischen den Blöcken bestand. Zugleich war der Kalte Krieg keine rein militärische Konfrontation, sondern ein Konflikt, in dem es ebenso um Wirtschaft, Gesellschaft und Kultur ging.

Während der Nachkriegsjahre steigerten sich die Spannungen zwischen den USA und der UdSSR über ihre Einflusszonen in Europa kontinuierlich. Schon im Februar 1946 prognostizierte Stalin in einer Rede über die tiefe Krise des Kapitalismus einen drohenden westlichen Angriff auf die UdSSR. In einem berühmten Telegramm forderte der amerikanische Botschafter in Moskau, George F. Kennan, ebenfalls im Februar 1946, dass die Expansion der Sowjetunion in Europa durch eine amerikanische Politik des *Containment* gestoppt werden müsse. Offiziell wurde der Kalte Krieg im März 1947, als der amerikanische Präsident Harry S. Truman die nach ihm benannte Truman-Doktrin verkündete, die allen Demokratien den Schutz der USA vor der Expansion der UdSSR zusicherte. Die Spannungen wurden weiter manifest, als die UdSSR und von ihr gezwungen auch die Tschechoslowakei und Polen nach anfänglicher Mitberatung den 1947 vom amerikanischen Außenminister George C. Marshall verkündeten und nach ihm benannten Marshall-Plan zum wirtschaftlichen Wiederaufbau Europas ablehnten. Der Staatsstreich der kommunistischen Partei in der Tschechoslowakei im Februar 1948 verschärfte die Spannungen weiter, zumal damit die einzige Demokratie in Ostmitteleuropa beseitigt wurde, die von 1918 bis zu ihrer gewaltsamen Unterdrückung durch die Truppen Hitlers funktioniert hatte.

Schon im März 1948 folgte die Unterzeichnung des Brüsseler Paktes, eines militärischen Beistandsvertrags zwischen Großbritannien, Frankreich und den Beneluxstaaten. Im Juni 1948 kam es zur ersten direkten militärischen Konfrontation der beiden Supermächte, als die UdSSR Westberlin durch eine Landblockade abzuriegeln begann und sich die westlichen Alliierten entschlossen, die Stadt dennoch zu halten und sie aus der Luft zu versorgen. Die USA wiederum ließen dem kommunistischen Jugoslawien umfangreiche Hilfen zukommen, um die Verselbständigung des Landes gegenüber der UdSSR zu befördern. Im April 1949 wurde als Weiterentwicklung des Brüsseler Paktes die North Atlantic Treaty Organisation (NATO) unter der Führung der USA gegründet und damit Nordamerika militärisch stärker als je zuvor an Europa gebunden. Der NATO gehörten außerdem neben Kanada und den Staaten des Brüsseler Paktes als weitere europäische Gründungsstaaten Island, Norwegen, Dänemark, Italien und Portugal an, ab 1952 auch Griechenland und die Türkei.

Ebenfalls 1949 wurden die Bundesrepublik und die DDR und darüber hinaus das kommunistische China als wichtigster neuer, für den Kalten Krieg zentraler Staat gegründet. Für den Beginn des Wettrüstens war die Zündung der ersten sowjetischen Atombombe im August 1949 und damit das Ende des seit 1945 bestehenden Atomwaffenmonopols der USA ein Schlüsselereignis. Die Hauptkonfrontation des frühen Kalten Krieges war der Krieg in Korea (1950–1953), in dem sich einerseits Südkorea und die USA (später auch weitere Verbündete), andererseits Nordkorea und China, allerdings nicht direkt die UdSSR, gegenüberstanden. Der Koreakrieg hatte starke Auswirkungen auf Europa. Er verschärfte auch hier die Spannungen zwischen Ost und West, führte zur westdeutschen Wiederbewaffnung und stimulierte gleichzeitig die europäische Wirtschaft aufgrund der rapide ansteigenden amerikanischen Militärausgaben.

Der Kalte Krieg teilte Europa in eine amerikanische Einflusszone und einen sowjetischen Machtbereich. Nur wenige europäische Länder, Finnland, Irland, Österreich, die Schweiz und Jugoslawien, konnten politisch eine neutrale Position halten oder gewinnen. Darüber hinaus wurde in sozialistischen und linkskatholischen politischen Milieus einiger großer westeuropäischer Länder in der Nachkriegszeit das Konzept eines Europas als «Dritter Kraft», einer europäischen Politik der Distanz gegenüber *beiden* Supermächten, vertreten. Diese Position konnte sich jedoch nicht gegen die Dynamik des Kalten Krieges durchsetzen.

Fast dreißig Jahre lang hatten die liberale USA und die kommunistische UdSSR nach 1917 nebeneinander existiert. Warum gerieten sie ab 1946 in diesen Konflikt? In der Forschung stand lange Zeit die Schuldfrage im Zentrum. Sie trat in der jüngeren Zeit stärker in den Hintergrund, da unter den damals gegebenen Umständen beide Supermächte aus unterschiedlichen Gründen starke Motive für den Eintritt in den Kalten Krieg besaßen. Europa war nach dem Zweiten Weltkrieg wegen seiner völligen wirtschaftlichen, politischen und moralischen Schwächung nicht mehr in der Lage, eine eigenständige Friedensordnung wie nach den Napoleonischen Kriegen oder nach dem Ersten Weltkrieg zu schaffen. In diesem europäischen Machtvakuum traten die beiden neuen Supermächte mit gegensätzlichen globalen Missionsprogrammen auf: die USA mit der wirtschaftlichen Liberalisierung und Demokratisierung, die UdSSR mit der wirtschaftlichen Modernisierung durch staatliche Planung und der Diktatur der Kommunistischen Partei.

Entscheidend für den Ausbruch des Kalten Krieges war zudem paradoxerweise ein gemeinsamer Erfolg: der völlige Sieg über den gemeinsamen Feind in Europa, das nationalsozialistische Deutschland und seine Gewaltherrschaft über den Kontinent. Dieser gemeinsame Feind hatte zuvor die Gegensätze zwischen den USA und der UdSSR überdeckt.

Beide Supermächte stießen schließlich in Europa mit ihrer Politik der Perfektionierung der eigenen Sicherheit zusammen: Die UdSSR baute einen breiten Sicherheitsgürtel von Satellitenstaaten

Grenzänderungen in Europa nach 1945

auf, der einen nochmaligen Überfall auf die UdSSR durch eine europäische oder auch eine außereuropäische Macht verhindern sollte. Verstärkt wurden die Ängste der UdSSR durch das seit 1945 bestehende Atomwaffenmonopol der USA bis zur überraschend frühen Zündung einer eigenen Atombombe 1949. Die USA betrieben seit 1947 eine Sicherheitspolitik des *Containment*, das heißt der Abwehr der weiteren Expansion der UdSSR, die in allen osteuropäischen und ostmitteleuropäischen Ländern kommunistische Regierungen durchgesetzt hatte.

Das dritte Element der politischen Krise in Europa während der Nachkriegszeit war der beginnende Zusammenbruch der europäischen Imperien in Asien und Afrika, aber auch – im engen Zusammenhang mit der Neuentstehung des sowjetischen Imperiums – das Ende von bestehenden Imperien innerhalb Europas. Diese Krise traf einen Großteil der europäischen Staaten. Sie begann mit großem Eklat in Asien mit der Unabhängigkeit des Kernstücks des britischen Empire, der Kronkolonie Indien, mit der Unabhängigkeit der wichtigsten niederländischen Kolonie, Indonesien, mit den Unabhängigkeitsforderungen in den französischen Kolonien Algerien und Indochina und mit der Gründung Israels im britischen Mandatsgebiet Palästina (vgl. Kap. 3 und 6).

Aus mehreren Gründen verstärkte die Entkolonialisierung die innere Krise Europas. Die Kolonialfrage begann schon in der unmittelbaren Nachkriegszeit die öffentliche Meinung in den westeuropäischen Kolonialmetropolen zu spalten. Darüber hinaus stellte die Rückkehr der Europäer aus den Kolonien die Regierungen in den Mutterländern vor schwierige Aufgaben der Reintegration. Daneben zeichnete sich schon damals eine weitere Herausforderung ab: die Immigration von einheimischen Bewohnern der Kolonien nach Europa. Schließlich führte die Entkolonialisierung auch zu Problemen für den Außenhandel der Kolonialmetropolen. Kolonien waren im Außenhandel während der Nachkriegszeit oft besonders wichtige Handelspartner gewesen, Indien für Großbritannien, Indonesien für die Niederlande und Algerien für Frankreich. Die Umstellung auf neue Exportmärkte nach der Unabhängigkeit der Kolonien gestaltete sich in der Nachkriegszeit angesichts der schlechten europäischen Wirtschaftslage jedoch ausgesprochen schwierig.

Die Entstehung des sowjetischen Imperiums beendete zudem die jahrhundertealte kulturelle und wirtschaftliche deutsche Vorherrschaft in Ostmitteleuropa. Das NS-Regime hatte diese im Zweiten Weltkrieg in ein äußerst brutales Besatzungsregime mit Propaganda, Terror und Auslöschung der jeweiligen nationalen Eliten sowie der jüdischen Minderheit verwandelt. Dieses innereuropäische Kolonialregime brach mit der deutschen Niederlage im Weltkrieg zusammen, verbunden mit riesigen Flüchtlingsströmen von Deutschen beziehungsweise Deutschstämmigen aus Ostmitteleuropa hinter die neuen, als Folge des Zweiten Weltkriegs entstandenen deutschen Grenzen. Ein zweites, allerdings weniger gewichtiges innereuropäisches Kolonialregime war vom faschistischen Italien in Teilen Kroatiens und in Albanien errichtet worden. Diese Kolonialherrschaft brach am Ende des Zweiten Weltkriegs ebenfalls zusammen, begleitet von der Flucht von Italienern nach Italien und dem langen Konflikt zwischen Italien und Jugoslawien um Triest.

Aufbruch und neue Weichenstellungen. Die unmittelbare Nachkriegszeit war aber nicht nur eine Krisenzeit, sondern auch eine Epoche des Aufbruchs in Wirtschaft, Gesellschaft und Kultur ebenso wie in der Politik. Fast alle diese Neuanfänge erwiesen sich nicht als vorübergehende Änderungen, sondern als Weichenstellungen für die kommenden Jahrzehnte oder prägen Europa sogar bis heute. Dadurch erhielt diese Epoche ihr besonderes Gewicht.

Die wichtigsten wirtschaftlichen Weichenstellungen waren die Neuordnung der Weltwirtschaft durch die amerikanische Regierung und die Herausnahme rund eines Drittels der Weltbevölkerung und fast eines Viertels der europäischen Bevölkerung (ohne UdSSR) aus der Weltwirtschaft durch die Abschottung der Wirtschaftsräume des sowjetischen Imperiums und des maoistischen China.

Die amerikanische Regierung schrieb die Liberalisierung der Weltwirtschaft, den Abbau der Zölle und den Aufbau eines internationalen Währungssystems auf ihre Fahnen. Davon versprach sie sich nicht nur mehr Wohlstand, sondern auch eine bessere Chance für die Durchsetzung der Demokratie. Mit dieser Neuordnung der Weltwirtschaft wollte sie eine Lehre aus den Fehlentwicklungen der Zwischenkriegszeit ziehen, in der sich die einzelnen Nationen durch Zölle sowie durch nationale Währungs- und Wirtschaftspolitiken voneinander abgeschlossen und dadurch der Weltwirtschaft und im Endeffekt auch dem eigenen Wohlstand massiv geschadet hatten.

Das Kernstück der neuen Weltwirtschaftsordnung war das Währungssystem von Bretton Woods, das 1944 auf Initiative der Vereinigten Staaten und Großbritanniens eingerichtet wurde. Bretton Woods war die Antwort auf drei zentrale damalige Probleme: das geringe Vertrauen in die internationale Wirtschaft; den großen Bedarf der daniederliegenden europäischen Wirtschaften an Investitionsgütern, die nur durch Importe aus den USA zu beschaffen waren; schließlich das enorme Ungleichgewicht zwischen den verarmten und verschuldeten europäischen Ländern und den reichen USA, die selbst kaum Schulden hatten und in hohem Maße Gläubiger Europas waren. Als solche waren die USA an einem raschen Aufschwung der europäischen Wirtschaft interessiert, da nur dann die Europäer ihre Schulden zurückzahlen konnten.

Mit dem Währungssystem von Bretton Woods sollte die freie Konvertibilität der Währungen eingeführt werden, allerdings zu festen Wechselkursen, um damit eine entscheidende Voraussetzung für die Liberalisierung des internationalen Handels zu schaffen. Die Leitwährung, an der sich alle anderen nationalen Währungen ausrichteten, wurde der US-Dollar, der wiederum in Gold eintauschbar war, um Vertrauen zu schaffen. Dadurch erlangten die Vereinigten Staaten eine Vorrangstellung in der Weltwirtschaft und eine besonders hohe wirtschaftspolitische Verantwortung vor allem im Bereich der Geldwertstabilität und der öffentlichen Verschuldung, da der Kurs des Dollars nicht nur die eigene Wirtschaft beeinflusste, sondern auch die gesamte Weltwirtschaft prägte. Die Anpassung der jeweiligen Währung an neue wirtschaftliche Stärken oder

Schwächen eines Landes konnte im System von Bretton Woods nur durch Regierungsentscheidungen über einen neuen Umtauschkurs zum Dollar erfolgen, nicht dagegen wie heute durch den Devisenmarkt. Institutionell unterfüttert wurde das System von Bretton Woods durch den 1944 begründeten Internationalen Währungsfonds (IWF) und die 1945 eingerichtete Weltbank sowie – auch wenn nur die beiden genannten Institutionen die eigentlichen Bretton-Woods-Organisationen sind – durch das 1947 abgeschlossene General Agreement on Tariffs and Trade (GATT).

Für Europa war darüber hinaus ein Programm von besonders großer Wichtigkeit, welches das Weltwirtschaftssystem ebenfalls stabilisieren sollte: der amerikanische Marshall-Plan von 1947. Dieser war kein globales, auf Dauer angelegtes, sondern ein regional und zeitlich begrenztes Projekt. Sein Ziel war Hilfe für die ruinierten europäischen Wirtschaften, denen die Mittel für den Kauf von Investitionsgütern und Rohstoffen fehlten. Das Programm, das seit 1948 umgesetzt wurde, bot den europäischen Ländern 12 Milliarden Dollar, damals ca. 2% ihres Bruttosozialprodukts, an langfristigen Krediten. Dafür verlangte die amerikanische Regierung die Schaffung einer gemeinsamen europäischen Wirtschaftsverwaltung, das European Recovery Program, das die Durchführung des Marshall-Plans abwickeln sollte. Die Marshall-Plan-Kredite gingen nicht direkt an die europäischen Unternehmen; kein einziger Dollar überquerte den Atlantik. Die amerikanischen Unternehmen bekamen ihre Exporte nach Europa direkt von der amerikanischen Regierung bezahlt. Die europäischen Unternehmen ihrerseits bezahlten diese Importe bei ihrer jeweiligen Regierung, die aus diesen Mitteln wiederum Infrastrukturprojekte finanzierte. Auf diese Weise wurden sowohl private als auch öffentliche Investitionen in Europa gefördert.

Der Marshall-Plan war in doppelter Hinsicht ein Erfolg: Er löste auf der einen Seite das Problem der Dollarlücke und ermöglichte den europäischen Unternehmen, die Investitionsgüter und Rohstoffe, die sie dringend benötigten, in den USA zu kaufen. Darüber hinaus war er auch eine der größten öffentlichen Werbekampagnen der Nachkriegszeit und machte den Europäern bewusst, dass es eine Solidarität unter Demokratien gab und die amerikanische Regierung bereit war, ihnen zu helfen. Diese Wirkung des Marshall-Plans war besonders in den ehemaligen Achsenländern, in Deutschland, Österreich und Italien, wichtig. Die USA wurden in diesen Ländern zunehmend nicht mehr als Feind angesehen. Zudem lag seine Stärke darin, dass er kein rein selbstloses Projekt war, sondern auch den Vereinigten Staaten in doppelter Hinsicht half. Er stimulierte die europäische Wirtschaft, die dadurch auf längere Sicht wieder zu einem wichtigen Exportmarkt für die USA werden konnte. Außerdem war er ein gewichtiges Konjunkturprogramm für die amerikanische Wirtschaft in einer Epoche des schwierigen Übergangs von der Kriegs- zur Friedenswirtschaft.

Aber nicht nur für die Weltwirtschaft, sondern auch für die europäischen Nationalwirtschaften war die Nachkriegszeit eine Zeit wichtiger Weichenstellungen, vor allem bei der Aufhebung der Bewirtschaftung, den Währungsschnitten und der Verstaatlichung von Unternehmen sowie der Einführung der Planwirtschaft im östlichen Europa. Nicht nur in den besiegten Ländern, sondern auch in den Siegerstaaten prägte die im Weltkrieg eingeführte Bewirtschaftung von Konsumgütern und von Wohnungen durch die öffentlichen Verwaltungen den Alltag der Europäer. So gut es ging, versuchten diese mit der als Folge der Bewirtschaftung entstandenen doppelten Wirtschaft, dem Nebeneinander von öffentlicher Bewirtschaftung und privaten Schwarzmärkten beziehungsweise den Kleingärten der privaten Haushalte, zurechtzukommen. So bald wie möglich gaben die meisten europäischen Regierungen allerdings die Bewirtschaftung, die ungeliebte Lebensmittelkarte und Wohnungszuteilung, wieder auf.

Längerfristige Folgen hatte dagegen der Kampf gegen die Inflation der Nachkriegszeit. Die europäischen Regierungen versuchten, die Kaufkraft abzuschöpfen und dadurch die Inflation zu bremsen. Die westdeutschen Besatzungszonen bekämpften die Inflation mit einem Währungsschnitt, durch den die Guthaben an Bargeld und auf Bankkonten drastisch auf rund ein Sechstel des Wertes gesenkt wurden. Die neue Währung, die D-Mark, gewann erfolgreich das Vertrauen der Westdeutschen und wurde zu einem bundesrepublikanischen Mythos. Im europäischen Rahmen war diese Entscheidung für einen Währungsschnitt damals allerdings keineswegs ungewöhnlich. Frankreich wertete um rund 20% ab, Österreich um 50%, Großbritannien, Schweden und die Niederlande um rund 30%. Die Inflationsbekämpfung durch Währungsschnitt war ein allgemeiner europäischer Trend.

Bedeutsam waren auch die Verstaatlichung von Großunternehmen und die Einführung wirtschaftlicher Planung. Im östlichen Teil Europas wurde das sowjetische Modell, die Verstaatlichung aller größeren Unternehmen und die zentrale staatliche Lenkung der Wirtschaft, durchgesetzt. Aber auch in Großbritannien und Frankreich wurden neben Großbanken Konzerne der Schwer- und der Autoindustrie, des Verkehrs sowie der Kommunikation verstaatlicht, vor allem um die Wirtschaft zu modernisieren. In Frankreich wurde eine staatliche Planungsbehörde gegründet, die zwar die Wirtschaft nicht zentral steuern, aber doch einen zentralen Investitionsplan für sie entwickeln sollte. In Italien und den Westzonen Deutschlands wurden zwar keine Großunternehmen verstaatlicht, aber die meisten bestehenden großen Staatskonzerne verblieben in staatlicher Hand.

Dieser allgemeine Trend zu einem stärkeren Eingreifen des Staates in die Wirtschaft hatte verschiedene Wurzeln. Die Weltwirtschaftskrise von 1929 an hatte in Europa den Glauben an die Selbstregulierung der Wirtschaft durch den Markt zerstört und umgekehrt das Vertrauen in staatliche Eingriffe in die Wirtschaft erheblich vergrößert. Zudem hatten sich die Europäer in den kriegsbetroffenen Ländern während des Zweiten Weltkriegs an rigide staatliche Eingriffe, vor allem bei der Bewirtschaftung von Rohstoffen, Lebensmitteln und Konsumgütern, gewöhnt. In den Achsenländern, in denen die Kriegswirtschaft den Lebensstandard der Bevölkerung durch die rücksichtslose Ausbeutung der besetzten europäischen Länder gehoben hatte, wurde in der Nachkriegszeit gar mit Nostalgiegefühlen auf diese Zeit zurückgeblickt. Schließlich war in den

Augen vieler europäischer Experten der enorme Modernitätsrückstand Europas gegenüber den USA nur mit massiven staatlichen Interventionen aufzuholen. Dagegen besaß das sowjetische Modell andere Wurzeln. Es beruhte auf der langen russischen Tradition der uneingeschränkten autokratischen Staatsaktivitäten und der geringen Autonomie der Wirtschaft, aber auch auf dem Bedürfnis der stalinistischen UdSSR nach Abgrenzung gegenüber dem Westen.

In enger Verbindung mit den massiven Staatsinterventionen in die Wirtschaft standen die Neuanfänge der europäischen *Gesellschaften,* die Entwicklung des modernen Wohlfahrtsstaates, die Bildungsreformen und die Neuansätze in der Stadtplanung. Vor allem in den damals besonders wohlhabenden europäischen Ländern Großbritannien und Schweden wurden die Neuanfänge des Wohlfahrtsstaats und der Bildungspolitik konzipiert. Die Prinzipien, die am Anfang dieser Wohlfahrtsstaats- und Bildungsreformen standen, waren: staatliche Sozialversicherungen für alle Bürger, nicht mehr nur für bestimmte Gruppen der Bevölkerung; die Garantie einer Mindestversorgung; gleiche Sozialbeiträge von allen Bürgern an eine Grundversicherung und gleiche Leistungen daraus; Kindergeld für Familien; eine einheitliche öffentliche Sozialversicherung statt vieler kleiner schwer überschaubarer Versicherungen; Modernisierung des Bildungssystems und mehr Gleichheit der Bildungschancen.

Entscheidend für die Ausstrahlungskraft dieses Wohlfahrtsstaats- und Bildungsmodells war, dass diese Prinzipien schon in der Nachkriegszeit in konkrete Reformen umgesetzt wurden, allerdings mit großen nationalen Unterschieden (vgl. Kap. 2). Im östlichen Europa wurde der Wohlfahrtsstaat nach dem sowjetischen Modell eingeführt oder umgebaut und eine zentralisierte, einheitliche staatliche soziale Sicherung, ein für Arbeiterkinder geöffnetes Bildungssystem und ein einheitlicher kostenloser Gesundheitsdienst eingeführt (vgl. Kap. 5). Durch diese drei Modelle, das britische, das schwedische und das sowjetische, begann sich ein internationaler Reformdruck aufzubauen, dem sich das übrige Europa auf die Dauer nur schwer entziehen konnte.

Die Nachkriegszeit war auch eine Epoche lebhafter Debatten über Stadtplanung. Zwar hatte sich die Konfliktlinie zwischen Modernisten und Traditionalisten schon in der Zwischenkriegszeit abgezeichnet, aber der Zweite Weltkrieg hatte eine ganz neue Situation geschaffen. Auf der einen Seite waren viele Stadtzentren durch den Krieg zerstört worden. Dadurch entstand eine zwar bitter bezahlte, aber einmalige Chance, diese völlig neu zu planen. Auf der anderen Seite fehlten in den meisten Städten die Finanzen und die Zeit für umfangreiche neue Planungen. Oft zwang die Nachkriegsnot zu raschen Lösungen beim Wiederaufbau und zur Rücksicht auf die Initiativen der städtischen Grundbesitzer.

Deshalb sah der Städtebau in der Nachkriegszeit in Europa sehr unterschiedlich aus. In einigen Städten wurden aufbauend auf den alten Stadtplänen rasch Neubauten hochgezogen. In anderen wurde hingegen die Chance genutzt: Die Innenstadt von Rotterdam wurde ein Modell für das neue Stadtzentrum einer westeuropäischen Großstadt, das Zentrum des französischen Caen das Beispiel einer westeuropäischen Mittelstadt. In Warschau wurde das Viertel um den Kulturpalast ein Renommierprojekt für kommunistische Innenstadtplanung, und in Berlin wurden die Stalinallee und das Hansaviertel als Vorzeigeprojekte der Innenstadtplanung in der innerdeutschen Rivalität des Kalten Krieges gebaut.

Nach den bleiernen, kulturfeindlichen Diktaturen und Besatzungen gab es in der europäischen *Kultur* trotz der schweren Krise vor allem vier gemeinsame Neuanfänge: eine neue internationale Kulturöffentlichkeit und eine Stunde der Intellektuellen; einen gemeinsamen Aufschwung der Medien; eine erneute Religiosität; und den Beginn einer lebhaften Europadebatte sowie die Erfindung von Europasymbolen. Diese gemeinsamen europäischen Aufbruchstendenzen waren freilich nicht immer leicht erkennbar in der damals tief gespaltenen Kultur des Kontinents.

Fast schlagartig entwickelte sich nach dem Krieg die internationale europäische Kulturöffentlichkeit. Innerhalb weniger Jahre entstanden die meisten großen europäischen Film-, Theater- und Musikfestivals. Die Salzburger Festspiele, die während des Zweiten Weltkriegs zu einer Wehrertüchtigungsveranstaltung des NS-Regimes verkommen waren, wurden 1945 neu gegründet. Im Jahr 1946 entstanden die Filmfestivals in Locarno und im tschechoslowakischen Karlsbad, die Bregenzer Festspiele und das Filmfestival von Cannes. Die Biennale von Venedig, die während des Krieges nicht stattgefunden hatte, wurde im selben Jahr wieder aufgenommen. Im Jahr 1947 wurden das Theater- und Musikfestival in Avignon, die Musikfestivals in Bergen und Dubrovnik und die Edinburgher Filmfestspiele begründet. 1950 wurde das Edinburgher Musikfestival, 1951 die Berliner Filmfestspiele und kurz nach der eigentlichen Nachkriegszeit, 1953, das Filmfestival in San Sebastian sowie 1955 die Kunstschau documenta in Kassel initiiert. Diese Kulturfestivals waren Teil eines allgemeinen Aufschwungs der Kultur in vielen europäischen Städten und Ländern, der Gründung von zahlreichen manchmal nur kurzlebigen, manchmal dauerhaften Zeitschriften, neuer lokaler Kulturinitiativen und von zahlreichen Schriftsteller- und Künstlergruppen oft der jüngeren Generation.

Die Nachkriegszeit war die Stunde der Intellektuellen, da diese sich stark in der Öffentlichkeit engagierten und in der offenen Situation viel Gehör fanden. International bekannte Namen waren in Frankreich Albert Camus (Literaturnobelpreis 1957), Jean-Paul Sartre (Literaturnobelpreis 1964, von ihm abgelehnt), Simone de Beauvoir, André Gide (Literaturnobelpreis 1947), Raymond Aron und François Mauriac (Literaturnobelpreis 1952), in Großbritannien Bertrand Russell (Literaturnobelpreis 1950), Graham Greene, T. S. Eliot (Literaturnobelpreis 1948) und Arnold Toynbee, in Italien Ignazio Silone und Benedetto Croce und in bzw. für Deutschland Karl Jaspers, Hermann Hesse (Literaturnobelpreis 1946), Bertolt Brecht, Theodor Adorno, Thomas und Heinrich Mann, Hannah Arendt sowie Arthur Koestler, Martin Heidegger und Ernst Jünger.

Die Medien begannen in der Nachkriegszeit zu boomen. Rasch nahm die Zahl der Leser von Printmedien und der Radiohörer zu. Bücher und Schallplatten wurden viel verkauft. Das Interesse an Kultur und an Medienvielfalt nach der Medienarmut der Diktaturen, der Besatzung und des Krieges, das Bedürfnis nach mehr und anderer Unterhaltung, auch die langsam wachsende Kaufkraft erklärten diesen Hörer- und Leserboom. In vielen europäischen Ländern war dies eine Zeit der Neugründung von Zeitungen, Zeitschriften und Radioanstalten: Kaum eine Rundfunkanstalt, Zeitung oder Zeitschrift in Deutschland, Italien oder Österreich geht vor diese Gründerzeit zurück. Auch in den westeuropäischen Ländern, die vom nationalsozialistischen Deutschland besetzt worden waren, entstanden wichtige Zeitungen und Rundfunkanstalten neu oder in anderer Form wieder. Im östlichen Europa wurden mit der Machtübernahme der Kommunisten ebenfalls neue, meist regierungsnahe kommunistische Zeitungen und Zeitschriften gestartet oder bestehende Medien politisch auf die herrschende Partei umgepolt und dadurch die öffentliche Meinungsvielfalt abgebaut.

Auch ein Anlauf zu einer europäischen Medienplattform für Kultur stammt aus dieser Zeit: 1950 gründeten 23 europäische Staaten die «Europäische Rundfunkunion» («European Broadcasting Union»), die ihrerseits 1954 die «Eurovision» einrichtete, ohne dabei mit den nationalen Fernsehsendern in Konkurrenz treten zu wollen. Zu den neuen internationalen Medien während der Nachkriegszeit gehörten auch die Soldatensender, vor allem das amerikanische AFN («American Forces Network»), das in Europa viel gehört wurde. Es gewann besonders unter den Jugendlichen einen starken Einfluss. Insgesamt waren allerdings die Medien weiterhin überwiegend national organisiert. Internationale Medienkonzerne spielten in Europa noch keine Rolle.

Ein anderer Bereich der Kultur wurde ebenfalls dynamischer: Die Kirchen erhielten wieder mehr Zulauf. Trotz ihrer ambivalenten Haltung während der Diktaturen, trotz des offenkundigen Widerspruchs zwischen kirchlicher Kollaboration mit den Diktaturen und dem kirchlichen Widerstand gegen sie, genoss vor allem die katholische Kirche als Brücke zurück zu der Zeit vor den Diktaturen viel Vertrauen in der Bevölkerung und in der Politik. Die Mitgliederzahlen der Kirchen stiegen, und auch die Gottesdienstbesuche nahmen zu. Außerdem spiegelten sich die großen Erwartungen der Bevölkerung in die Kirchen in der Wahl von christlichen Namen bei politischen Parteigründungen der Nachkriegszeit außerhalb des sozialistischen und des kommunistischen Lagers wider. Die scharfen Repressionen der kommunistischen Regierungen in Osteuropa gegen die Kirchen, die schon in der Nachkriegszeit einsetzten, brachten diesen weitere Sympathien ein und steigerten das ihnen entgegengebrachte Vertrauen oft noch.

Darüber hinaus belebte sich in der Nachkriegszeit auch die gemeinsame, oft kulturelle Debatte über Europa. Bedeutende Schriftsteller, Intellektuelle, Journalisten und Politiker sprachen und schrieben über die neue Situation ohne Krieg und Besatzung und beschworen dabei vor allem die Krise des Kontinents. Die beginnende europäische Integration war noch nicht das beherrschende Thema in den verschiedenen Strömungen dieser Debatte über Europa: im traditionellen katholischen Abendlanddiskurs, welcher der Demokratie oft skeptisch gegenüberstand; unter den Befürwortern eines einheitlichen europäischen Wirtschaftsraums, die teilweise mit dem Italien Mussolinis und dem NS-Regime kollaboriert hatten und jetzt eine neue Chance sahen; den Verfechtern des kulturellen Europa, die nicht nur dem europäischen Wirtschaftsraum, sondern oft auch der politischen Integration des Kontinents skeptisch gegenüberstanden; den Anhängern der europäischen Integration unter den Vorzeichen von Demokratie und Friedenssicherung, die wiederum gespalten waren in Befürworter von supranationalen europäischen Institutionen wie die Franzosen Jean Monnet und Robert Schuman und Anhänger einer europäischen Zusammenarbeit zwischen uneingeschränkt souveränen Nationalstaaten wie Winston Churchill.

Zu dieser lebhaften Europadebatte gehörte auch die Erfindung von Europasymbolen, und zwar häufig durch die Zivilgesellschaft, seltener im Auftrag von Regierungen oder internationalen Institutionen. Europafahnen wurden vorgeschlagen, darunter auch die Vorläuferin der heutigen EU-Fahne mit zwölf goldenen Sternen auf blauem Grund. Zahlreiche Europabriefmarken wurden herausgegeben. Europaplakate, oft ein Ensemble aus nationalen Flaggen, wurden häufig gedruckt. Das mythologische Symbol der Europa auf dem Stier wurde oft als Karikatur, aber auch als Gemälde oder Skulptur verwandt. Große Männer und Frauen der europäischen Geschichte wurden von nationalgeschichtlichen Figuren zu europäischen Gestalten umgedeutet, allen voran Karl der Große, dessen Namen der seit 1950 jährlich verliehene europäische Aachener Karlspreis trägt. Neue europäische politische Riten entstanden: europäische Staatsmänner, die in repräsentativen Palästen europäische Integrationsverträge unterzeichneten, oder junge Europäer und Europäerinnen, die Grenzschranken an europäischen Grenzen durchbrachen.

In der Politik wurde in der Nachkriegszeit über zwei neue Weichenstellungen entschieden, die für Europa bis heute grundlegend sind: die Rückkehr zur Demokratie und die europäische Integration. Beide wurden zwar in der Nachkriegszeit nur in einem Teil Europas durchgesetzt, entwickelten sich aber nach dem Zusammenbruch der Diktaturen im südlichen Europa in den 1970er-Jahren und nach dem Fall der Berliner Mauer 1989 zu allgemeinen europäischen Tendenzen. In der Retrospektive waren sie deshalb Anfänge für gemeinsame europäische Entwicklungen, die zwar in der Teilung Europas entstanden, aber von vornherein auf Durchsetzung auf dem gesamten Kontinent angelegt waren.

Bei der Rückkehr zur Demokratie nach dem Zweiten Weltkrieg stand die Politik in den westeuropäischen Staaten vor zwei grundsätzlich verschiedenen Situationen: Auf der einen Seite wurde die Demokratie in Ländern wieder eingeführt, in denen eine lange Tradition der modernen Massendemokratie bestand, die nur für wenige Jahre durch die Besetzung durch das nationalsozialistische Deutschland außer Kraft gesetzt worden war: in Frankreich, den Beneluxstaaten, in Norwegen, Dänemark und – bis zum kommunistischen Putsch 1948 – in der Tschechoslowakei. In diesen Ländern beruhte die Rückkehr zur Demokratie auf einem breiten Konsens der Bevölkerung und auf der aktiven Beteiligung der Widerstandsbewegung gegen die deutsche Besatzung, fand in der Regel zwar mit einer neuen Verfassung und neuen Parteien, aber doch in der Kontinuität der politischen Eliten statt, die bereits vor der Besatzung das Land geführt hatten. Sie war immer auch eine Abrechnung mit den Kollaborateuren der NS-Besatzung.

Auf der anderen Seite wurde die Demokratie in Ländern durchgesetzt, in denen sie vor dem Zweiten Weltkrieg fragil gewesen und Diktaturen oder autoritären Regimen gewichen war, also in Italien, in Österreich und im Westen Deutschlands. Die Einführung der Demokratie war in diesen Ländern nicht einfach eine Rückkehr, sondern ein Neuaufbau, der von der Bevölkerung teilweise nur widerstrebend unterstützt wurde und auch in der politischen Elite nicht auf starke personelle Kontinuitäten aufbauen konnte.

Die Rückkehr zur Demokratie nach dem Zweiten Weltkrieg stieß allerdings auf erheblich günstigere Voraussetzungen als ihre weithin gescheiterte Einführung in vielen europäischen Ländern nach 1918: Der Faschismus und der Nationalsozialismus waren durch die Katastrophe des Zweiten Weltkriegs, durch die Brutalität der Genozide und durch die Erfahrung der nationalsozialistischen Besatzung diskreditiert. Den Angriffen gegen die Demokratie von rechtsextremen Parteien wurde dadurch viel Boden entzogen. Darüber hinaus betrieben die neue westliche Supermacht, die Vereinigten Staaten von Amerika, aber auch die anderen westlichen Alliierten Großbritannien und Frankreich anders als nach dem Ersten Weltkrieg in Europa eine aktive Politik zur Durchsetzung der Demokratie. Sie beschränkten sich nicht auf Deklamationen, sondern intervenierten massiv vor allem in den Ländern mit fragilen Demokratietraditionen durch die Errichtung amerikanischer und französischer Kulturzentren, durch die politische Selektion bei den Neugründungen von Printmedien und Rundfunkanstalten und beim Start von Politikerkarrieren, mit dem Umschreiben von Schulbüchern und den Austauschprogrammen für Schüler und Studenten, für Lehrer, Künstler und Wissenschaftler. Die Fehler des Versailler Friedens nach dem Ersten Weltkrieg mit seinem Mangel an Solidarität zwischen demokratischen und im Zuge ihrer Weltkriegsniederlage gerade demokratisch gewordenen Staaten sollten nicht wiederholt werden. Schließlich hatten die demokratischen Politiker und Parteien aus der schweren Krise der Demokratie in den 1930er- und 1940er-Jahren gelernt und entwickelten Konzepte einer kämpferischeren Demokratie gegenüber den rechtsextremen, aber auch gegenüber den mächtigen kommunistischen Parteien. Wirklich stabilisiert hat sich die Demokratie im westlichen Teil Europas allerdings erst in der Prosperitätsepoche nach der unmittelbaren Nachkriegszeit.

Eine ähnlich folgenreiche Weichenstellung war der Beginn der europäischen Integration. Die Jahre bis 1950 waren eine wichtige Zeit der Experimente bei Entscheidungen über vier grundsätzliche Fragen der europäischen Integration: die Rolle Großbritanniens, das als wichtigstes Sieger- und reichstes großes Land in Europa sowie als einziger europäischer Global Player mit seinem Empire der gegebene Kandidat für die Steuerung der europäischen Integration war, auch wenn es sich an ihr nur begrenzt beteiligte; die Durchsetzung einer supranationalen Integration oder die Beibehaltung der Autonomie der Nationalstaaten wie im Völkerbund der Zwischenkriegszeit; die Verbindung oder die Trennung von militärischer, wirtschaftlicher und politischer Integration; die europäische Integration ausschließlich mit demokratisch verfassten Staaten oder unter Einbeziehung auch von autoritären Regimen. In einer Art Lernprozess wurde über diese vier Grundfragen nach 1945 in drei verschiedenen Anläufen zu einer europäischen Integration entschieden, wenn man von dem rein militärischen Brüsseler Pakt Großbritanniens, Frankreichs und der Beneluxstaaten 1948 absieht.

Der erste Anlauf war die Gründung der OEEC («Organisation for European Economic Co-operation»), die im April 1948 zur Verteilung der Marshall-Hilfe auf Initiative der Vereinigten Staaten entstand. Sie existierte in dieser Funktion jedoch nur für einige Jahre, wurde später ein ökonomischer Think-Tank mit Zuständigkeit für die gesamte entwickelte westliche Welt und deshalb 1961 in OECD («Organisation for Economic Co-operation and Development») umbenannt. Die OEEC hatte ausschließlich wirtschaftliche Zwecke und besaß auch keinerlei supranationale Kompetenzen. Ihre Mitglieder waren nicht nur demokratische Staaten, sondern mit Jugoslawien und Portugal auch Diktaturen ganz unterschiedlicher ideologischer Ausrichtung. Großbritannien und die britisch-französische Achse waren für die OEEC tragend.

Ein zweiter Anlauf war die Errichtung des Europarats 1949. Im Unterschied zur OEEC war das Ziel des Europarats vor allem die politische und kulturelle Integration des Kontinents. Großbritannien spielte auch hier eine Führungsrolle. Auch der Europarat besaß keine supranationalen Kompetenzen, sondern wahrte strikt die nationale Autonomie der Mitgliedsstaaten. Nur Demokratien konnten damals Mitglieder des Europarats werden. Seine wichtigste Entscheidung in der Nachkriegszeit war ganz in diesem Sinne 1950 der Beschluss über die «Europäische Konvention zum Schutze der Menschenrechte und Grundfreiheiten», auf die einige Jahre danach die Gründung des später sehr einflussreichen Europäischen Gerichtshofs für Menschenrechte in Straßburg folgte. Der Europarat wurde zu einer dauerhaften Institution. Nach der Europäischen Union ist er bis heute die wichtigste europäische Organisation.

Der dritte Anlauf zur europäischen Integration war 1950 der Vorschlag des französischen Außenministers Robert Schuman, eine Montanunion zu begründen. Im Unterschied zum Europarat beschränkte sich die Montanunion, deren Gründungsmitglieder Frankreich, die Bundesrepublik Deutschland, Italien und die Beneluxstaaten waren, auf die wirtschaftliche Integration, allerdings aus dem politischen Motiv der Friedenssicherung in Europa. Sie integrierte die Industrien, die für die Kriegsrüstung zentral waren, und band damit die Rüstungsindustrie der Bundesrepublik in den Westen ein. Auch in der Montanunion, die seit 1952 unter dem offiziellen Namen «Europäische Gemeinschaft für Kohle und Stahl» (EGKS) arbeitete, konnten wie im Europarat nur Demokratien Mitgliedsstaaten werden, und auch sie entstand wie die OEEC mit starker Unterstützung der Vereinigten Staaten. Sie war auf Dauer angelegt und wurde zum Vorläufer der heutigen Europäischen Union. Aus zwei Gründen markierte sie eine Wende gegenüber den bisherigen Anläufen zur europäischen Integration: Sie gründete auf der französisch-deutschen Zusammenarbeit, nicht mehr auf der britisch-französischen Achse. Großbritannien war zunächst – und wie sich herausstellen sollte: für viele Jahre – kein Mitglied. Frankreich erhielt eine Führungsrolle. Zudem war die Montanunion eine Institution mit supranationalen Kompetenzen, das heißt, die Mitgliedsstaaten gaben Kompetenzen an die Organisation ab.

Die Nachkriegszeit wurde so zu einer Experimentier- und Gründungszeit für die europäische Integration: Die tiefe politische und moralische Krise Europas war ein entscheidender Anstoß. Sie war tiefer als nach dem Ersten Weltkrieg, weil die wirtschaftlichen und moralischen Zerstörungen größer waren. Erst jetzt waren zudem neue außereuropäische Supermächte entstanden, die über Europa entschieden, und schließlich begann nun der Zusammenbruch der europäischen Kolonialreiche. Dieser tiefen Krise nach 1945, die neue radikale Lösungen verlangte, waren sich die zeitgenössischen Intellektuellen, Experten und Politiker bewusst.

Vielen Europäern war zudem deutlich geworden, dass in Zukunft nur eine enge Zusammenarbeit der oft diskreditierten Nationalstaaten vor einer Eroberungsgewalt wie der des nationalsozialistischen Deutschland schützen konnte. Deshalb entwickelten die Widerstandsbewegungen gegen die NS-Besatzung Europas auch europäische Integrationskonzepte und blieben nicht in nationalstaatlichem Denken verhaftet. Für viele europäische Politiker und Experten bildeten zudem das System des Versailler Friedens und des Völkerbunds nach dem Ersten Weltkrieg ein negatives Beispiel, das man nach 1945 nicht wiederholen wollte. Schließlich war neu, dass die Vereinigten Staaten nach dem Zweiten Weltkrieg massiv in Europa engagiert blieben, sich energisch und dauerhaft für einen europäischen Zusammenschluss einsetzten und dabei erheblichen politischen und wirtschaftlichen Druck auf die Europäer ausübten.

Insgesamt war die Nachkriegszeit Krise und Aufbruch zugleich. Den meisten Ländern Europas war in der Nachkriegszeit gemeinsam, dass sie in der Folge des Zweiten Weltkriegs in einer tiefen Krise steckten. Sie waren wirtschaftlich geschwächt durch die zerstörten Infrastrukturen und Fabrikanlagen, durch die Millionen von Kriegstoten und Kriegsinvaliden, durch die Verschuldung und Inflation, durch den Mangel an Nahrungsmitteln, Wohnungen und

Investitionsgütern, gesellschaftlich gehandicapt durch millionenfach erzwungene Wanderung und durch neue soziale Ungleichheiten und Spannungen, kulturell verödet durch die Repressionen von Diktaturen und Besatzungsregimen vor 1945 und befanden sich politisch in einer Krise angesichts noch fragiler Demokratien, Entkolonialisierung und Kaltem Krieg.

Gleichzeitig war aber die Nachkriegszeit aber eben auch eine Epoche der Neuanfänge und Weichenstellungen, die sich als dauerhaft erweisen sollten. Europa erlebte einen wirtschaftlichen Neuanfang durch den Einschluss Westeuropas in die liberalisierte und international durch das System von Bretton Woods und die Weltwirtschaftsorganisationen geregelte westliche Weltwirtschaft sowie durch die Einführung der zentralen Lenkung der Wirtschaft nach sowjetischem Modell im östlichen Europa, gesellschaftlich durch die neuen staatlichen sozialen Sicherungen, die Bildungs- und Gesundheitsreformen, die Stadtplanung und den Wiederaufbau der Städte, kulturell durch zahllose neue Künstlergruppen und internationale Kulturfestivals, den Aufschwung der Medien, die wieder verstärkte Religiosität und durch öffentlich wirksame Intellektuelle und intensive Europadebatten, politisch durch die Rückkehr zur Demokratie, durch neue Verfassungen und Parteien und durch die Anfänge der europäischen Integration im westlichen Europa, durch die kommunistischen Diktaturen im östlichen Europa sowie durch eine neue, wenn auch noch instabile Friedensordnung. Die Ambivalenz von Krise und neuen, sich als dauerhaft erweisenden Weichenstellungen prägte Europa als Ganzes.

2. Die Divergenzen in der Nachkriegszeit

Die Nachkriegszeit war nicht nur durch eine gemeinsame Krise und einen gemeinsamen Aufbruch geprägt. Gleichzeitig war sie auch eine Epoche der tief greifenden Divergenzen in Europa. Fünf alte und neue Teilungen prägten diese Jahre: die alten Unterschiede zwischen den reichen Industrieländern und den ärmeren Agrarländern und zwischen den Kolonialimperien und den Staaten ohne Kolonien sowie zusätzlich die neuen Gegensätze zwischen kriegsverschonten und vom Krieg betroffenen Ländern; zwischen den Kriegsverlierern und den Siegern, die jetzt zumeist Besatzungsmächte in den besiegten Ländern waren, und schließlich zwischen Ost und West.

Zentrum und Peripherie

Die Kluft zwischen den industrialisierten, reichen, dynamischen Ländern und den agrarischen, weniger dynamischen und ärmeren Ländern Europas, zwischen Zentrum und Peripherie, bestand nicht nur zwischen Nationalstaaten, sondern auch zwischen den Regionen innerhalb der größeren europäischen Staaten. Sie war im Laufe des 19. und frühen 20. Jahrhunderts entstanden. Zu den reichen industrialisierten Ländern gehörten um die Mitte des 20. Jahrhunderts die Pioniere der Industrialisierung, Großbritannien, die Schweiz und Belgien, aber auch Länder, die sich erst im Laufe des 19. Jahrhunderts industrialisiert hatten wie Deutschland, Luxemburg, das heutige Tschechien, Österreich und Schweden. Die weniger industrialisierte Peripherie Europas lag wie ein Ring um dieses Zentrum. Zu ihr gehörten der äußerste Westen Europas mit Irland und Island; der Süden, also Portugal, Spanien, Italien, der Balkan, darunter auch Griechenland; erhebliche Teile Ostmitteleuropas, das heißt Ungarn, die heutige Slowakei und Polen; Osteuropa, also Bulgarien, Rumänien und die westlichen Teile der Sowjetunion, die heute eigenständige Staaten sind; und im Norden Finnland. Vier Länder fielen aus diesem Muster heraus, waren keine Industrieländer im vollen Sinne, aber trotzdem wohlhabend: Frankreich, das neben seiner Industrie einen ungewöhnlich großen, teilweise wenig modernen Agrarsektor besaß, die Niederlande und Norwegen, die ihren Wohlstand einem modernen Dienstleistungssektor verdankten, sowie Dänemark, dessen Wohlstand auf einer modernen Landwirtschaft beruhte.

Diese Kluft zwischen Zentrum und Peripherie ging tief. Um 1950 war die Pro-Kopf-Wirtschaftsleistung in den reichen Ländern Europas wie der Schweiz, Schweden, Dänemark und Großbritannien drei- bis viermal so hoch wie in den Ländern an der Peripherie in Süd- und Osteuropa. Gegenüber den besonders armen Ländern wie Albanien oder Rumänien war das Pro-Kopf-Produkt sogar fünf- bis sechsmal höher. Um 1950 waren diese Unterschiede größer als im 19. Jahrhundert.

Die Kluft ging zudem über die bloße wirtschaftliche Leistungskraft hinaus. Die Länder des Zentrums besaßen nicht nur stark entwickelte Industrien, moderne auf Löhnen beruhende Industrie- und Dienstleistungsarbeit sowie moderne Gewerkschaften und Sozialkonflikte. Sie erlebten auch ein starkes Städtewachstum. Zwei Drittel der Einwohner dieser Staaten lebten um 1950 in Städten. Auch ihr Bildungssystem war für die Zeit weit entwickelt. Es war ihnen gelungen, den Analphabetismus weitgehend zu beseitigen und die Hochschulen rasch anwachsen zu lassen. Ungefähr jeder zwanzigste junge Erwachsene studierte – sehr wenige für heutige Maßstäbe, jedoch viele für die damalige Zeit.

Außerdem hatten die reichen Länder ihre staatlichen Sozialversicherungen und ihr öffentliches Gesundheitssystem seit dem späten 19. Jahrhundert erheblich ausgebaut. Sie boten einen weitaus höheren Lebensstandard und eine höhere Lebenserwartung als die ärmeren Länder. Männer wurden im Durchschnitt 66 Jahre, Frauen 71 Jahre alt. Die Kindersterblichkeit war nicht nur seit der Zwischenkriegszeit stark, meist um mehr als die Hälfte, zurückgegangen, sondern auch weit niedriger als in den peripheren Ländern. Aus allen diesen Gründen zogen die reicheren Länder viele Immigranten aus der Peripherie an. Darüber hinaus waren die meisten reicheren Länder im Laufe des 19. und 20. Jahrhunderts stabile Demokratien geworden, mit der verhängnisvollen Ausnahme von Deutschland und Österreich.

In den Ländern der Peripherie herrschte dagegen um 1950 die landwirtschaftliche Beschäftigung weiterhin vor, wenn man von einzelnen industrialisierten Regionen absieht. Knapp 60% der Beschäftigten arbeiteten in den ärmeren Ländern noch in der Landwirtschaft. Nach wie vor hatte die traditionelle Familienarbeit ein besonders hohes Gewicht. Die Städte wuchsen erheblich langsamer als im reicheren Teil Europas; nur ein Drittel der Bevölkerung lebte dort. Der Analphabetismus war auch noch in der Nachkriegszeit hoch, seine Rate betrug zwischen 14% in Italien und 44% in Portugal. Die Zahl der Studenten war immer noch vergleichsweise schmal. Nur ungefähr jeder dreißigste junge Erwachsene studierte in diesen Ländern. Staatliche Sozialversicherungen und das staatliche Gesundheitssystem blieben gegenüber der familiären, kirchlichen und privaten sozialen Absicherung unbedeutend. Die strukturelle Arbeitslosigkeit war hoch. Der Lebensstandard verbesserte sich, wenn überhaupt, nur langsam. Die Kindersterblichkeit war im Durchschnitt mehr als doppelt so hoch und die Lebenserwartung für Männer wie für Frauen im Durchschnitt rund fünf Jahre niedriger als in den reicheren Ländern. Daher war und blieb die Auswanderung aus den Ländern der Peripherie in die reicheren europäischen Staaten und nach Amerika vorerst hoch. In der ersten Hälfte des 20. Jahrhunderts besaßen in diesen Ländern agrarromantische, modernitätskritische und demokratiefeindliche Bauernparteien ein erhebliches Gewicht. Stabile Demokratien gab es dort bis zur Mitte des 20. Jahrhunderts – mit wenigen Ausnahmen wie Irland und Finnland – nicht.

Die Gründe für diese grundlegenden Unterschiede in Europa sind umstritten. Eine erste Erklärung setzt bei der Struktur der Industrie an, die regional immer stark konzentriert auftrat, da sie an Rohstoffe, Verkehrswege und Arbeitskräftepotenziale gebunden war. Die voranschreitende Industrialisierung führte deshalb immer zu wachsenden regionalen Diskrepanzen. Auch die Nachkriegszeit gehörte noch zu der Industrialisierungsepoche Europas. Erst ab den 1970er-Jahren sollten diese Divergenzen mit der Durchsetzung der Dienstleistungsgesellschaft, die ihrer Natur nach regional weit weniger konzentriert war, wieder abnehmen.

Eine zweite Erklärung sieht in der globalen Vernetzung, im weltwirtschaftlichen Wirtschafts- und Wissensaustausch den entscheidenden Grund für den wirtschaftlichen Aufstieg der reichen europäischen Regionen und Länder. Schließlich setzt eine dritte Erklärung bei den Standortfaktoren der Wirtschaft an. Sie geht davon aus, dass Standortfaktoren wie Kapital und Unternehmerpotenzial,

Verkehrslage und Vernetzung, Humankapital und Bildungsinstitutionen sowie Rechtssicherheit ungleich über die verschiedenen europäischen Länder und Regionen verteilt waren und sich daraus die großen Divergenzen zwischen Zentrum und Peripherie erklären. Standortvor- und -nachteile konnten sich allerdings im Laufe der Zeit entwickeln. Ärmere Regionen und Länder konnten aufholen, allerdings auch prosperierende absteigen.

Kolonialimperien und Nationalstaaten ohne Kolonien

Ein anderer überkommener Unterschied bekam in der Nachkriegszeit eine neue Bedeutung: der Gegensatz zwischen den europäischen Kolonialimperien und den Nationalstaaten ohne Überseekolonien (vgl. auch Kap. 1 und 3). Den europäischen Ländern mit Kolonialimperien wie Großbritannien, Frankreich, den Niederlanden, Belgien und Portugal standen Länder ohne Kolonien gegenüber. Sie hatten entweder ihre Kolonien verloren wie Spanien, Deutschland und Italien, oder sie hatten in ihrer Geschichte nie andere Länder kolonialisiert wie die meisten skandinavischen Länder, Irland, die Schweiz und die meisten Länder des östlichen Europa.

Der Kontrast war sogar noch schärfer: Während ein Teil Europas immer noch Kolonialherr war, hatte ein anderer Teil wie Polen, die Tschechoslowakei, Ungarn, Bulgarien, die Länder des Balkans, Finnland und Irland in der jüngeren Geschichte die genau umgekehrte Erfahrung gemacht, selbst eine Art Kolonie als Teil eines kontinentalen Imperiums wie der Habsburgermonarchie, des Osmanischen Reiches, des Zarenreichs, des Deutschen Reiches oder des Vereinigten Königreichs gewesen zu sein. Nationales Unabhängigkeitsstreben im Kampf gegen Imperien bedeutete daher in der Nachkriegszeit in unterschiedlichen Teilen Europas etwas völlig Gegensätzliches: Für die Länder mit Kolonialimperien war es eine Bedrohung der eigenen Kolonialherrschaft (vgl. Kap. 3), für einen anderen Teil Europas dagegen galt es als ein heroischer Abschnitt der eigenen Geschichte.

Die Unterschiede zwischen den europäischen Kolonialimperien und den Nationalstaaten ohne Überseekolonien beschränkten sich nicht auf die außereuropäischen Beziehungen. Auch in Europa waren sie unübersehbar. So sahen die Hauptstädte dieser Länder unterschiedlich aus. In den Ländern mit Kolonien waren die Kolonialministerien ein wichtiges Entscheidungszentrum. Viele Denkmäler erinnerten an Kolonialheroen. Zum erheblichen Teil bestanden die Armeen aus indigenen Soldaten aus den Kolonien, was vor allem während der Paraden an den Nationalfeiertagen sichtbar wurde. Die bürgerlichen Karrieren führten immer noch oft in die Kolonien, sei es als Armeeoffizier oder Verwaltungsbeamter, als Arzt, Schriftsteller, Wissenschaftler, Geschäftsmann oder Geistlicher. Verwandtschaftsnetze mit Europäern in den Kolonien waren eng und zahlreich. Die politische und kulturelle Öffentlichkeit dachte in großen geographischen Räumen weit über Europa hinaus. Kunst und Wissenschaft beschäftigten sich viel mit Afrika, Asien oder dem Pazifik und exotisierten dabei oft die Kolonien.

Hingegen waren die Länder ohne Kolonien anders. Diplomaten aus Afrika und Asien wurden dort viel stärker als Fremde betrachtet, nicht als Teil des eigenen Herrschaftsbereichs oder der eigenen Kultur. Die Armeen bestanden ausschließlich aus Männern des eigenen Landes. Die «Lehnstuhlwissenschaft», die wissenschaftliche Beschäftigung mit einer außereuropäischen Kultur ohne persönliche Kenntnis des Landes, war in der Philologie, in der Religionswissenschaft und der Philosophie verbreiteter; und die bürgerlichen Karrieren führten in der Regel nicht aus dem eigenen Land heraus. Verwandtschaftsnetze in Übersee existierten durchaus, aber beschränkten sich auf Auswanderer aus der eigenen Familie in die fremden, fernen Amerikas, nicht zu Europäern im Dienst oder im Rechtsraum von Kolonien des eigenen Landes. Der Raum, mit dem sich die politische und kulturelle Öffentlichkeit befasste, war geographisch viel enger als in den Kolonialmetropolen.

Alle diese Unterschiede hatten meist schon im 19. Jahrhundert und in der Zwischenkriegszeit bestanden, verschärften sich aber nach dem Zweiten Weltkrieg. Einerseits betrieben die europäischen Kolonialimperien eine Modernisierungspolitik in den Kolonien, die eng mit dem erwähnten Aufschwung der Staatsintervention in Europa zusammenhing. Kolonialimperien wurden aus diesem Grund von Europäern noch einmal als Teil der Moderne angesehen. Andererseits erlebte das östliche Europa eine neue Unterordnung unter ein Imperium, diesmal das sowjetische, und machte damit eine erneute Erfahrung als eine Art von Kolonie.

Kriegsverschonte und vom Krieg betroffene Länder

Die beiden alten Unterschiede zwischen den europäischen Ländern wurden in der Nachkriegszeit durch neue überlagert, die durch den Zweiten Weltkrieg entstanden waren. Besonders krass war der Unterschied zwischen den vom Krieg betroffenen Ländern und den wenigen Ländern, die vom Krieg weitgehend unberührt geblieben waren, also der Schweiz, Spanien, Portugal, Schweden, Irland und Island. Dieser neue Unterschied ließ sich unter reicheren und ärmeren Ländern, unter stabilen Demokratien und Diktaturen beobachten.

Besonders deutlich sichtbar war die neue schwierige Lage der vom Krieg betroffenen Länder in den Fällen Ungarns, Griechenlands, Polens, Belgiens, Deutschlands und Österreichs, also bei dem Aggressor wie bei Opfern des Weltkriegs. Sie waren entweder auf die gleiche periphere Situation zurückgeworfen wie vor dem Ersten Weltkrieg oder stiegen aus der Liga der reichsten Länder Europas ab. Im Kontrast dazu erlebten die beiden reicheren europäischen Länder, die vom Krieg nicht direkt betroffen waren, die Schweiz und Schweden, einen ungewöhnlich glanzvollen wirtschaftlichen Aufstieg. Sie waren die einzigen Länder Europas, die ihre Pro-Kopf-Wirtschaftsleistung zwischen 1913 und 1950 verdoppeln konnten. Kaum eines der am Krieg beteiligten und vom Krieg getroffenen Länder hat einen derartig rasanten wirtschaftlichen Aufstieg erlebt, auch nicht außerhalb Europas die USA oder Kanada.

Sieger und Verlierer

Unter den vom Krieg betroffenen Ländern entstanden durch den Ausgang des Krieges neue Unterschiede zwischen den Sieger- und Verliererländern. Schon am Ende des Krieges waren die Stimmungen deutlich verschieden. In den Siegerländern wurde sein Ende mit geschmückten Straßen, Paraden, Tanz und läutenden Kirchenglocken gefeiert. Ein deutscher Widerstandskämpfer in Belgien, der spätere nordrhein-westfälische Ministerpräsident Heinz Kühn, beschrieb die Feiern dort folgendermaßen: «Eine ungeheure Erregung durchzitterte die Menschen, die hinter den geschlossenen Fenstern auf die Befreiung warteten. Deutsche Patrouillen [...] durchstreiften die Stadt [...]. Bald waren auch sie verschwunden, und die improvisiert uninformierte *armée blanche* durchjubelte die Straßen. Glocken läuteten, Fahnen bedeckten die Fassaden. Belgien war frei!»[1] Das Ende der deutschen Besatzung wurde in diesen Ländern von fast der gesamten Bevölkerung mit großer Erleichterung aufgenommen.

In den besiegten Ländern hingegen gab es zwar auch Befreiungsfreude und Erleichterung, aber sie war stärker vermischt mit Zukunftsängsten. Die spätere Präsidentin des Deutschen Bundestags, Annemarie Renger, beschrieb aus der Retrospektive ihre damaligen Gefühle: «Wir befanden uns alle in einer etwas nebulösen, zwischen Hoffen und Angst hin und her gerissenen Endzeitstimmung. [...] Als die verwundeten Soldaten wahrscheinlich am Tag der Kapitulation antreten mussten [...] und es dann in die Gefangenschaft abging, heulte ich wie ein Schlosshund, denn der ganze Wahnsinn dieses Krieges mit seinen unzähligen Toten, der Zerstörung und die nicht absehbaren Folgen für die Deutschen waren mir bewusst.»[2]

Einen weiteren Unterschied bildete nach dem Krieg der Umgang mit den Nationalsozialisten und den Kollaborateuren. In den Siegerländern begann sofort nach Vertreibung der deutschen Besatzungsmacht die Abrechnung. In manchen Ländern wurden die Kollaborateure durch Gerichte abgeurteilt wie in Dänemark, Norwegen, den Niederlanden, Belgien und der Tschechoslowakei. In anderen Ländern wie in Frankreich, Italien, Polen, Rumänien und Jugoslawien gab es wilde Abrechnungen, wie die *épuration* in Frankreich mit ca. 9–10 000 Toten, die bürgerkriegsähnlichen Konflikte in Italien mit ca. 10–15 000 Toten und die massenhaften Erschießungen in Jugoslawien mit grob geschätzten 100 000 Toten. In den besiegten Ländern Deutschland und Österreich waren dagegen massenhafte wilde Abrechnungen selten, da die Widerstandsbewegungen dafür in der Regel zu schwach und die Nationalsozialisten zu zahlreich waren. Gerichte wurden entweder direkt von den Siegern eingerichtet wie in Deutschland der Nürnberger Gerichtshof für die Verfahren gegen die NS-Hauptkriegsverbrecher oder die bestehenden Gerichte mit Verfahren gegen Kriegsverbrecher beauftragt wie in Österreich.

Auch der politische Neuanfang im westlichen Europa sah in den Siegerländern deutlich anders aus als in den besiegten Staaten. In den Siegerländern stellte die Wiedereinführung der Demokratie nach dem Zweiten Weltkrieg eine Rückkehr zu den Verhältnissen dar, die durch die deutsche Besatzung für wenige Jahre aufgehoben worden waren. Viele Politiker, die vor dem Krieg diese Länder regiert hatten, standen wieder zur Verfügung. Dagegen fand in den besiegten Ländern ein völliger Regimewechsel statt. In Deutschland war es ein Bruch mit einer Diktatur, die legal an die Macht gelangt war, in Österreich der Bruch mit einer Zeit der eigenen sowie der nationalsozialistischen Diktatur, die vom NS-Deutschland durch Annexion Österreichs anstelle von jener gesetzt worden war, und in Italien der Bruch mit fast einem Vierteljahrhundert eigener faschistischer Diktatur und einem kurzen deutschen Besatzungsregime. Die Einführung der Demokratie traf in diesen Ländern in der Zeit direkt nach dem Zweiten Weltkrieg und vor dem Ausbruch des Kalten Krieges bei einem großen Teil der Bevölkerung auf Skepsis. Es war für die Alliierten nicht leicht, durch die Diktatur nicht belastete, durchsetzungsfähige und angesehene Politiker zu finden, die von der Demokratie überzeugt waren.

Neuanfänge in der Form von staatlichen Sozialreformen gab es nach dem Zweiten Weltkrieg in den Siegerländern im Gegensatz zu den Verliererstaaten des westlichen Europa häufig. Auch die Siegerländer waren ausgelaugt und erschöpft vom Krieg und litten unter der Nachkriegsnot. Aber sie besaßen trotzdem den politischen Willen zu Sozialreformen, teils weil die Regierungen während des Krieges Reformen als Ausgleich für die Kriegsleiden versprochen hatten, teils weil diese Reformen Bestandteil des Modernisierungsprogramms nach der Ausbeutung des Landes durch die deutsche Besatzung waren und teils weil diese Reformen neue Loyalitäten gegenüber dem durch die NS-Besatzung diskreditierten Staatsapparat schaffen sollten. Die Regierungen Großbritanniens, Frankreichs, der Niederlande, Belgiens, Dänemarks und etwas später Norwegens beschlossen solche Reformen des Wohlfahrtsstaats, des Bildungs- und des Gesundheitssystems.

Dagegen blieben in den besiegten westlichen Ländern solche sozialen Reformen aus, teils weil sie von den Alliierten verlangt und aus diesem Grund von den misstrauischen Teilen der Bevölkerung und der Eliten abgelehnt wurden, teils weil in diesen Ländern die bestehenden sozialen Institutionen – wie etwa die deutschen Sozialversicherungen – schon aus der Zeit vor den Diktaturen stammten, dadurch eine besondere Aura genossen und deshalb nicht angetastet wurden und teils weil die Durchsetzung der Demokratie die Reformkräfte voll in Anspruch nahm und keine Kraft mehr für soziale Reformen blieb. In den deutschen Westzonen, in Österreich und in Italien wurden deshalb in der Nachkriegszeit keine gewichtigen sozialen Reformen durchgeführt.

Schließlich sah auch die Erinnerung an den Zweiten Weltkrieg in der unmittelbaren Nachkriegszeit in den westeuropäischen Ländern grundlegend anders aus. In den Siegerländern wurden die Leiden der Besatzungszeit und der Widerstand zu einem zentralen Thema der politischen Öffentlichkeiten und der offiziellen Geschichtspolitiken der Regierungen ebenso wie der Oppositionsparteien. Denkmäler und Gedenkorte wurden gebaut, Bücher und Filme über den Zweiten Weltkrieg geschrieben und gedreht. Auch Italien gehörte zu diesen Ländern. Es war zwar unter Mussolini Verbündeter NS-Deutschlands gewesen, aber nachdem die faschistische Partei Italiens Mussolini im Juli 1943 gestürzt hatte, war Italien zu großen Teilen von Deutschland besetzt worden und hatte dagegen Widerstand geleistet. In der Bundesrepublik Deutschland und Österreich herrschten dagegen Schweigen und Vergessen vor. Es gab zwar frühe Publikationen über die Kriegsverbrechen während des Zweiten Weltkriegs wie etwa «Der SS-Staat» (1946) von

Eugen Kogon. Aber diese Publikationen rührten die Öffentlichkeit noch wenig auf.

Östliches und westliches Europa

Der politisch spektakulärste neue Gegensatz war der seit 1946 beginnende Kalte Krieg. Er war in Europa zugleich eine gemeinsame und eine trennende Erfahrung. Als eine gemeinsame europäische Erfahrung wurde er im letzten Kapitel behandelt. Der Kalte Krieg zog in erster Linie jedoch tiefe Gräben, die Europa über Jahrzehnte teilen sollten. In der unmittelbaren Nachkriegszeit erreichte dieser Gegensatz allerdings noch nicht seine volle spätere Schärfe in den Mobilitätseinschränkungen, in den Unterbrechungen von Verwandtschafts- und Freundschaftsnetzen, im Lebensstandard, in den Mentalitäten und in der politischen Kultur. Trotzdem waren schon in der Nachkriegszeit vor allem fünf Trennlinien nicht zu übersehen.

Der erste Gegensatz gab dem «Kalten Krieg» seinen Namen: die militärische Konfrontation. Schon in der Nachkriegszeit formierten sich die beiden Militärblöcke, die sich in Europa gegenüberstanden. Auf der westlichen Seite wurde 1948 zunächst der westeuropäische Brüsseler Pakt und 1949 dann die NATO unter der Führung der USA zusammen mit zwölf westeuropäischen Staaten gegründet (vgl. Kap. 1). Auf der östlichen Seite war die Zusammenarbeit der Armeen der kommunistischen Länder unter der Führung der UdSSR ebenfalls eng. In ein formelles Militärbündnis, den Warschauer Pakt, wurde sie allerdings erst 1955 in Reaktion auf den Beitritt der Bundesrepublik zur NATO umgewandelt. Ihm gehörten unter sowjetischer Führung Polen, die DDR, die Tschechoslowakei, Ungarn, Bulgarien, Rumänien und Albanien an.

Die wichtigste direkte Konfrontation in Europa zwischen den östlichen und westlichen Armeen während der Nachkriegszeit war die Berlinkrise von 1948/49. Zudem fielen drei wesentliche militärische Entwicklungen, die den Kalten Krieg bis 1989 prägten sollten, in diese Zeit: die neuartige dauerhafte Präsenz der amerikanischen Truppen in Europa zur Eindämmung des konventionellen militärischen Übergewichts der UdSSR; die Zündung der ersten sowjetischen Atombombe 1949, die das Ende des militärischen nuklearen Monopols der USA bedeutete, das sie mit dem Abwurf von Atombomben auf Hiroshima und Nagasaki der Weltöffentlichkeit vorgeführt hatten – und damit der Beginn auch des nuklearen Wettrüstens und der militärischen Parität in der Ost-West-Konfrontation; schließlich der Aufbau von europäischen Regionalallianzen statt von globalen Allianzen durch die beiden Supermächte und damit die nachhaltige Einengung des europäischen Gesichtskreises auf die eigene Weltregion im Kalten Krieg.

Es war zweitens schon in der Nachkriegszeit unverkennbar, dass in Europa zwei diametral verschiedene Wirtschaftssysteme durchgesetzt werden sollten. Im östlichen Europa setzte in der Nachkriegszeit die Enteignung von Unternehmern und Großgrundbesitzern, aber auch von Handwerkern und Einzelhändlern ein. Enteignung bedeutete nicht immer nur Verstaatlichung, sondern oft auch Durchsetzung von genossenschaftlichen Organisationen oder sogar Landverteilung an kleine Privateigentümer. Enteignungen von Großunternehmern und Großgrundbesitzern wurden meist mit der Begründung von Kriegsverbrechen oder Kollaboration verknüpft, da die kommunistischen Regime meist noch nicht so etabliert waren, um eine kompromisslose Einführung einer sozialistischen Staatswirtschaft durchsetzen zu können.

Es wurde auch damit begonnen, die Autonomie von freien Berufen wie Rechtsanwälten, Ärzten, Architekten, aber auch von Hochschul- und Gymnasiallehrern sowie der Kirchen einzuschränken. Am Ende der Nachkriegszeit wurden die ersten Fünfjahrespläne für die Wirtschaft beschlossen und damit die zentrale Planwirtschaft eingeführt. Im Gegensatz dazu wurden im westlichen Europa auf Drängen der USA in einem bewussten Bruch mit der dominierenden europäischen Wirtschaftsform der Vorkriegs- und Zwischenkriegszeit die Beseitigung von Kartellen und die Liberalisierung des Außenhandels durch das GATT und durch die Montanunion zunehmend durchgesetzt.

Eine dritte, allmählich entstehende politische Trennlinie des Kalten Krieges gehörte zu den grundlegenden Erfahrungen der Nachkriegszeit: die wachsenden Gegensätze im Hinblick auf politische Öffentlichkeit und Wahlen. Im östlichen, stalinistischen Europa wurden die anfänglichen Ansätze zu freien Wahlen Stück für Stück durch Wahlmanipulationen und Scheinwahlen von unter Druck entstandenen gemeinsamen Wahllisten verschiedener Parteien unter Führung der Kommunisten eingeschränkt. Oppositionspolitiker und Intellektuelle wurden immer häufiger drangsaliert, ins Gefängnis geworfen, vor Gericht gezerrt und umgebracht. Die Unabhängigkeit der Medien gegenüber der Politik wurde zunehmend ausgehöhlt, sei es durch Beschränkungen bei der Lieferung von Papier an Verlage, sei es durch immer schärfere Kontrolle der Journalisten durch Zensur oder erzwungene Selbstzensur.

Das spektakulärste Ereignis in dieser Entwicklung war der Staatsstreich der tschechoslowakischen kommunistischen Partei 1948. Er beendete abrupt die wenigen Jahre, in denen die Tschechoslowakei als Musterbeispiel für eine Verbindung von liberaler Demokratie und Kommunismus gegolten hatte, da die kommunistische Partei durch hohe Stimmengewinne bei freien Wahlen und durch eine ohne Zwang zustande gekommene Koalition mit nicht kommunistischen Parteien an die Regierung gelangt war.

Im westlichen Europa dagegen wurden nach den Wirrnissen der unmittelbaren Nachkriegszeit in allen Ländern außer Spanien und Portugal freie Wahlen durchgeführt. Politische Verhaftungen gingen zurück, von der strafrechtlichen Verfolgung von Kriegsverbrechern abgesehen. Die Freiheit der Medien wurde etabliert, wiederum mit Ausnahme Spaniens und Portugals. Auch in den deutschen Westzonen und Österreich war nach einer umsichtig kontrollierten Neuzulassung von Zeitungen und Rundfunkanstalten durch die alliierten Besatzungsregierungen die Pressefreiheit gesichert.

Diese politische Teilung Europas zog auch tiefe Gräben innerhalb der politischen Öffentlichkeit mancher westeuropäischen Länder nach sich. Der politische Gegensatz zwischen prosowjetischen kommunistischen Parteien sowie den mit ihnen sympathisierenden sozialistischen Parteien und Gewerkschaften und den antisowjetischen sozialdemokratischen, liberalen, christdemokratischen und konservativen Parteien und zivilgesellschaftlichen Organisationen prägte das politische Leben besonders stark in Frankreich, Italien und Belgien.

Eine vierte, *gesellschaftliche* Ost-West-Teilung zeichnete sich bei den staatlichen Sozialreformen ab. Im östlichen Teil Europas wurden die wohlfahrtsstaatlichen Institutionen, das Bildungs- und das Gesundheitssystem und die Stadtplanung von oben nach dem sowjetischen Modell, wenn auch mit nationalen Varianten, umgebaut. In Westeuropa dagegen bestand eine große Vielfalt von Sozialsystemen und Sozialreformen ohne Tendenzen zu einer Konvergenz. Zwar wurden die britischen und die skandinavischen staatlichen Sozialreformen die neuen Modelle im westlichen Europa, die sich stark von dem sowjetischen Modell unterschieden, aber da sie keineswegs überall in Westeuropa übernommen wurden, blieben die Ost-West-Unterschiede von der großen westeuropäischen Vielfalt noch verdeckt. Erst in den 1950er- und 1960er-Jahren traten die Ost-West-Gegensätze schärfer hervor (vgl. Kap. 5).

Unverkennbar begann dagegen fünftens bereits in der Nachkriegszeit der *kulturelle* Kalte Krieg: Die UdSSR führte diesen Kulturkrieg gegen den wachsenden kulturellen Einfluss der Vereinigten Staaten, gegen das amerikanische Kulturmodell, gegen den amerikanischen Massenkonsum, den amerikanischen Film und die amerikanische Musik. Sie erhob gegen die USA vor allem den Verdacht, sie wollten die kulturelle Unabhängigkeit Europas zerstören und dort faschistische Tendenzen wiederbeleben. In diesem Kampf initiierte die UdSSR eine prosowjetische Friedensbewegung und richtete 1948 auf dem «Weltkongress der Intellektuellen» im polnischen Breslau einen Weltfriedensrat ein, der ab 1949 Friedenskongresse in Paris, Prag und New York organisierte. Der «Stockholmer Appell» des Weltfriedensrats von 1950, der zur Ächtung der Atombombe aufrief, erhielt in Ost- wie in Westeuropa viele Millionen Unterschriften. Der UdSSR gelang es nicht ohne Erfolg in der europäischen Öffentlichkeit, sich selbst als Friedensmacht, die USA dagegen als Kriegstreiber darzustellen. Die Kritik an den sowjetischen Gulags, an den Schauprozessen und den Repressionen gegen die Opposition, an der Machtübernahme der kommunistischen Parteien bis hin zum erwähnten Staatsstreich in der Tschechoslowakei wuchs, aber viele west- wie osteuropäische Intellektuelle sahen darin damals doch noch unvermeidbare Kollateralschäden eines prinzipiell sympathischen Projekts.

Das wichtigste Gegenereignis im westlichen Europa war der «Kongress für kulturelle Freiheit», den eine gewichtige Gruppe westlicher Intellektueller 1950 in Westberlin organisierte. Intellektuell anspruchsvolle Zeitschriften, *Encounter* in Großbritannien, *Preuves* in Frankreich, *Tempo presente* in Italien und *Der Monat* in der Bundesrepublik, wurden gegründet. Die Vereinigten Staaten bauten die «US Information Agency» (USIA) auf, die starken Einfluss auf das intellektuelle Leben in Europa nahm, richteten Amerikahäuser ein und gründeten den Rundfunksender «Radio Freies Europa» (RFE). Breiten Einfluss gewannen die USA in Europa zudem durch den amerikanischen Film und die amerikanische Jazzmusik, denen die UdSSR wenig entgegenzuhalten hatte.

Auch dieser kulturelle Kalte Krieg zog nicht nur Gräben zwischen dem westlichen und dem östlichen Teil Europas, sondern auch innerhalb West- und Osteuropas. Vor allem die französische und die italienische intellektuelle Öffentlichkeit war tief gespalten zwischen den Anhängern des sowjetischen Modells, welche die Einschränkungen der individuellen Freiheiten und die Anwendung von Gewalt im Namen des sozialen Fortschritts für unvermeidlich hielten, und den Anhängern des westlichen Modells, die auf den individuellen Freiheiten bestanden. Auf der einen Seite orientierten sich Intellektuelle an den starken kommunistischen Parteien, die durch ihren Widerstand gegen das nationalsozialistisch beherrschte Europa auf dem Zenit ihres öffentlichen Ansehens standen. Auf der anderen Seite standen sehr heterogene Gruppierungen: das klassische oft demokratieskeptische katholische und protestantische Milieu; die extreme Rechte, die aufgrund der Kriegsverbrechen und Genozide nach dem Zusammenbruch des NS-Regimes in der europäischen Öffentlichkeit weitgehend diskreditiert, aber keineswegs marginal war; die neue Gruppierung von demokratisch orientierten

Intellektuellen, die den Berliner «Kongress für kulturelle Freiheit» und die genannten Intellektuellenzeitschriften stützten.

An diesen neuen tiefen Gräben, die im beginnenden Kalten Krieg entstanden, zerbrachen auch Netzwerke und Freundschaftsbeziehungen, so etwa 1947 die langjährige Freundschaft Jean-Paul Sartres und Raymond Arons oder in den 1950er-Jahren die enge Zusammenarbeit zwischen Albert Camus und Sartre in der Zeitschrift *Les Temps Modernes* – an sich waren das lokale Ereignisse unter Pariser Intellektuellen, die aber ein breites internationales Echo fanden.

Was herrschte in Europa am Ende der Nachkriegszeit vor, die Gemeinsamkeiten der Krisen und des Aufbruchs oder die massiven inneren Gegensätze? Ohne Zweifel sollte man die Gemeinsamkeiten der Krise in Europa *nicht* unterschätzen: die gesamteuropäischen Kriegszerstörungen und Nachkriegsnöte, die überall anzutreffende erzwungene Mobilität und neue soziale Ungleichheit, den Verfall von Imperien und die gemeinsame Erfahrung des beginnenden Kalten Krieges, aber auch die gemeinsamen Neuanfänge, den Wiederaufbau, die neue, allerdings geteilte Weltwirtschaftsordnung, die staatlichen Sozialreformen und den Aufschwung der Kultur. Diese gewichtigen Gemeinsamkeiten werden im Rückblick oft zu wenig gewürdigt. In der zeitgenössischen Öffentlichkeit, unter den Politikern und Intellektuellen war das Bewusstsein einer gemeinsamen Krise stark und daher auch die Anläufe zu gemeinsamen Lösungen energischer als nach dem Ersten Weltkrieg.

Gleichzeitig war Europa in vielerlei Hinsicht tief gespalten, durch alte Teilungen zwischen Zentrum und Peripherie, zwischen Kolonialländern und Nationalstaaten ohne Kolonien ebenso wie durch neue Spaltungen in der unterschiedlichen Betroffenheit vom Krieg, durch die unterschiedlichen Positionen als Sieger oder Verlierer im Weltkrieg und vor allem durch den beginnenden Kalten Krieg. Diese tiefen Spaltungen haben die Anläufe zu gemeinsamen Debatten, Aktionen, Abkommen und Institutionen erschwert und letztlich während der Nachkriegszeit ein einheitliches Handeln Europas verhindert. Die Spaltungen und Teilungen der unmittelbaren

Nachkriegszeit muss man daher stärker gewichten als die Gemeinsamkeit der Krisen und Neuanfänge.

3. Europa im globalen Kontext während der Nachkriegszeit

Wie sah die Nachkriegszeit Europas aus globaler Perspektive aus? Wich die europäische Geschichte von der Weltgeschichte stark ab, und hat sie eine besonders leidvolle Richtung angenommen, oder gab es solche Nachkriegszeiten auch anderswo in der Welt? War die Nachkriegszeit eine Zeit der globalen Isolation Europas, des globalen Rückzugs in der Notlage, auch eine massive Schwächung der europäischen Weltherrschaft als Folge des Zweiten Weltkriegs? Oder war Europa in dieser Epoche in besonderer Weise mit den anderen Weltregionen verflochten?

Gegenüber vielen Teilen der Welt erscheint die Nachkriegszeit Europas als etwas ganz Ungewöhnliches. Weder die Vereinigten Staaten noch Lateinamerika noch das subsaharische Afrika, die UdSSR oder Südostasien durchlebten damals eine ähnliche Epoche der tiefen Krise und gleichzeitig der grundlegend neuen Weichenstellungen. Für den Großteil der Welt waren diese Jahre eher eine normale Zeit ohne spektakuläre Umbrüche. Selbst die außereuropäischen Länder, die sich am europäischen Zweiten Weltkrieg beteiligt hatten, wurden nicht wie Europa von einer Nachkriegskrise und einem Neuanfang geprägt.

In den USA waren die späten 1940er-Jahre keine Zeit der Nachkriegsnot, sondern einer normalen wirtschaftlichen Entwicklung. Die Demobilisierung von Millionen von Armeeangehörigen führte nicht zu einer Verarmung. Anders als nach dem Ersten Weltkrieg blieben die Rüstungsausgaben hoch, da der Kalte Krieg fast nahtlos an den Zweiten Weltkrieg anschloss und die amerikanische Armee sich nicht aus Europa und Ost- sowie Südostasien zurückzog. Auch über grundlegend neue politische und gesellschaftliche Weichenstellungen wurde in den USA in dieser Zeit nicht entschieden.

Die spektakulärste Entwicklung, der McCarthyismus, die Jagd auf tatsächliche oder vermeintliche Kommunisten, war eine vorübergehende Auswirkung des Kalten Krieges. Daher ist in den amerikanischen Geschichtsbüchern das Jahr 1945 kein wichtiger Wendepunkt.

Für die UdSSR waren die Jahre nach 1945 zwar ähnlich wie für Europa eine Zeit der Not im Schatten des verheerenden Zweiten Weltkriegs, aber sie brachten keinen Neuanfang, sondern eine Restauration und Verstärkung des stalinistischen Regimes. Auch für Lateinamerika war diese Zeit keine eigene Epoche, obwohl es sich am europäischen Zweiten Weltkrieg beteiligt hatte und damals wirtschaftlich und kulturell noch stark auf Europa bezogen war. Die Wirtschaftskrise der 1930er-Jahre und dann wieder die Entstehung von Militärdiktaturen seit den 1960er- und 1970er-Jahren waren tiefere Umbrüche für den Kontinent als die späten 1940er-Jahre. Nur in drei anderen Teilen der Welt brachten die späten 1940er-Jahre eine ähnliche Krisen- und Umbruchszeit wie in Europa: in Ostasien, in Südasien und im Nahen Osten.

Ostasien

Die ostasiatische Entwicklung besaß die stärksten Ähnlichkeiten mit der europäischen Nachkriegszeit. Fünf Parallelen fallen vor allem auf: In Ostasien stand die Nachkriegszeit erstens ebenfalls im Schatten des blutigen Zusammenbruchs eines Imperiums. Japan hatte ähnlich wie das nationalsozialistische Deutschland im Zweiten Weltkrieg durch Eroberung und grausame Repression einen Herrschaftsraum geschaffen, der ebenfalls nur wenige Jahre Bestand hatte. Japan hatte zwar schon seit 1895 Taiwan und seit 1910 Korea zu Kolonien gemacht und seit 1932 in Nordchina ein Satrapenregime, den Mandschukuo-Staat, gegründet, aber erst nach seinem Eintreten in den Zweiten Weltkrieg 1941 hatte es einen noch viel größeren Raum, große Teile Chinas und große Teile Südostasiens mit dem französischen Indochina, dem niederländischen Indonesien, dem britischen Malaysia und den amerikanischen Philippinen, erobert. Nach dem Zusammenbruch des japanischen Imperiums mit der japanischen

Weltkriegsniederlage fällten die neuen Supermächte, die USA und die UdSSR, in Ostasien ebenfalls die grundlegenden Entscheidungen.

Zweitens herrschte in der Nachkriegszeit in Ostasien eine ähnliche Notlage wie in Europa. Ähnliche Kriegszerstörungen belasteten die Region. Die Opferzahlen waren ebenfalls hoch gewesen: China hatte ca. 14 Millionen und Japan ca. 2 Millionen Kriegstote zu beklagen. Auch die Ostasiaten litten in der Nachkriegszeit unter Kriegsinvalidität und Kriegstraumata sowie unter dem Verlust der im Krieg umgekommenen Familienmitglieder. Die Städte in Ostasien waren ähnlich zerstört. Nicht nur der traurig-berühmte Anblick Hiroshimas nach dem Abwurf der Atombombe, sondern auch der Anblick Tokios nach den konventionellen Bombardements unterschied sich kaum vom Anblick Rotterdams, Warschaus oder Berlins. Die Wirtschaft Ostasiens war in ähnlicher Weise vor allem im Verkehr und in der Landwirtschaft getroffen und stand vor einem mühsamen Wiederaufbau. Wie in Europa herrschten in großen Teilen Ostasiens Hungersnot, Wohnungsknappheit und Arbeitslosigkeit, und genauso waren Millionen Menschen auf dem schwer zerstörten Verkehrssystem erzwungenermaßen unterwegs, zurückkehrende Zwangsarbeiter und chinesische und japanische Kriegsgefangene sowie japanische Flüchtlinge aus Korea und China auf dem Weg nach Japan.

In Ostasien war drittens die Nachkriegszeit ähnlich wie in Europa ein Neuanfang. Unter dem Druck und der unmittelbaren Mitwirkung der USA wurde in Japan 1947 eine neue Verfassung, eine parlamentarische Monarchie mit unabhängigen Gerichten, eingeführt. Grundlegende Reformen der staatlichen sozialen Sicherung, die Einführung eines Mindestlebensstandards, Gesetze zum sozialen Schutz von Kindern und Behinderten, von Arbeitslosen und Opfern von Arbeitsunfällen, wurden beschlossen. Die Schulen und Universitäten wurden unter amerikanischem Einfluss inhaltlich und organisatorisch grundlegend neu strukturiert.

In China wurde 1949 nach der kommunistischen Machtübernahme ähnlich wie im östlichen Europa ein völliger Umbau von Wirtschaft und Gesellschaft nach sowjetischem Modell durchgesetzt. Unter Mithilfe von sowjetischen Experten wurden Fünfjahrespläne, eine staatliche Sozialfürsorge, ein staatlicher Gesundheitsdienst und ein Schulsystem nach dem sowjetischen Modell eingeführt und eine Schwerindustrie aufgebaut. Mit denkbar brutalen Methoden, zu denen auch Massenerschießungen zählten, und mit Millionen von Todesopfern wurde die Landwirtschaft kollektiviert.

Ostasien wurde viertens in der Nachkriegszeit durch den Kalten Krieg ähnlich geteilt wie Europa. Wie dort lief auch hier der Eiserne Vorhang mitten durch Länder hindurch und teilte Korea ebenso wie China. Eine vergleichbare Konkurrenz zwischen Wirtschaftssystemen, Sozial- und Bildungspolitiken, Kulturen sowie zwischen affirmativer Massenmobilisierung und demokratischer Partizipation begann sich aufzubauen. Die Gründe für den Beginn des Kalten Krieges glichen denen in Europa: In Ostasien war wie in Europa durch den Bürgerkrieg in China zwischen Chiang Kai-shek und Mao Tse-tung und durch den Zusammenbruch Japans ein Machtvakuum entstanden, in das die neuen Supermächte UdSSR und USA eingriffen und eine neue Ordnung aufbauten. Ostasien und Europa wurden dadurch zu Einflusszonen derselben neuen Supermächte.

Schließlich gab es in Ostasien fünftens ähnlich gespaltene Erinnerungen an den Zweiten Weltkrieg wie in Europa: eine politisch mobilisierende Erinnerung an die Befreiung von der japanischen Herrschaft in China, Korea und in schwächerer Form auch in Taiwan sowie eine Verdrängung der Auseinandersetzung mit den eigenen Verbrechen im Zweiten Weltkrieg in Japan.

Allerdings sind auch die Unterschiede zwischen den Nachkriegszeiten Ostasiens und Europas nicht zu übersehen. Der Zweite Weltkrieg war in Europa noch zerstörerischer gewesen als in Ostasien. Die Zahl der Toten war mit rund 50 Millionen deutlich höher. Vor allem aber hatte es in Ostasien keinen Holocaust gegeben, keine systematische Ermordung von Millionen von Menschen aus rassistischen Motiven, so grausam und mörderisch die japanische Besatzung auch immer gewesen war. In Europa war daher in der Nachkriegszeit die moralische Diskreditierung Deutschlands noch stärker als die Japans in Ostasien. Der äußere und innere Druck auf eine moralische Umkehr der Deutschen war massiver.

Umgekehrt waren der Kalte Krieg und die Durchsetzung kommunistischer Regime in Ostasien während der Nachkriegszeit ungleich blutiger. Im immer noch weitgehend ländlichen China kostete die Kollektivierung der Landwirtschaft durch das maoistische Regime weit mehr Menschenleben als im östlichen Europa nach 1945. Die Enteignung der Großgrundbesitzer, die öffentlichen Kritikrituale und die Ermordung von rund einer Million ländlicher Großgrundbesitzer und reicherer Bauern, die völlige Verstaatlichung der städtischen Wirtschaft und die Eliminierung des städtischen Bürgertums und vieler Intellektueller, die Säuberungen und der Aufbau riesiger Straflager waren ein brutaler Umbruch, noch brutaler als im östlichen Europa. Am Ende der Nachkriegszeit brach zudem in Korea ein heißer Krieg zwischen Nordkorea sowie China auf der einen und Südkorea sowie den USA und ihren Verbündeten auf der anderen Seite aus, der wiederum Millionen Menschenleben kostete. In Europa dagegen entstanden aus den heißen Konflikten, aus dem Bürgerkrieg in Griechenland, dem Jugoslawienkonflikt und aus der Berlinblockade keine Staatenkriege.

Darüber hinaus gab es *nach* 1945 in Ostasien nichts Vergleichbares zu dem Zerfall der europäischen Kolonialreiche, der ein wesentlicher Aspekt der europäischen Nachkriegszeit war. China hatte nie ein überseeisches Kolonialimperium aufgebaut, das nun in eine Krise hätte geraten können. Die Beziehungen des kommunistischen China zu den Millionen von chinesischen Auswanderern in Südostasien wurde seit der kommunistischen Machtübernahme 1949 zwar schwierig, aber dabei handelte es sich nicht um eine imperiale Krise. Das japanische Kolonialimperium in Korea und auf dem chinesischen Festland war schon durch die japanische Kapitulation im Weltkrieg zusammengebrochen. Der Verfall der europäischen Kolonialreiche hatte darüber hinaus welthistorisch eine andere Bedeutung als der Zusammenbruch des japanischen Imperiums. Über einen langen Zeitraum hatten die europäischen Kolonialmächte zusammengenommen einen großen Teil der Welt beherrscht, wie einschneidend man diese Herrschaft auch immer einschätzen mag. Japan war dagegen nur für relativ kurze Zeit eine Regionalmacht in Ost- und Südostasien gewesen. Der Niedergang der europäischen Kolonialreiche war daher ein tiefer welthistorischer Einschnitt, der Zusammenbruch des japanischen Imperiums hingegen nur ein regionalhistorischer.

Zudem war die wirtschaftliche Krise der Nachkriegszeit in Europa für die Weltwirtschaft damals folgenreicher als die in Ostasien. Um 1950 machte die jährliche Wirtschaftsleistung Europas ungefähr zwei Fünftel der Weltwirtschaft aus, die Ostasiens dagegen nur ungefähr ein Zehntel. Der Anteil Europas am Weltexport betrug um 1950 sogar mehr als die Hälfte des Gesamtvolumens, der ostasiatische Anteil am Welthandel lag dagegen schätzungsweise unter einem Zehntel. Die europäische Wirtschaft besaß global ein weit größeres Gewicht, weil sie um 1950 weit stärker industrialisiert war als die ostasiatische und zudem traditionellerweise besonders stark den Welthandel trug. In Ostasien gab es nur in Japan Ansätze zu einer Industrialisierung. Daher schadete die wirtschaftliche Krise der europäischen Nachkriegszeit der Weltwirtschaft weit mehr als die gleichzeitige ostasiatische Wirtschaftskrise.

Schließlich fehlte in Ostasien eine Entsprechung zu einem wichtigen Neuanfang der europäischen Nachkriegsepoche: ein Pendant zur europäischen Integration. Eine ungleiche Partnerschaft zwischen Japan mit seinen rund 90 Millionen und Südkorea mit seinen rund 20 sowie Taiwan mit seinen rund 10 Millionen Einwohnern hätte für Südkorea und Taiwan nicht den Gewinn an Sicherheit gebracht wie für Frankreich die Montanunion mit den von der Bevölkerungszahl her annähernd gleich gewichtigen großen Ländern Frankreich, Italien und Bundesrepublik Deutschland. Es fehlte daher der friedensstiftende Sinn einer möglichen ostasiatischen wirtschaftlichen Integration. Zudem blieben die politischen Beziehungen zwischen Japan und Südkorea, aber auch zwischen Japan und Taiwan nach dem Zweiten Weltkrieg zu sehr von der Erinnerung an das lange und gerade erst untergegangene japanische Kolonialregime geprägt, als dass wenige Jahre nach dem Krieg eine gemeinsame partnerschaftliche Wirtschaftsbehörde hätte eingerichtet werden können.

Südasien

Die späten 1940er-Jahre waren auch in Südasien eine Nachkriegszeit im doppelten Sinne: eine Zeit großer Not, aber gleichzeitig auch grundlegender neuer Weichenstellungen. Auch die britische Kronkolonie Indien war am Zweiten Weltkrieg beteiligt gewesen; die indische Armee, eine Freiwilligenarmee, war auf rund 2,5 Millionen Soldaten ausgeweitet und in Europa, dem Nahen Osten, in Afrika und in Südostasien eingesetzt worden. Von der britischen Kolonialverwaltung war die indische Wirtschaft auf eine Kriegswirtschaft mit scharfer Preiskontrolle und Warenbewirtschaftung umgestellt worden.

Die Nachkriegszeit war auch für Indien eine Zeit der äußersten materiellen Not. Nahrungsmittel waren knapp und wurden zudem von spekulierenden Händlern zusätzlich künstlich knapp gehalten, da die britische Kolonialverwaltung in ihrer Auflösung nicht mehr dagegen einschritt. Hungersnöte breiteten sich aus, in deren Folge rund eine Million Menschen in den späten 1940er-Jahren starben. Obendrein litt Indien unter einer bürgerkriegsähnlichen Situation. In den Konflikten zwischen Moslems und Hindus seit 1947 wurden schätzungsweise eine Million Menschen umgebracht. Rund 10 Millionen Menschen flüchteten, Moslems in den muslimischen Teil der ehemaligen Kronkolonie, das neu gegründete Pakistan, aber auch in umgekehrter Richtung Hindus in den neuen Nationalstaat Indien.

Gleichzeitig war die Nachkriegszeit auch in Südasien eine Epoche der neuen Weichenstellungen. Die Kolonie Indien errang 1947 ihre Unabhängigkeit, ein Schlüsselereignis in der globalen Dekolonialisierung. Das Land wurde gleichzeitig geteilt in das heutige überwiegend hinduistische Indien und den moslemischen Staat mit seinem westlichen Teil, dem heutigen Pakistan, und seinem Ostteil, der später unter dem Namen Bangladesch selbstständig wurde. Indien erhielt eine republikanische Verfassung und wurde eine parlamentarische Demokratie. Es ist seitdem der Bevölkerungszahl nach die größte Demokratie der Welt. Für die Weltgeschichte der Demokratie war die Nachkriegszeit eine wichtige Epoche, weil nicht nur im westlichen Europa und in Japan, sondern auch in Indien eine Demokratie etabliert wurden, die bis heute stabil ist.

Freilich sind auch die Unterschiede zur europäischen Nachkriegszeit nicht zu übersehen. Der Zweite Weltkrieg hatte nicht auf dem Gebiet der indischen Kronkolonie stattgefunden. Daher lag die Nachkriegszeit auch nicht im Schatten von Kriegszerstörungen. Südasien war aus demselben Grund auch anders als Europa und Ostasien nicht durch gegensätzliche Kriegserinnerungen gespalten. Der Kalte Krieg betraf zudem Südasien weit weniger als Europa und Ostasien. Zu einer direkten Konfrontation zwischen kommunistischen und westlichen Ländern kam es auf südasiatischem Boden nicht. Die Gegensätze zwischen Indien und Pakistan entstanden vor allem durch religiöse Differenzen, weniger durch den Kalten Krieg, also durch die Nähe Indiens zur UdSSR und Pakistans zu den USA.

Außerdem war die Nachkriegszeit in Südasien auch keine Zeit der gesellschaftlichen Reformen. In Indien waren die Gegensätze zwischen dem agrarromantischen Unabhängigkeitsführer Mahatma Gandhi und dem Modernisten Jawaharlal Nehru, dem ersten Premierminister, zu groß, als dass sie sich für gemeinsame Sozialreformen hätten entscheiden können. Darüber hinaus war die Nachkriegszeit in Südasien zwar wie in Europa stark von der Dekolonialisierung geprägt, aber der indische Subkontinent erlebte diesen Prozess von der anderen Seite, aus der Sicht der neu errungenen Unabhängigkeit gegenüber dem europäischen Kolonialherrn. Schließlich war eine supranationale wirtschaftliche Integration zur internationalen Friedenssicherung wegen der religiösen Spannungen in Südasien ebenso wenig denkbar wie im ostasiatischen Raum.

Naher Osten und Nordafrika

Der Nahe Osten und Nordafrika waren die vierte Weltregion, für welche die späten 1940er-Jahre eine entscheidende Umbruchszeit waren. Die Region war ein wichtiger Operationsraum im Zweiten Weltkrieg gewesen. Großbritannien und das Freie Frankreich hatten sich durch politische Einflussnahme, teilweise auch durch militärische Intervention im Iran und Irak, in Syrien, Ägypten und Algerien die Unterstützung gegen die Achsenmächte gesichert. In Nordafrika hatten zudem Kämpfe zwischen britischen, amerikanischen und auch französischen auf der einen Seite sowie deutschen und italienischen Truppen auf der anderen Seite stattgefunden, die mit dem Sieg der alliierten Westmächte 1943 geendet hatten.

An diesem Krieg in der Region selbst, aber auch auf dem europäischen Kriegsschauplatz waren cyrenaikanische und arabische Soldaten in der britischen Armee sowie algerische und marokkanische in der französischen beteiligt. Den höchsten Anteil stellte Algerien mit rund 300 000 Kombattanten. Die nordafrikanische Zivilbevölkerung hatte unter den Zerstörungen der Feldzüge auf dem Land und in den Städten, aber auch unter der schlechten Versorgung und der Hungersnot während des Krieges und in der Nachkriegszeit mit vielen, bisher ungezählten Opfern zu leiden.

Für die Region brachte die Nachkriegszeit wichtige Weichenstellungen: Ähnlich wie in Südasien war sie auch im Nahen Osten, wenn auch nicht in Nordafrika, eine Schlüsselepoche der Entkolonialisierung und der Entstehung unabhängiger Staaten. Neu war auch, dass nationalistische arabische Militärs sich ähnlich wie drei Jahrzehnte zuvor die Jungtürken im Osmanischen Reich an die Macht zu putschen begannen, mit dem Ziel, die staatliche Unabhängigkeit durchzusetzen, die Wirtschaft zu industrialisieren und die Gesellschaft umzugestalten, dabei nicht selten gestützt auf die Ausbeutung von Rohstoffen, vor allem des Erdöls. Dem ersten dieser Putsche in Syrien 1949 folgten viele andere in den nächsten Jahren. Eine starke und gewaltsame Unabhängigkeitsbewegung war allerdings in der Nachkriegszeit nur im israelischen Fall ein wichtiger Grund für die Erringung der nationalen Unabhängigkeit, in diesem Fall von der britischen Mandatsmacht. Dagegen entstanden die gewaltsamen arabischen Unabhängigkeitsbewegungen erst in späteren Jahren oder blieben – wie in Algerien 1945 – vorläufig noch erfolglos.

Ebenfalls evident sind die damaligen Unterschiede zwischen dieser Region und Europa. So waren die Kriegszerstörungen weniger gravierend. Große Städte wie Beirut, Kairo, Alexandria, Algier und Casablanca waren weniger zerstört. Auch die Zahl der Kriegstoten war nicht so hoch. Zudem wurde die Region durch den Kalten Krieg viel weniger scharf polarisiert als Europa oder Ostasien. Politische Neuanfänge durch soziale Reformen blieben marginal.

Ein anderer möglicher Neuanfang, der regionale wirtschaftliche und politische Zusammenschluss, besaß allerdings im Nahen Osten und Nordafrika in der Nachkriegszeit besonders gute Chancen. Gestützt auf ein wachsendes panarabisches politisches Bewusstsein und unterstützt von der britischen Kolonialmacht, wurden schon seit dem Zweiten Weltkrieg regionale Zusammenschlüsse geplant und 1945 die Arabische Liga gegründet. Zusammenschlüsse vergleichbar mit dem Europarat oder gar mit der Montanunion kamen allerdings nicht zustande, da die arabischen Nationalstaaten nicht so stark wie die europäischen durch Kriegsniederlagen und Genozide diskreditiert waren und da die Friedenssicherung auf dem Weg der wirtschaftlichen Integration anders als in Europa nicht dringend erschien, weil die Länder dieser Region zuvor nicht miteinander in einem verheerenden Krieg gestanden hatten.

Insgesamt war die Nachkriegszeit Europas also nicht einzigartig. Sie erschien zwar den meisten damaligen Europäern als einmalig, da die außereuropäischen Teilnehmer auf dem europäischen Schauplatz des Zweiten Weltkriegs, denen die Europäer auch anschließend häufig begegneten und mit denen sie sich verglichen, keine ähnlich ausgeprägte Nachkriegszeit mit einer Mischung aus Not und neuen Weichenstellungen erlebten, weder die USA noch die UdSSR noch Lateinamerika. Aber andere Teile der Welt, vor allem Ostasien und Südasien, in abgeschwächter Form auch der Nahe Osten, durchlebten damals eine recht ähnliche Epoche.

Globale Ent- und Verflechtung

War die europäische Nachkriegszeit auch eine Epoche der den meisten Zeitgenossen unbekannten Verflechtungen? Die globale Verflechtung Europas mit anderen Weltregionen entwickelte sich in diesen Jahren widersprüchlich: Auf der einen Seite stand der Verfall und die Abwendung von globalen Bindungen, ein Rückzug Europas auf sich selbst und auf seine Beziehungen zu den neuen Supermächten USA beziehungsweise UdSSR. Auf der anderen Seite besaß Europa weiterhin starke Bindungen nach Übersee, sogar noch verstärkt durch neue Migrationen und die neue koloniale Modernisierungspolitik.

Die spektakulärste Seite des Schwunds der globalen Verflechtungen Europas war der erneute Schub im Verfallsprozess der europäischen Kolonialreiche. Gewiss waren die wenigen Jahre der Nachkriegszeit nur ein kurzer Abschnitt in deren langem Niedergang. Dieser hatte schon mit der Unabhängigkeit der meisten amerikanischen Siedlungskolonien, der Vereinigten Staaten von Amerika im späten 18. und der Mehrzahl der spanischen und portugiesischen Kolonien in Lateinamerika im frühen 19. Jahrhundert, begonnen. Dieser ersten Phase der Dekolonialisierung entgegengesetzt, folgte eine neue Welle der europäischen Kolonialexpansion im 19. und frühen 20. Jahrhundert, die Aufteilung Ost- und Südostasiens, Afrikas und des Nahen Ostens unter den europäischen Kolonialmächten, aber dann auch an der Wende vom 19. zum 20. Jahrhundert die Kolonialexpansion der USA mit ihrer von Spanien eroberten Kolonie auf den Philippinen und Japans mit seinen Kolonien Taiwan und Korea. Zugleich erlebte das britische Kolonialreich in dieser Zeit bereits eine zweite, freilich begrenzte Dekolonialisierung, die Verselbstständigung der britischen Siedlungskolonien Kanada, Australien und Neuseeland sowie Südafrika als Dominions. In der Nachkriegszeit setzte dann die dritte, endgültige Phase der Dekolonialisierung ein, die in den frühen 1970er-Jahren im Wesentlichen zum Abschluss kam.

Die Nachkriegszeit ist in dieser langen Geschichte der Dekolonialisierung also ein zwar kurzer, aber entscheidender Abschnitt. In drei Weltregionen gab es in diesen wenigen Jahren besonders spektakuläre Entkolonialisierungen. In Südasien wurde die Entkolonialisierung unumkehrbar mit dem Ende des Glanzstücks des britischen Kolonialreichs, der Kronkolonie Indien, und den daraus entstehenden Staaten Indien (1947), Pakistan (1947) sowie Sri Lanka 1948. In Südostasien schritt die Dekolonialisierung weit voran mit der Unabhängigkeit der britischen Kolonie Birma 1948 als direkte Folge der Dekolonialisierung im benachbarten Südasien, der Unabhängigkeit der Philippinen von der Kolonialherrschaft der USA 1946, der Dekolonialisierung Indonesiens 1949 auf Druck der USA nach einem blutigen Unabhängigkeitskrieg gegen die Niederlande und mit der Autonomie Nordvietnams 1945, Kambodschas 1949 und Laos' im gleichen Jahr innerhalb der französischen Kolonie Indochina. Damit wurde am Ende der Nachkriegszeit um 1950 nur noch ein erheblich kleinerer Teil Südostasiens von europäischen Kolonialmächten kontrolliert: das südliche Vietnam, wo Frankreich in einen Kolonialkrieg mit Nordvietnam verwickelt war, und die britische Kolonie Malaysia, ebenfalls Schauplatz eines – allerdings von den Briten erfolgreich niedergeschlagenen – Kolonialaufstands, der von der dortigen chinesischen Minderheit getragen wurde.

Im Nahen Osten kann man zwar nicht von Entkolonialisierung sprechen, da es in dieser Region kaum europäische Kolonien gab, aber doch von einer deutlichen Schwächung europäischer hegemonialer Einflusszonen mit dem Auslaufen der Völkerbundmandate: mit dem Ende des französischen Mandats in Syrien und im Libanon 1946, mit der Unabhängigkeit Jordaniens vom britischen Mandat 1946, mit dem Abzug der britischen Besatzung aus dem schon in den 1920er-Jahren unabhängig gewordenen, 1941 kurzfristig von Großbritannien zum Zweck der Durchsetzung eines neuen Monarchen besetzten Irak und schließlich mit dem spektakulärsten Fall, der Gründung des unabhängigen Staates Israel 1948 gegen den Willen der britischen Mandatsverwaltung. Vor allem der Einfluss Frankreichs ging während der Nachkriegszeit in dieser Region zurück. Die britische Regierung machte sich dagegen weiterhin Hoffnungen, über Verträge mit den arabischen Staaten die Ölproduktion kontrollieren, die britischen Sicherheitsinteressen wahren und die arabischen Länder an die westliche NATO binden zu können. Der britische Einfluss in dieser Region schwand erst in den 1950er-Jahren rapide (vgl. Kap. 6).

Insgesamt betrachtet, waren die wenigen Jahre der unmittelbaren Nachkriegszeit global gesehen ein entscheidender Durchbruch der

Entkolonialisierung, weil man für die Zeit danach nicht mehr von europäischer *Welt*herrschaft, sondern nur noch von europäischen *Regional*imperien sprechen kann. Europäische Kolonialimperien bestanden jetzt unbestritten nur noch in Nord- und im subsaharischen Afrika fort, die Europa benachbart waren.

Für diesen Zusammenbruch der europäischen Kolonialimperien in der Nachkriegszeit gab es mehrere Ursachen: Der Herrschaftsnimbus der Kolonialmächte war durch den Zweiten Weltkrieg geschwächt. Die Besetzung der meisten kolonialen Mutterländer durch das nationalsozialistische Deutschland und die Besetzung europäischer Kolonien in Südostasien durch Japan, das sich selbst als antikoloniale Befreiungsmacht präsentierte, hatte den Kolonialbevölkerungen die Verwundbarkeit der europäischen Kolonialmächte vor Augen geführt. Diese Mächte waren zudem im Zweiten Weltkrieg auf die Hilfe der Kolonien und Dominions, vor allem auf deren Soldaten und Waren, angewiesen gewesen, wodurch die Kolonien aufgewertet wurden. Zeitweise hatte die französische Exilregierung sogar direkt von den nordafrikanischen Kolonien aus operiert.

Darüber hinaus waren die Kolonialmächte mit der Ausnahme von Belgien durch den Zweiten Weltkrieg stark verschuldet, und das ausgerechnet zu einem Zeitpunkt, als das Konzept der Entwicklungspolitik, das hohe Investitionen in den Kolonien vorsah, in der Weltöffentlichkeit und in den Kolonialmetropolen immer mehr Anklang fand. Die Eliten und die übrige Bevölkerung in den Kolonien erwarteten aus allen diesen Gründen mehr Unabhängigkeit. Sie wurden darin auch durch die Atlantikcharta der USA und Großbritanniens von 1941 bestärkt, die den Kolonien die nationale Unabhängigkeit in Aussicht gestellt hatte. An dieses Versprechen fühlten sich zwar die europäischen Kolonialherren nicht gebunden, jedoch beriefen sich die Kolonien darauf. Weiter ermutigt wurden diese durch das Beispiel einzelner Unabhängigkeitsbewegungen, wie vor allem der indischen, geführt von Mahatma Gandhi.

Beim Dekolonialisierungsschub in der Nachkriegszeit spielten aber neben den direkt beteiligten Akteuren, den Kolonialmächten und den kolonialen Unabhängigkeitsbewegungen, auch Dritte eine einflussreiche Rolle. Die neue Supermacht USA, die sich selbst im späten 18. Jahrhundert ihre Unabhängigkeit von Großbritannien erkämpft hatte, setzte sich häufig, wenn auch nicht in jedem Einzelfall für die Unabhängigkeit der Kolonien ein. Die Atlantikcharta von 1941 war vor allem eine Schöpfung der USA. Gemäß dieser Charta sollte die neu gegründete UNO die europäischen Kolonien als Mandate verwalten. Ihre eigene Kolonie, die Philippinen, entließen die USA 1946 in die Unabhängigkeit, sicherten sich jedoch einen exklusiven Zugang zum philippinischen Markt und die Einbindung der Philippinen in das westliche Bündnissystem. Zudem übten die USA Druck auf Großbritannien in der indischen und auf die Niederlande in der indonesischen sowie anfänglich auch auf Frankreich in der indochinesischen Unabhängigkeitsfrage aus. Allerdings hielten die USA sich zurück, wenn ihre eigenen globalen Wirtschaftsinteressen oder ihre politischen Interessen im Kalten Krieg tangiert waren.

Auch die zweite neue Supermacht der Nachkriegszeit, die UdSSR, spielte eine wichtige Rolle bei der Dekolonialisierung vor allem in Ost- und Südostasien, etwa bei der Gründung der Volksrepublik China durch Mao Tse-tung 1949 und damit der Beendigung der europäischen und japanischen Einflussnahme in China (mit Ausnahme Hongkongs und Macaos), bei der Unabhängigkeitserklärung durch die Kommunisten in Nordvietnam 1945 und bei ihren allerdings gescheiterten bzw. nicht an die Macht kommenden Unabhängigkeitsbewegungen in Malaysia und Indonesien.

Der Rückgang der globalen Verflechtungen Europas beschränkte sich aber nicht auf den Entkolonialisierungsprozess. Die unmittelbare Nachkriegszeit war noch Teil der schon länger andauernden Entglobalisierungsepoche, der langsamen Verringerung der globalen Verflechtungen Europas seit der Urkatastrophe des Ersten Weltkriegs. Nach 1945 war vor allem der Handel auf einem besonders niedrigen Stand. Aus Europa stammten 1913 noch 65% des Weltexports, 1950, als die Zeichen bereits wieder auf Wachstum standen, nur noch 46%, 1973 dann wieder 53%. Vor allem die kriegsbedingte Zerstörung der Verkehrssysteme blockierte den Export in außereuropäische Länder. Unmittelbar nach dem Zweiten Weltkrieg lagen die verfügbaren Schiffstonnagen in fast allen europäischen Küstenländern erheblich unter denen der Zwischenkriegszeit.

Auch die globalen Kapitalverflechtungen Europas gingen im Zweiten Weltkrieg und in der Nachkriegszeit massiv zurück, da europäisches Kapital von der europäischen Kriegswirtschaft und vom Wiederaufbau Europas nach dem Krieg verschlungen wurde. Auch die Reisen zwischen Europa und der globalen Außenwelt wurden viel seltener, da sich viele Europäer Geschäfts-, Verwandtschafts- und Tourismusreisen außerhalb Europas nicht mehr leisten konnten und Reisen zudem oft kompliziert geworden war. Die Kommunikation schrumpfte. Der Briefverkehr (wenn auch nicht der Telefonverkehr) und auch der transkontinentale Briefverkehr gingen in vielen Ländern des westlichen und östlichen Europa gegenüber der Zwischenkriegszeit erheblich zurück.

Gegenüber dem außereuropäischen Anderen jenseits der USA und jenseits der UdSSR schotteten sich die Europäer jetzt eher ab. Im Vordergrund ihrer politischen Prioritäten standen europäische und nationale Probleme. Der wirtschaftliche und politische, aber auch der psychologische Wiederaufbau nach dem Krieg, die Sicherung des Friedens *innerhalb* Europas und die Gründung neuer internationaler europäischer Organisationen und die Erarbeitung neuer nationaler Verfassungen sowie auch der Kalte Krieg engten den Blick vieler Europäer ein.

Manche Intellektuellen betrieben eine europäische Selbstisolation im Leiden an der Krise und nahmen die ähnlichen Notlagen in Ost- und Südasien sowie im Nahen Osten kaum wahr: «Und so kann es nicht wundernehmen», schrieb der Schriftsteller Klaus Mann 1949, «daß unter all unseren Zeitgenossen die europäischen Intellektuellen die ‹krisenbewußtesten› sind. Sie sind überdies bewußter und betonter intellektuell als ihre Kameraden auf anderen Kontinenten.»[3] Andere Intellektuelle klammerten sich an die alte europäische Überlegenheit und die angebliche Bedeutungslosigkeit des Rests der Welt. In der Weltgeschichte, so glaubte der Schweizer Historiker Karl Meyer, kann man «die Geschichte ganzer Kulturvölker ignorieren, wie beispielsweise die vorspanischen Kaiserreiche in Mittel- und Südamerika oder die indischen und ostasiatischen Kulturen, denn die Kultur unseres Planeten ist heute durch die Vorherrschaft der europäisch-amerikanischen Zivilisation gekennzeichnet.»[4] All das sind Indikatoren dafür, dass sich die Europäer auf sich selbst zurückzogen, gewiss nicht nur freiwillig, sondern oft durch wirtschaftliche Notlagen erzwungen.

Gleichzeitig entstanden allerdings in der Nachkriegszeit auch neue globale Verbindungen nicht nur mit den neuen Supermächten USA und UdSSR. So kam es zur bis heute letzten großen, weitgehend vergessenen Auswanderungswelle aus Europa, die keineswegs hinter denen des 19. Jahrhunderts zurücksteht. Millionen von Europäern verließen in der Nachkriegszeit ihren Heimatkontinent, darunter besonders viele Österreicher, Deutsche, Belgier, Niederländer, Dänen und Finnen, aber auch eine hohe Zahl von Briten, Spaniern und Portugiesen, schätzungsweise 800 000–900 000 Auswanderer allein auf dem Höhepunkt im Jahr 1948.

Eine Vielzahl höchst unterschiedlicher Motive stand hinter dieser Auswanderungswelle: die Flucht aus dem zerstörten, verarmten Europa in die wohlhabenden, vom Krieg viel weniger betroffenen Länder der beiden Amerikas; die Suche nach einer neuen Heimat durch ehemalige KZ-Insassen und Kriegsdeportierte, die nicht in ihre frühere Heimat zurückkehren wollten oder konnten; die geheime Flucht von Potentaten und Helfershelfern der zusammengebrochenen Rechtsdiktaturen in Europa; die Flucht vor der Verfolgung durch die neuen kommunistischen Regime im östlichen Europa; die Auswanderung von Europäerinnen, die sich mit amerikanischen Soldaten verheiratet hatten. Mit dieser Massenauswanderung wurden auch neue Brücken zwischen Europa und Übersee, allerdings primär mit den Amerikas, geschlagen.

Neue Verflechtungen schuf eine Migration in der Gegenrichtung, die Rückkehr von Exilanten, die vom NS-Regime aus Europa vertrieben worden waren. Einige kehrten permanent oder vorübergehend nach Europa zurück. Andere knüpften von ihrem neuen außereuropäischen Lebensmittelpunkt aus neue Verbindungen mit

Europa. Allerdings beschränkte sich diese interkontinentale Verflechtung ebenfalls weitgehend auf die USA und Lateinamerika auf der einen und auf der anderen Seite in Europa stark auf die deutschsprachigen und teilweise auf die früher vom NS-Deutschland besetzten Länder.

Ein Teil der Europäer in den Kolonialmetropolen fühlte sich in der Nachkriegszeit unvermindert stark mit Übersee verbunden, sei es durch die neue Modernisierungspolitik in den Kolonien und die damals besonders große Bedeutung des Handels mit ihnen, sei es in ganz anderem Sinne durch die Kolonialkriege und den dadurch entstandenen Aufruhr an Emotionen auf europäischer Seite. Auch die Entkolonialisierung trennte Europa nicht nur von Übersee, sondern schuf auch neue Verbindungen. Viele aus den unabhängig gewordenen Kolonien auf ihren Herkunftskontinent zurückgekehrte Europäer blieben in ihren Lebensstilen, Werten und Lebensvisionen, auch in ihren späteren Karrieren an die ehemaligen Kolonien gebunden.

Darüber hinaus blieben die neuen einheimischen Eliten der unabhängig gewordenen Kolonien oft am ehemaligen Mutterland orientiert, konsumierten dessen Produkte, sprachen europäische Sprachen, lasen europäische Bücher, sahen europäische Filme und schickten ihre Kinder an Schulen und Universitäten in Europa. Auch die Einwanderung von einheimischen Bewohnern der europäischen Kolonien beziehungsweise ehemaligen Kolonien nach Europa setzte ein. In der Öffentlichkeit viel beachtet, legte 1948 die «Windrush», ein erstes Schiff mit Hunderten von indigenen Zuwanderern aus einer ehemaligen britischen Kolonie, aus Jamaika, in London an.

Die unmittelbar nach dem Zweiten Weltkrieg neu gegründeten globalen Organisationen, die UNO und ihre Unterorganisationen, boten Europäern vor allem aus den neutralen und westlichen Ländern eine neue globale Wirkungsplattform. Diese spielten stärker als in den nachfolgenden Epochen anfangs in diesen Organisationen eine wichtige Rolle. Der erste Generalsekretär der UNO war der Norweger Trygve Lie (1946–1952), der erste Generaldirektor der UNESCO der Brite Julian Huxley (1946–1948), der erste Generaldirektor der FAO (Food and Agricultural Organisation, UN), ein weiterer Brite, John Boyd Orr (1945–1948), und der erste geschäftsführende Direktor des Internationalen Währungsfonds (IWF), der Belgier Camille Gutt (1946–1951).

Auch globale zivilgesellschaftliche Organisationen wurden oft von Europäern geführt: Beispiele waren das International Committee of the Red Cross (ICRC), nacheinander geleitet von den Schweizern Carl Jacob Burckhardt (1945–1948) und Paul Ruegger (1948–1955), und die umfassendere International Federation of Red Cross and Red Crescent Societies, geleitet ab 1950 von dem Schweden Emil Sandström (1950–1959). Ein weiterer globaler Wirkungskreis für Europäer waren die weltweiten wissenschaftlichen Fachorganisationen wie die 1947 gegründete, später politisch höchst einflussreiche Mont Pelerin Society für liberale Ökonomen, die von dem Österreicher Friedrich von Hayek geleitet wurde, die Weltorganisation der Historiker, das CISH (Comité International des Sciences Historiques), deren Präsidenten der Schweizer Hans Nabholz (1948–1950) und der Franzose Robert Fawtier (1950–1955) waren, und die 1949 gegründete Weltorganisation der Soziologen, die ISA (International Sociological Association), deren Präsident nach zehnjähriger amerikanischer Leitung 1959 der Franzose Georges Friedman und daran anschließend 1962 der Brite T. H. Marshall wurden.

Insgesamt war es für die Zeitgenossen der Nachkriegszeit schwer zu durchschauen, ob sich die globalen Verflechtungen Europas in dieser Epoche abschwächten, vielleicht sogar von Europa selbst abgebrochen wurden, oder ob Europa trotz aller Umbrüche letztlich mit anderen Teilen der Welt so stark verflochten blieb wie zuvor. Im Rückblick erscheint dies klarer: Es gab zwar einige überraschende Tendenzen zu intensiverer globaler Verflechtung durch die neue Auswanderungswelle und durch die Rückkehr von Exilanten, durch die neuen Betätigungsfelder für Europäer in den globalen Organisationen der UN, durch die Modernisierungspolitik in den Kolonien und durch die neue europäische Öffnung nach dem Zusammenbruch der sich selbst isolierenden Diktaturen und Besatzungsregime.

Aber die Tendenzen zum Abbau von Verflechtungen waren im Ganzen doch stärker: In der Folge des Krieges waren viele wirtschaftliche Verbindungen zu anderen Weltregionen zerstört. Mit der Entkolonialisierung verlor Europa viele globale Bezüge, wie immer man sie beurteilen mochte. Die Zwänge der eigenen Notlage, die Erfahrung der fast durchweg verlorenen Kolonialkriege, aber auch das klassische europäische Überlegenheitsgefühl gegenüber angeblich zurückgebliebenen und daher uninteressanten anderen Weltregionen verstärkten die Abwendung der Europäer von der außereuropäischen Welt jenseits der USA und der UdSSR. Daher setzte sich die Deglobalisierung Europas, die schon mit dem Ersten Weltkrieg begonnen hatte, in der Nachkriegszeit in neuer Weise fort.

II. Prosperität und Kalter Krieg (1950–1973)

4. Neue Gemeinsamkeiten in der Prosperität

In den 1950er-Jahren begann eine völlig neue Epoche – ein schärferer Kontrast zur unmittelbaren Nachkriegszeit lässt sich kaum vorstellen. Die Wirtschaftstristesse der Nachkriegsjahre fand ein Ende. Eine neue Epoche der Prosperität begann, die im Nachhinein geradezu euphorische Bezeichnungen erhalten hat wie «Das goldene Zeitalter» (Eric Hobsbawm), die «trente glorieuses» (die gloriosen dreißig Jahre, Jean Fourastié) und die «Zweite französische Revolution» (Henri Mendras) sowie das «Wirtschaftswunder» und das «miracolo economico» in der deutschen und italienischen Alltagssprache.

Diese Prosperitätszeit begann nicht von einem Tag auf den anderen und auch nicht für alle europäischen Länder und alle Europäer gleichzeitig. Aber während der Fünfzigerjahre gewann sie immer mehr glanzvolle Konturen. Mit zwei tiefen Umbrüchen endete diese Epoche in den späten 1960er- und frühen 1970er-Jahren: mit einem Mentalitätsbruch, dem Ende des Zukunftsoptimismus und der Planungseuphorie, und mit dem ersten Ölschock 1973, dem Symbol für den Beginn einer lang anhaltenden Periode wirtschaftlicher Schwierigkeiten und einer neuen politischen Ära. Die Prosperitätsepoche war eine außergewöhnliche Periode in der europäischen Geschichte. Das gilt vor allem für die Wirtschafts- und Gesellschaftsgeschichte, aber auch für die Politik- und Kulturgeschichte.

Wirtschaft

Ein außergewöhnliches Wirtschaftswachstum, wie es Europa niemals zuvor und niemals mehr danach erlebte, hat diese Epoche massiv geprägt. In dem Vierteljahrhundert der Prosperität wuchsen die Wirtschaften im westlichen Europa im Durchschnitt real um rund 4 bis 4,5% jährlich, im östlichen Europa mit der wenig geringeren Rate von 3,5%, nach anderen, wahrscheinlich aber überhöhten Schätzungen sogar um 5%. Derart hohe Wachstumsraten gab es nach dieser Epoche für so lange Zeit nur noch außerhalb Europas. Lediglich in einigen Ländern im östlichen Europa wuchsen die Wirtschaften nach dem Umbruch von 1989/90 noch einmal so rasch, allerdings nur für eine viel kürzere Zeit.

Dieses hohe wirtschaftliche Wachstum wurde allerdings von einer relativ hohen Inflationsrate begleitet, die heute nicht mehr akzeptabel erscheinen würde. In den größeren Ländern des westlichen Europa stiegen die Preise zwischen 1950 und 1973 jährlich im Durchschnitt um über 4%, mit großen Unterschieden etwa zwischen der Bundesrepublik (2,7%) und Frankreich (5%). Im östlichen Europa waren die Unterschiede noch drastischer. Fast völlig stabil blieben die Preise zwischen 1950 und 1973 in der Tschechoslowakei, der DDR und in Polen, hier vor allem aufgrund des international aufsehenerregenden Drucks der polnischen Arbeiterproteste. In Jugoslawien dagegen haben sich die Preise zwischen 1950 und 1973 praktisch verdoppelt.

Das entscheidend Neue an dieser Prosperitätszeit im Vergleich zum 19. und frühen 20. Jahrhundert bestand darin, dass auch die meisten damals ärmeren Länder und Regionen der europäischen Peripherie wie Finnland und Irland, die Iberische Halbinsel, der Süden Italiens und Griechenland sowie Osteuropa von ihr erfasst wurden. Das wirtschaftliche Wachstum setzte in diesen Ländern zwar oft später, häufig erst in den 1960er-Jahren ein. Aber wirtschaftlicher Wohlstand wurde doch zu einer gemeinsamen Erfahrung Europas.

Eine erste Erklärung sieht die wirtschaftliche Prosperität als Aufschwungsphase in einem immer wiederkehrenden Wirtschaftszyklus an. Der lange Wirtschaftszyklus, der sogenannte Kondratieff-Zyklus, dauerte spätestens seit der Mitte des 19. Jahrhunderts jeweils 40 bis 50 Jahre. Nach 20 bis 25 Jahren der Prosperität folgte regelmäßig eine ähnlich lange Zeit der Störungen des Wirtschaftswachstums. Frühere Prosperitätsphasen waren die 1850er- und 1860er-Jahre gewesen, die durch den Gründerkrach der frühen 1870er-Jahre beendet worden waren, und die 1890er- und 1900er-Jahre, die mit dem Ersten Weltkrieg geendet hatten. Allerdings überzeugt diese Erklärung nicht voll, da sie offenlassen muss, warum das Wachstum der 1950er- und 1960er-Jahre weit höher war als in den früheren Prosperitätszeiten.

Eine zweite Erklärung, die These vom Strukturbruch, streicht die besondere Situation um 1950 heraus: die Zäsuren in den nationalen Wirtschaftspolitiken, etwa in Deutschland die Währungsreform, und die internationale Abkehr nach 1945 von der protektionistischen Wirtschaftspolitik der Zwischenkriegszeit und die Liberalisierung der internationalen Wirtschaft in der *pax americana*, aber auch die enorme Mobilität der Arbeitskräfte und die sehr hohen Investitionsraten der Nachkriegszeit. Diese Strukturbruchsthese erfasst die Außergewöhnlichkeit dieser Epoche gut, kann aber nur schwer erklären, warum die so verschiedenen nationalen Wirtschaftspolitiken im östlichen und im westlichen Europa überall zu einem ähnlich ungewöhnlichen Wirtschaftswachstum führten.

Eine dritte Erklärung sieht die Prosperität der 1950er- und 1960er-Jahre als Rückkehr zum normalen Wachstumspfad, der durch die Entwicklung der Produktionsfaktoren langfristig vorbestimmt ist. Von diesem normalen Wachstumspfad war die europäische Wirtschaft durch die schweren wirtschaftlichen Störungen der beiden Weltkriege und die verhängnisvolle Wirtschaftspolitik der nationalen Abschließung während der Zwischenkriegszeit nach unten abgewichen. Die europäische Wirtschaft schöpfte ihr Potenzial nicht mehr aus. In den 1950er- und 1960er-Jahren holte sie demnach dieses Nachhinken der tatsächlichen Wirtschaftsleistung durch vorübergehend sehr hohe Wachstumsraten wieder auf, um anschließend mit normalen Raten weiter zu wachsen. Auch diese

These trägt viel zur Erklärung der außergewöhnlichen Prosperität der 1950er- und 1960er-Jahre bei. Allerdings ist umstritten, ob es wirklich einen langfristig vorbestimmten Wachstumspfad gibt.

Das hohe Wirtschaftswachstum der 1950er- bis frühen 1970er-Jahre besaß wirtschaftliche Konsequenzen, die weit über die Wirtschaft hinaus wirkten. Es beschleunigte den Wandel der Beschäftigung und führte dazu, dass sich die europäische Wirtschaft in diesem Vierteljahrhundert von einer immer noch überwiegenden Agrargesellschaft zu einer Industriegesellschaft entwickelte. Man darf nicht vergessen, dass um 1950 im Gegensatz zur Darstellung vieler Geschichtshandbücher Europa als Ganzes immer noch überwiegend eine Agrargesellschaft war, auch wenn sich eine ganze Reihe europäischer Länder schon im 19. Jahrhundert zu Industriegesellschaften entwickelt hatte. In der Landwirtschaft arbeiteten um 1950 in Europa als Ganzem (ohne die Türkei und die Sowjetunion) noch 66 Millionen Europäer, dagegen nur 61 Millionen in der Industrie und 54 Millionen im Dienstleistungssektor. Um 1970 dagegen war Europa eine Industriegesellschaft geworden. In der Industrie arbeiteten nun 83 Millionen, im Dienstleistungssektor 80 Millionen und nur noch 41 Millionen Europäer in der Landwirtschaft.

Eine weitere Wirkung der wirtschaftlichen Prosperität war die enorme Nachfrage nach Arbeitskräften. Dadurch sank die Arbeitslosigkeit im Durchschnitt der europäischen Länder um 1960 auf ein beneidenswert niedriges Niveau von 3 %, allerdings mit großen Unterschieden innerhalb des westlichen Europa. Das kommunistische Osteuropa, wo die Arbeitslosigkeit, wie im Kommunismus üblich, offiziell abgeschafft wurde, war ein Sonderfall. Die starke Nachfrage nach Arbeitskräften hatte mehrere Folgen. Die Frauenerwerbsarbeit stieg in weiten Regionen Europas, vor allem im nördlichen und östlichen Teil, an. Zumindest in den westeuropäischen Industrieländern nahm die Zuwanderung von Arbeitskräften aus der europäischen Peripherie stark zu, staatlich gefördert durch Anwerbungsverträge der Regierungen mit Mittelmeerländern. Außerdem war die Nachfrage nach qualifizierten Arbeitskräften ein wichtiger Impuls für die Expansion der Sekundar- und Hochschulausbildung.

Folgenreich war auch die außergewöhnliche Steigerung der Einkommen und Löhne während der Wohlstandszeit, die eindrücklichste Erfahrung der meisten Europäer in dieser Epoche. Nie davor und auch nie mehr danach stiegen die Realeinkommen und damit die Kaufkraft so stark wie damals. Man schätzt, dass sich zwischen 1950 und 1970 die Realeinkommen in Frankreich vervierfachten, in der Bundesrepublik und in Schweden verdreifachten und in Italien und Großbritannien immerhin mehr als verdoppelten. Zwischen 1960 und 1973 stiegen die Reallöhne in der Industrie nach Angaben der OECD in den meisten westeuropäischen Ländern um rund fünf Prozent jährlich. In Ungarn verdoppelten sich die Reallöhne zwischen 1950 und 1973. In der DDR verdoppelten sich ebenfalls die Bruttoeinkommen in der Industrie zwischen 1955 und 1975 bei einem geringen Anstieg der Lebenshaltungskosten. Diese Entwicklung war außergewöhnlich nicht nur im Vergleich zur Zwischenkriegszeit, welche die meisten damaligen Europäer noch erlebt hatten, sondern auch im Vergleich zu den damaligen außereuropäischen Industriegesellschaften (vgl. Kap. 6).

Eine weitere weitreichende Folge der Prosperität war das außergewöhnlich starke Wachstum der Steuereinnahmen der öffentlichen Hand und der öffentlichen Haushalte. Überall wuchsen die Staatshaushalte zwischen 1950 und 1973 nominal dramatisch an, allerdings mit großen Unterschieden. Ungefähr verzwanzigfacht haben sie sich in den skandinavischen Ländern und in Österreich, mindestens verzehnfacht in Frankreich, Italien und der Bundesrepublik und in den übrigen westeuropäischen Ländern zumindest verfünffacht. Die Staatshaushalte stiegen im westlichen Europa überall weit schneller an als die wirtschaftliche Leistungskraft. In der Konsequenz lag die Staatsquote, der Anteil der Staatsausgaben am Sozialprodukt, 1973 in Westeuropa anderthalb- bis zweifach so hoch wie 1950. Über die Staatshaushalte im östlichen Europa liegen leider keine Zahlen vor.

Diese sprudelnden Staatseinnahmen nutzten die Politiker zu Ausweitungen in sechs Bereichen der Staatsaktivität: Die staatlichen Sozialausgaben wurden stark gesteigert und zu einem neuen

Schwerpunkt der europäischen Staatshaushalte. Hinzu kam die Ausweitung der Bildungsausgaben zum Ausbau der Schulen und Hochschulen. Daneben wuchsen die öffentlichen Gesundheitsausgaben für Krankenhäuser und die Gesundheitsverwaltungen. Für die Expansion der Städte und den Ausbau der Straßen und öffentlichen Verkehrssysteme wurden die wachsenden öffentlichen Mittel ebenfalls genutzt. Durch diese Steigerung der Staatsaktivität wuchs das Personal der öffentlichen Verwaltung insgesamt enorm an. Schließlich nahmen im Kalten Krieg auch die Militärausgaben massiv zu.

Diese Epoche der Prosperität hat zudem mit ihrem außergewöhnlichen Wachstum auch neue Maßstäbe gesetzt. Seit dieser Zeit hatten die Europäer glanzvolle Wachstumsraten im Kopf und maßen die eigene Gegenwart daran. Für das Europa des 19. und frühen 20. Jahrhunderts waren wirtschaftliche Wachstumsraten von zwei Prozent schon eine Wohlstandsphase gewesen. Nach der Prosperitätszeit erschien dagegen ein solches Wachstum als wenig spektakulär und glanzlos.

Auch wenn Historiker der Prosperitätszeit klangvolle Namen gegeben haben, sollte man allerdings ihre negativen Seiten nicht übersehen. Etwa die aus dem starken Wachstum folgende Umweltverschmutzung, die gesundheitsgefährdende Luftverschmutzung in den Industriezentren und Ballungsgebieten, die verschmutzten Flüsse und Seen, die kranken Wälder, außerdem der enorm hohe Energieverbrauch, die Energieverschwendung in den Industrieanlagen, im Autoverkehr und den privaten Haushalten sowie die ungenutzten Möglichkeiten der gesünderen, ausgewogeneren Ernährung bei steigenden Einkommen.

Eine weitere negative Folge war der naive Glaube an eine glückselig machende vereinheitlichende Planung des menschlichen Lebens: der Bau riesiger Wohnanlagen und ganzer Stadtviertel, die nicht selten falsch geplant waren, den Verkehr und die städtischen Dienstleistungen falsch steuerten und zur sozialen Isolation führten; der extreme Ausbau innerstädtischer und überregionaler Verkehrssysteme, die sich ausschließlich am Auto orientierten; der

Bau riesiger Krankenhäuser, Schulzentren und Universitäten, die nur noch schwer zu verwalten waren und in denen sich Patienten und Ärzte, Schüler und Studenten, Lehrer und Dozenten verloren; durchgeplante neue Arbeitsformen in extremer, monotoner Arbeitsteilung, welche die Bindung an die Arbeit zu zerstören drohten; die – wie sich herausstellen sollte, falsche – Arbeitskräfteplanung mit der massenhaften Anwerbung von ausländischen Arbeitskräften ohne eine begleitende Politik der Integration; und der Aufbau riesiger staatlicher Verwaltungen, die nicht mehr bürgernah waren.

Eine Fehlentwicklung war auch die Entstehung irrealer Erwartungen an die Zukunft, die am Ende dieser Zeit zu bitteren Enttäuschungen führten: die Erwartung einer perfekten Steuerung der Wirtschaft, sei es durch die zentrale Planwirtschaft im östlichen Europa, sei es durch die antizyklische Konjunkturpolitik im westlichen Europa und die damit verbundene falsche Hoffnung auf die Vermeidbarkeit von wirtschaftlichen Krisen und Arbeitslosigkeit; die Erwartung eines immer weiter wachsenden Lebensstandards und einer immer perfekteren Absicherung gegen persönliche Lebenskrisen und dadurch eines immer weiter steigenden persönlichen Glücks. Mit Krisen umzugehen und sie bewältigen zu können, erschien nicht mehr als eine hohe Priorität des sozialen Lernens.

Schließlich gab es neben den vielen Gewinnern auch Verlierer der Wohlstandsepoche: Bauern, die ihren Hof aufgeben mussten und keine neuen Berufschancen bekamen; Handwerker, die von den industriellen Massenprodukten an den Rand gedrängt wurden, oder Händler, welche die Kommerzialisierung des Konsums nicht überstanden; Flüchtlinge und Vertriebene, die oft aus ländlichen Milieus kamen und trotz der Prosperität keine neue Berufstätigkeit fanden; vom Krieg oder von der Entkolonialisierung aus der beruflichen Bahn Geworfene, die mit den Veränderungen der Gesellschaft durch den Boom nicht zurechtkamen; Geistliche und Intellektuelle, die ihr gesellschaftliches Ansehen und das Interesse an ihren Diensten im Wertewandel der Prosperität bedroht sahen.

Gesellschaft

Auch die gemeinsamen neuen gesellschaftlichen Entwicklungen Europas stellten einen tiefen Bruch mit der Nachkriegszeit da. Die Nachkriegsnot, die erzwungene Mobilität auf zerstörten Verkehrssystemen, die Anomiesituation und die speziellen sozialen Ungleichheiten dieser Zeit gingen zurück. Geteilt wurde nicht mehr ein gemeinsames Leiden in der Not, sondern eine neue Wohlstandserfahrung. Daher waren die neuen sozialen Konflikte nicht mehr Nullsummenspiele um extrem knappe Güter und Dienste, sondern Verteilungs- und Wertekonflikte im insgesamt rapide zunehmenden Wohlstand.

Ganz Europa erlebte in der Zeit der Prosperität die Durchsetzung der Massenkonsumgesellschaft. Ihre Anfänge lassen sich zwar bis in die Zwischenkriegszeit zurückverfolgen, aber der Hauptschub fiel in diese Epoche. Freilich kam die Massenkonsumgesellschaft nicht überall gleichzeitig, sondern setzte sich in den reicheren Industrieländern mit ihrer stärkeren Kaufkraft früher durch als in Südeuropa oder im kommunistischen Osten des Kontinents (vgl. Kap. 5).

Sie besaß eine Reihe allgemeiner Charakteristika. Standardisierte Massenprodukte verdrängten allmählich die individuellen Produkte aus dem Handwerk, der Bauernwirtschaft, aber auch den Familienhaushalten. Die Konsumenten hatten sich daran zu gewöhnen, zwischen standardisierten Klassifikationen der Größe, Farbe, Geschmacksrichtung und Qualität zu wählen. In den Anfängen der Massenkonsumgesellschaft war die Auswahl oft noch gering. Darüber hinaus führte der Massenkonsum zu einer sozialen, regionalen und internationalen Vereinheitlichung.

Während davor der Konsum oft zur Unterscheidung von anderen Nationen, Regionen oder sozialen Milieus eingesetzt wurde, veränderten sich diese sozialen Distinktionen jetzt grundlegend. Nationale oder regionale Konsumprodukte wurden international kommerzialisiert: süditalienische Pizza ebenso wie französischer Käse, Unterschichtsport wie Fußball ebenso wie das Oberschichtgetränk Wein. Mit dem Besitz eines Fernsehgeräts oder eines Autos, mit dem Make-up bei Frauen oder dem Anzug bei Männern oder mit der Auslandsreise konnten keine sozialen Trennlinien mehr gezogen werden. «Feine» Unterschiede des Konsums, die Marke des Autos, die Art des Make-ups oder das Ziel der Auslandsreise, wurden nun wichtiger. Manchmal waren diese feinen Unterschiede nur noch für Eingeweihte erkennbar.

Der moderne Massenkonsum bedeutete auch immer Kommerzialisierung. Der Konsument verlor die direkten Beziehungen zu den Produzenten, zum Schneider, zum Schreiner, zum Bauern. Die Familienhaushalte produzierten immer weniger selbst. Stattdessen gewannen die Supermärkte, Warenhäuser und Einkaufszentren immer mehr an Boden. Kommerzialisierung hieß auch anders verkaufen: Die Werbung war zwar nicht neu, wurde aber intensiviert. Konsumforschung wurde weit gründlicher betrieben als zuvor, auch mit den neuen Methoden der Meinungsumfrage. Durch Modetrends, das heißt durch die Stilisierung von Konsumprodukten zur Mode beziehungsweise zum Lifestyle, wurde ihre Verwendung noch stärker als zuvor zeitlich begrenzt. Neue Konsumentengruppen wurden erfunden wie etwa die Jugendlichen oder die Kinder.

Mit dem Massenkonsum verschoben sich auch die privaten Haushaltsbudgets. Die relativen Ausgaben für lebensnotwendige Güter wie Nahrungsmittel und Kleidung sanken stark ab. Neue Konsumfelder entstanden: die Ausstattung der Haushalte mit Elektrogeräten, also mit Waschmaschinen, Kühlschränken, Mixern und Kaffeemaschinen; die neuen Ausgaben für Information, Unterhaltung, Kommunikation und Verkehr, für das Transistorradio statt des gemeinsamen Familienradios, für den Plattenspieler und den Fernsehapparat, für das Telefon und das Auto; die erweiterten Ausgaben für das Wohnen, für größere Wohnungen mit eigenen Kinder- und Elternschlafzimmern mit den dazugehörigen Betten und Schränken, für die Ausstattung des Wohnzimmers mit seiner Couch, seinen Sesseln, seinem Wandschrank, seinen Lampen und Vorhängen und das neue Bad mit seinen Armaturen.

Die Durchsetzung des Massenkonsums wurde in Europa begleitet von massiver Kritik von Intellektuellen, Lehrern und Geistlichen.

Abb. 2: Massenkonsum und neuer Wohlstand: gefüllte Regale in einem österreichischen Supermarkt.

Die Kritik am neuen Materialismus, am Verlust der gesellschaftlichen Bindungen, am Verfall der sozialen Hierarchien, am Ansehensverlust des herausragenden Individuums und an der Amerikanisierung kam aus ganz unterschiedlichen politischen Richtungen.

Eine weitere gesellschaftliche Neuentwicklung fand in der Familie und in ihren Beziehungen nach außen statt. Allerdings wirkte die Prosperitätszeit hier ambivalent. Auf der einen Seite verstärkte sich der Rückzug in das Familienleben nach den vielen Brüchen der Nachkriegszeit. Die Scheidungsraten und die außerehelichen Geburten fielen wieder, auch wenn sie nicht wieder auf das Niveau der Zwischenkriegszeit und der Zeit vor dem Ersten Weltkrieg sanken. Die Wohlstandsepoche war der Höhepunkt des Heiratens. Nie zuvor oder danach war der Anteil der Verheirateten unter den Europäern so hoch wie damals. Als Folge davon nahmen die Geburtenraten im Babyboom zu.

Zugleich verstärkte der moderne Massenkonsum den Rückzug in die Familie. Statt auf gemeinsamen Waschplätzen wurde nun mit der Waschmaschine in der Familie gewaschen. Das Brot wurde beim Bäcker gekauft, nicht mehr in gemeinsamen Backhäusern gebacken. Wegen des wachsenden Autoverkehrs auf den Straßen konnten die Kinder nicht mehr ungezwungen draußen spielen und zogen sich in die häufiger werdenden Kinderzimmer zurück. Der tägliche Einkauf mit seinen vielen Sozialkontakten war mit dem Massenprodukt Kühlschrank nicht mehr nötig. In das neue Transportmittel Auto passte in der Regel nur die Familie. Auch die Ferienreise, ein wichtiger Teil des Massenkonsums, wurde in der Regel im engeren Familienkreis verbracht.

Die Flucht vor der Enge in der familiären Wohnung war immer weniger nötig, weil mehr individuelle Privatsphäre mit den Elternschlaf- und Kinderzimmern, mit dem eigenen Transistorradio statt des gemeinsamen Familienradios entstand. In der öffentlichen Debatte über die Familie wurde diese Rückkehr zur klassischen Familie noch befördert. Das Ideal der Kernfamilie wurde von Regierungen und ihren Familienministerien, von politischen Parteien und Familienexperten, von den Kirchen, den meisten Medien und in der Regel auch der Werbung propagiert.

Gleichzeitig öffnete sich die Familie auch in der Prosperitätszeit. Geburt und Tod fanden zunehmend im Krankenhaus, immer seltener zu Hause in der Familie statt. Die Privaträume der Familie wurden häufiger Gästen geöffnet. Das neue Wohnzimmer mit Couch und Sesseln war ein Raum für die Kernfamilie, aber auch für Gäste aus der größeren Familie, dem Freundeskreis und der Nachbarschaft. Mit der zunehmenden Frauenerwerbsarbeit und mit der Ausweitung des Bildungssystems von den Kindergärten bis zu den Hochschulen verbrachten die Mütter und Kinder mehr Zeit außerhalb der Familie. Viele junge Frauen trennten sich wegen eines Studiums schon vor der Heirat von der Herkunftsfamilie. Die Alten lebten häufiger getrennt von den Familien ihrer Nachkommen in eigenen Haushalten oder Altersheimen. Zwar blieb die Familie Bezugspunkt, aber die Beziehungen veränderten sich mit den getrennten Haushalten. Daher war die Prosperitätszeit nicht einfach eine Rückkehr zur klassischen geschlossenen Familie; sie brachte gleichzeitig auch eine Öffnung nach außen.

Zudem veränderte die Wohlstandsepoche auch die Arbeit. Sie senkte nicht nur die Arbeitslosigkeit auf ein beispielloses Niveau ab und trieb die Industriearbeit auf ein einmaliges Niveau hoch. Darüber hinaus führte sie drei dauerhafte Veränderungen herbei. Die komplexe Arbeitsteilung, die sich in einzelnen Unternehmen schon in der Zwischenkriegszeit entwickelt hatte, erlebte nun vor allem in der Industrie einen Schub. Monotone Arbeit – damals als die modernste Arbeit angesehen – wurde häufiger. Dadurch wurden auch die Hierarchien in den Unternehmen und damit auch die Trennlinien zwischen un- und angelernten Arbeitern, Facharbeitern, Angestellten und der Leitungsebene schärfer gezogen.

Außerdem wurde die klassische Familienwirtschaft, in der alle Familienmitglieder auf einem Bauernhof, in einem Handwerksbetrieb, einem Laden oder einem Fuhrbetrieb ohne Lohn, meist ohne Berufsausbildung, außerhalb des Arbeitsmarktes, ohne Sozialversicherung, ohne Arbeitskonflikte, bestimmt von den familiären Autoritätsverhältnissen und den Familienwerten zusammenarbeiteten, von der Prosperität weitgehend aufgesogen. Mit dem Rückgang der Familienwirtschaft verlor sich auch eine Absicherung gegen Arbeitslosigkeit, da zuvor Arbeitslose in dieser Familienwirtschaft häufig immer noch hatten unterkommen können. Nach dem Ende der Prosperität stieg deshalb die Zahl der offiziell registrierten Arbeitslosen massiv an. Schließlich wurde die lebenslange Arbeit in einem Beruf oder sogar in einem einzelnen Unternehmen immer häufiger. Seit den Wohlstandsjahren wurde dieser Erwerbslebenslauf mehr und mehr als der Normallebenslauf angesehen.

Die gesellschaftliche Debatte über Arbeit war während der Prosperitätszeit von einer Ambivalenz geprägt. Im östlichen wie im westlichen Europa wurde die damalige Industriewirtschaft von den meisten als eine Art Zielpunkt und das Ende der Geschichte der Arbeit angesehen. Darin spiegelte sich die positive Haltung zur Prosperitätszeit wider. Eine Minderheit sah dagegen eine bessere Zukunft in der Dienstleistungsgesellschaft mit ihren angeblich sehr viel engeren persönlichen Beziehungen in der Arbeitswelt und ihren angeblich besseren Chancen für die Entwicklung der Einzelpersönlichkeit. Ein damals sehr erfolgreicher Ökonom, Jean Fourastié, hat diese Vision mit dem Buchtitel «Die große Hoffnung des 20. Jahrhunderts» überschrieben.

Europa erlebte in dieser Epoche außerdem die zweite massive allgemeine Stadtexpansion nach dem Zeitalter der Industrialisierung im langen 19. Jahrhundert. In den 1950er- und 1960er-Jahren wurde Europa als Ganzes endgültig verstädtert. Nach den Schätzungen der UN lebte um 1950 noch eine knappe Minderheit von 45% der Europäer in Städten. Um 1970 war es schon eine Mehrheit von 58%. Damals wuchsen die Städte in Europa noch überall, wenn auch besonders rasch außerhalb der klassischen Industriegesellschaften, also in Süd-, Ostmittel-, Ost- und Südosteuropa.

Eine neue Stadtvision begann in dieser Zeit die europäische Stadtplanung zu bestimmen: die Vision einer großräumig angelegten, strikt funktional nach Wohn-, Industrie- und Geschäftsvierteln aufgeteilten Stadt. Diese sollte nicht mehr aus dicht bebauten Straßenblöcken mit ihren ungesunden Hinterhöfen und ihren dekorativen Fassaden, sondern aus locker verteilten, licht- und luftdurchfluteten, streng funktionalen Hochhäusern oder ländlichen Stadtrandsiedlungen und Gartenstädten bestehen und die neuen Möglichkeiten des großräumigen Verkehrs und der Kommunikation, des individuellen Automobils und des Telefons nutzen. Die neue Stadtvision wandte sich gegen die Viktorianische, Haussmannianische und Wilhelminische Stadt und auch gegen die mittelalterliche Stadt, deren Anlage und Architektur damals Europa noch prägte. Stadtplaner und Architekten, die sich seit der Zwischenkriegszeit mit großen Namen wie Le Corbusier und Gropius, dem Direktor des Bauhauses, in der Öffentlichkeit Gehör verschafft hatten, drängten darauf, diese Visionen nun in der Stadtplanung umzusetzen. Die Prosperitätszeit wurde tatsächlich die Glanzzeit der öffentlichen europäischen Stadtplanung.

Den Wohlfahrtsstaat bauten die europäischen Regierungen in der Prosperitätszeit ebenfalls auf der Grundlage ihrer großen finanziellen Spielräume sehr breit aus. Die Sozialausgaben stiegen im westlichen wie im östlichen Europa stark an. In westlichen europäischen Ländern, für die wir genauere Zahlen besitzen, wuchsen die Sozialausgaben als Anteil des Bruttosozialprodukts im Durchschnitt von rund 9% um 1950 auf rund 18% um 1973, ein ganz außergewöhnliches Wachstum, das weder zuvor noch danach auch nur annähernd erreicht wurde. Ein neuer Zweig der staatlichen Sozialversicherung, die Arbeitslosenversicherung, wurde in dieser Epoche in den meisten Ländern des westlichen Europa fest etabliert. Der Anteil der Erwerbstätigen, die durch eine staatliche Sozialversicherung abgesichert waren, stieg im westlichen Europa massiv an und umfasste im östlichen Europa bald so gut wie alle Erwerbstätigen. Ein ungewöhnlich breiter politischer Konsens unter den meisten Parteien stand in ganz Europa hinter dieser raschen Expansion des Wohlfahrtsstaats.

Auch die sozialen Ungleichheiten veränderten sich in Europa grundlegend. Mit dem Ende der Nachkriegszeit traten nicht einfach wieder die älteren Unterschiede der sozialen Klassenmilieus in den Vordergrund. Trotz großer Unterschiede zwischen dem westlichen und dem östlichen Europa (vgl. Kap. 5) gab es in diesem Bereich doch zwei ähnliche gesamteuropäische gesellschaftliche Entwicklungen. Auf der einen Seite milderte sich sowohl im westlichen als auch im östlichen Europa die Einkommens- und Vermögensungleichheit ab. Der Anteil der unteren Einkommen am Volkseinkommen stieg, der Anteil der oberen Einkommen dagegen sank ab, im östlichen Europa weitgehend aufgrund zentraler staatlicher Planung, allerdings konterkariert durch schwer quantifizierbare Vergünstigungen für höhere Positionen, im westlichen Europa dagegen aufgrund der starken Nachfrage nach Arbeitskräften, der steigenden Qualifikationen, auch des Überangebots an hoch qualifizierten Hochschulabsolventen, des Rückgangs der ländlichen Armut infolge der enormen Produktivitäts- und Einkommensfortschritte der Landwirtschaft, der Macht der Gewerkschaften und der Einrichtung des modernen Wohlfahrtsstaats.

Auf der anderen Seite entstand während der Wohlstandsjahre in Europa eine neue Dimension der sozialen Ungleichheit, die allerdings erst in späteren Epochen ganz Europa prägte: die Ungleichheit zwischen neuen Zuwanderern und der einheimischen Bevölkerung. Dieser Zuwanderungsstrom ging im westlichen Europa vor allem in die Industrieländer, kam damals noch primär aus der südeuropäischen Peripherie, aus Portugal, Spanien, Süditalien, Jugoslawien und Griechenland, aber auch schon aus nicht europäischen Anrainerstaaten des Mittelmeers, aus dem Maghreb und der Türkei. Daneben stammten im westlichen Europa die Zuwanderer auch oft aus den verfallenden Kolonialimperien. Nicht unterschätzt werden darf für das westliche Europa schließlich eine dritte Art von Zuwanderung: die Flüchtlinge aus dem östlichen Europa.

In dieser Region ging die Zuwanderung dagegen vor allem in die baltischen Staaten, die Ukraine und nach Weißrussland und kam dort überwiegend aus der russischen Bevölkerung der russischen Sowjetrepublik. Auch im östlichen Europa gab es daneben andere Zuwanderungen, etwa die Zuwanderung von Zehntausenden Kindern aus Griechenland während des griechischen Bürgerkriegs oder die Zuwanderung aus Dritte-Welt-Ländern, die sich mit der UdSSR verbündet hatten. Aber die Wanderung in die Industriezentren war ähnlich wie im westlichen Europa die wichtigste Zuwanderung und führte in beiden Teilen Europas zu neuen sozialen Ungleichheiten. In aller Regel war die soziale Ungleichheit zwischen diesen Zuwanderern und der einheimischen Bevölkerung während der Prosperitätszeit besonders krass. Die Wohn- und Einkommenssituation, die Ausbildungschancen, die Gesundheitsversorgung und die soziale Eingliederung der Zuwanderer waren in dieser Epoche ausgesprochen schlecht, da eine Politik zu ihrer Integration zumeist noch so gut wie völlig fehlte.

Die Wohlstandsjahre waren die Glanzzeit der Gewerkschaften. Nie davor oder danach lagen die Mitgliedszahlen der Gewerkschaften in Europa als Ganzem so hoch wie damals, allerdings mit unterschiedlichen Tendenzen im nördlichen, südlichen und östlichen Europa. Die Gewerkschaften besaßen in dieser Zeit eine weit größere Macht als in der ersten Jahrhunderthälfte. In den westlichen Ländern mit sozialistischen oder sozialdemokratischen Regierungen hatten sie besonders starken Einfluss, da sie damals mit diesen Parteien oft noch eng verbunden waren. Aber auch in den europäischen Ländern, in denen konservative und liberale Regierungen an der Macht waren, verfügten die Gewerkschaften über mehr Verhandlungsmacht als in der ersten Jahrhunderthälfte. Im östlichen Europa besaßen die Gewerkschaften wichtige öffentliche Aufgaben, freilich strikt kontrolliert von den Regierungen und ohne die Autonomie der westeuropäischen Gewerkschaften.

Die Gewerkschaften hatten damals auf dem Höhepunkt der Industriegesellschaft in Europa überall noch in der Industriearbeiterschaft ihre sichere soziale Basis. Sie waren in der Öffentlichkeit daher besonders stark präsent, andere soziale Bewegungen dagegen damals noch erheblich schwächer. So verfügten sie auch über eine umfangreiche Presse. Der 1. Mai war als Feiertag der Gewerkschaftsbewegung in ganz Europa ein bedeutendes öffentliches Ereignis mit großen Demonstrationen und Festen. In manchen europäischen Ländern besaßen die Gewerkschaften sogar Wirtschaftsunternehmen wie Wohnungs- und Konsumgesellschaften. Allerdings waren sie gleichzeitig sowohl auf der internationalen als auch in einer ganzen Reihe von Ländern auf der nationalen Ebene zersplittert, da sie sich im Kalten Krieg und zudem in den Gegensätzen zwischen kirchennahen und säkularisierten Arbeitermilieus oft getrennt organisierten. Erst am Ende der Prosperitätszeit, im Jahr 1973, wurde ein Europäischer Gewerkschaftsbund gegründet, der freilich nicht mehr als eine Koordinationsstelle war und sich zudem auf das westliche Europa beschränkte.

Es hatte mit der massiven öffentlichen Präsenz und dem starken politischen Einfluss der Gewerkschaften zu tun, dass auch die Arbeitskämpfe während der Wohlstandsjahre in Westeuropa eine besondere Entwicklung nahmen. Im Gegensatz zur Hochzeit der Streiks zwischen der Jahrhundertwende und den 1930er-Jahren und auch zu ihrem kurzen Höhepunkt in der unmittelbaren Nachkriegszeit ging die Streikhäufigkeit, gemessen an den verlorenen

Arbeitstagen, zurück, wenn auch mit enormen Unterschieden zwischen den verschiedenen westeuropäischen Ländern.

Die entscheidenden Gründe für diesen Rückgang waren die starke Zunahme der Realeinkommen, aber auch der Aufbau des modernen Wohlfahrtsstaats und die starke Verhandlungsmacht der Gewerkschaften in der wirtschaftlichen Wachstumsphase. Streiks wurden auch seltener, weil große, häufig spontane Abwehrkämpfe gegen Verschlechterungen der Arbeitsbedingungen nicht nötig waren und weil oft allein die Streikdrohung für eine Beteiligung am Wachstum der Volkseinkommen ausreichte. Erst mit dem Ende der Prosperitätszeit während der frühen 1970er-Jahre stieg die Streikhäufigkeit in Europa wieder deutlich an.

Eine weitere wichtige gesellschaftliche Entwicklung war schließlich die Intensivierung der Verflechtungen zwischen den europäischen Gesellschaften. Zwar waren die internationale Kommunikation und der internationale Austausch noch mühsam ohne die zahlreichen technischen und politischen Erleichterungen der nachfolgenden Epochen. Trotzdem gewannen die internationalen Kontakte der europäischen nationalen Gesellschaften schon eine gewisse Dynamik. Der Konsum von Waren, von Autos, Lebensmitteln, Kleidern und Spielsachen aus anderen europäischen Ländern stieg an. Italienische, jugoslawische und französische Restaurants im europäischen Ausland vermehrten sich. Heiraten mit anderen Europäern und Europäerinnen wurden häufiger.

Die Zuwanderung in die Industrieländer war weit größer als davor und danach und verband diese westeuropäischen Länder vor allem mit der südlichen Peripherie Europas, teilweise aber auch schon mit den muslimischen Mittelmeeranrainern. Im westlichen Europa stieg der Anteil der Ausländer an der Bevölkerung von einem Prozent 1950 auf drei Prozent 1970. Zugleich stieg die internationale Studentenmobilität stark an, und der Auslandstourismus der Europäer, vor allem vom Norden in den Süden, nahm zu. Auf diese Weise gewann ein viel größerer Teil der Europäer als Migranten, Studenten, Touristen oder Geschäftsreisende und nicht mehr wie im Zweiten Weltkrieg als Soldaten, Gefangene, Deportierte oder Flüchtlinge einen persönlichen Eindruck von anderen Ländern ihres Kontinents.

Kultur

Im Bereich der Kultur bewirkte die Zeit zwischen 1950 und 1970 ebenfalls einen grundlegenden Wandel. Sechs wichtige gemeinsame kulturelle Entwicklungen fielen in diese Zeit: der Wandel der Werte, der Generationskonflikt, die Glanzzeit der Intellektuellen, aber auch schon die Veränderung der Rolle der Hochkultur, der grundlegende Wandel der Medien mit dem Aufstieg des Massenfernsehens, die Amerikanisierung der europäischen Kultur und schließlich auch die ersten Anfänge einer europäischen Kulturpolitik.

Wertewandel. Der neue europäische Zukunftsoptimismus bedeutete einen tiefen Bruch in der öffentlichen Debatte und in den Einstellungen der Menschen, wurde zwar nicht von allen Europäern geteilt, war aber doch von großer öffentlicher Wirkung. Zu diesem neuen Zukunftsoptimismus des traditionell skeptischen Europa gehörte der Glaube an eine weit bessere Zukunft für die Menschheit, nicht nur an technologischen Fortschritt, sondern auch an weit mehr Wohlstand und an mehr persönliches Glück sowie weniger Gewalt. Eng verbunden war der damalige Zukunftsoptimismus mit dem Glauben an die Plan- und Kontrollierbarkeit des dramatischen gesellschaftlichen Wandels, von Katastrophen und Unglücken und an eine ganz neue Leistungsfähigkeit des Menschen, der seine eigene Gesellschaft schuf.

Etliche Europäer setzten allerdings hinter dem Zukunftsglauben ein zweifelndes Fragezeichen. «So ist zur Zeit in den Vereinigten Staaten eine Welt im Entstehen, wie es sie nie zuvor gab», schrieb der deutsche Zukunftsforscher Robert Jungk 1963. «Es ist die von Menschen entworfene, im Höchstmaß vorausgeplante, kontrollierte und je nach dem Fortschrittsstand immer wieder ‹verbesserte› Schöpfung. Sie besitzt ihre besondere Art von Schönheit und von Schrecken.»[1] Ein neue wissenschaftliche Disziplin, die Futurologie, entstand, die sich ausschließlich mit der Zukunft befasste und sich dabei in der Regel nicht wie im 19. Jahrhundert Evolutionstheorien ausdachte, sondern an empirisch abgesicherten Voraussagen arbeitete. Optimistische Zukunftsvisionen fanden gleichzeitig eine starke Verbreitung in der Literatur, im Film und in populärwissenschaftlichen Büchern. Der europäische Zukunftsoptimismus war in der Regel verbunden mit Bewunderung entweder für die USA oder für die UdSSR als Modell für die Zukunft. Anders als noch im 19. und frühen 20. Jahrhundert sahen die Europäer ihren Kontinent meist nicht mehr als den fortgeschrittensten und als ein Modell für die übrige Welt an.

Mit diesem Zukunftsoptimismus hing der Wandel der gesellschaftlichen und politischen Werte in den 1950er- und 1960er-Jahren zusammen. Die Werte änderten sich in vielen Bereichen: Zwar wurde die Familie weiterhin als tragende Säule des privaten Lebens angesehen, aber die familiären Erziehungswerte der Ehrlichkeit, Toleranz, Verantwortungsbereitschaft und sozialen Umgangsformen verdrängten die älteren Werte des Gehorsams, der Selbstlosigkeit, Sparsamkeit und Geduld. Frauenerwerbsarbeit, auch Erwerbsarbeit von Müttern, fand ebenso mehr Akzeptanz wie Scheidungen, Einelternfamilien und auch eheliche Seitensprünge. Arbeit blieb die zweite tragende Säule des privaten Lebens, aber die Arbeitswerte änderten sich ebenfalls in Richtung auf mehr Mitentscheidung am Arbeitsplatz, weniger reine Leistung, mehr Selbstverwirklichung und ein gutes Klima bei der Arbeit, nicht nur gute Bezahlung, sondern auch Anerkennung der eigenen Arbeitsleistungen.

Religiöse Werte verschoben sich mit der Säkularisierung, dem Rückgang der Kirchenmitgliedschaft, des regelmäßigen Gottesdienstbesuchs und der Festtagsreligiosität. Auch das Selbstverständnis des politischen Bürgers veränderte sich. Das Vertrauen in den Mitmenschen außerhalb der eigenen Familie nahm zu, ebenso das Vertrauen in eigene politische Aktionen, wie vor allem in Petitionen und Demonstrationen, aber auch das Misstrauen gegenüber öffentlichen Institutionen im weiten Sinne, nicht nur gegenüber der Polizei, der Armee und der Justiz, sondern auch gegenüber Kirchen, Presse, Parlamenten, Gewerkschaften und Großunternehmen. Dieser Wertewandel ging in den jüngeren Altersgruppen besonders weit, zeichnete sich aber in den meisten Alterskohorten ab. Ob dieser Wertewandel eine Folge des Wohlstands der Prosperitätszeit war oder ob er von sozialen Bewegungen, den Medien und den Intellektuellen gefordert und durchgesetzt wurde, ist umstritten. Er lässt sich in den meisten, aber nicht allen europäischen Ländern beobachten (vgl. Kap. 5).

Generationskonflikte. Der Wertewandel war nicht nur eine stille Revolution, sondern vollzog sich auch im Konflikt, insbesondere zwischen den jüngeren und den älteren Generationen. Die Prosperitätszeit war die bisher letzte Epoche der bedeutenden Generationskonflikte in Europa. Allerdings veränderten sich diese im Laufe der Epoche und sahen im westlichen Europa anders aus als im östlichen. In den 1950er- und frühen 1960er-Jahren hob sich die junge Generation vor allem durch einen anderen Lebens- und Konsumstil, durch andere Musik, Kleidung und Treffpunkte, andere Bücher, Werte und zum Teil auch durch eine andere Philosophie von der älteren ab. In den 1950er-Jahren waren die «Halbstarken», die «blousons noirs», die «Teddy Boys» und die «Exis» (eine Bezeichnung für der Existenzphilosophie anhängende Studenten) Bezeichnungen für diese Generation. Der amerikanische und französische Rock, die Jazzkeller und «boîtes», die Vespa und das Motorrad, schwarze Pullover, Hemden und Jacken waren Kennzeichen ihres Lebensstils in den 1950er-, Popmusik, Jeans, Miniröcke, Hippie-Lebensstil, Pille, freiere Sexualität und Mottos wie «Make love, not war» dann die Kennzeichen in den 1960er-Jahren.

Anders war die Ausprägung des Generationskonflikts der späten 1960er-Jahre: Er drehte sich zwar auch um Kultur, um ein neues Zusammenleben und neue Erziehungsmethoden, um neue sexuelle und familiäre Lebensformen für junge Erwachsene, aber nun auch um Politik, um mehr politische Mitspracherechte der Bürger, um mehr Effizienz der öffentlichen Verwaltung und Mitsprache an den Universitäten, um die Herausforderung der Regierungen durch Demonstrationen, durch Besetzungen von Universitäten (und in

Italien sowie in Frankreich auch durch Unterstützung von großen Streiks), durch demonstrative Sympathien für Befreiungsbewegungen in der Dritten Welt und Ablehnung des Vietnamkriegs sowie durch Theorien vor allem marxistischer Provenienz, welche von den älteren Generationen meist strikt abgelehnt wurden. In Ländern, in denen die ältere Generation in Rechtsdiktaturen verwickelt gewesen war, ging es auch um die Aufklärung der Vergangenheit und um die Auseinandersetzung mit den noch lebenden und manchmal auch noch einflussreichen Tätern. Trotz aller nationalen Unterschiede entstand eine international stark vernetzte politische Studentenbewegung im westlichen wie im östlichen Europa.

Für diesen Generationskonflikt waren die ganz unterschiedlichen Erfahrungen und Werte der damals lebenden Generationen die entscheidende Ursache. Die ältere Generation war von der langjährigen Erfahrung der Not in der Weltwirtschaftskrise und in den Weltkriegen, der Erfahrung tiefer persönlicher Krisen, des Kriegstods in der Familie, des Zusammenbruchs des normalen Lebens, der fremden Besatzung und der Erfahrung als Soldaten, Kriegsgefangene und als Deportierte sowie in erheblichen Teilen Europas auch als Mitglieder von Jugendorganisationen in Diktaturen und rechten autoritären Regimes tief geprägt. Dagegen fehlten der Generation der Jugendlichen und jungen Erwachsenen diese Erfahrungen völlig. Für sie bestand die Lebensrealität aus wachsendem Wohlstand, Frieden, Gewaltlosigkeit, Wiederaufbau und zunehmend besserer Ausbildung.

Der in der Krise und Not angelernte Hang der älteren Generation zur Sparsamkeit, zur Skepsis gegenüber dem Massenkonsum, zur engen solidarischen Bindung an die Familie und an soziale oder kirchliche Milieus, aber auch zum Stolz auf die eigene Aufbauleistung und zum Schweigen über die Zeit der Diktaturen war daher der jüngeren Generation oft fremd und unverständlich. Sie sah viel stärker als die Älteren auch die Fehlentwicklungen des Wiederaufbaus. Rascher sozialer Wandel erschien der jüngeren Generation als eine Normalität, bessere Bildung, mehr Konsum und mehr Liberalität als erstrebenswert, während der älteren Generation das damals

Erreichte meist genügte. Die Prosperitätszeit und die wachsende Kaufkraft boten der jüngeren Generation auch viel Spielraum für einen eigenen Lebensstil und für die Gründung eines eigenen Haushalts. Man sollte jedoch nicht übersehen, dass Generationskonflikte in Europa seit dem späten 19. Jahrhundert üblich waren und auch die ältere Generation in ihrer Jugend oft selbst Generationskonflikte ausgetragen hatte. Der Generationskonflikt der 1950er- und 1960er-Jahre bewegte sich daher in einer vorgegebenen Bahn.

Intellektuelle und Hochkultur. Wie schon die unmittelbaren Nachkriegsjahre war die Wohlstandsepoche eine Glanzzeit der europäischen Intellektuellen, die damals noch ganz mit den klassischen Printmedien verbunden waren. Paris hatte nach der Befreiung von der nationalsozialistischen deutschen Besatzung und nach dem Zweiten Weltkrieg seine zentrale Rolle in der europäischen intellektuellen Kultur zurückgewonnen. Während der 1950er- und 1960er-Jahre kam zu den bekannten Intellektuellen der unmittelbaren Nachkriegszeit (vgl. Kap. 1) eine neue Generation internationaler Intellektueller hinzu wie Paul Celan, François Truffaut, Max Frisch, Friedrich Dürrenmatt, Elias Canetti, Samuel Beckett, Adam Schaff, Leszek Kolakowski, Ingeborg Bachmann, Günter Grass, Heinrich Böll, Joseph Beuys und Robert Havemann.

Für die Bedeutung der Intellektuellen war sicherlich die wachsende Kaufkraft des europäischen Publikums während der Prosperitätszeit wichtig. Ihre Bücher und Zeitschriften verkauften sich besser als zuvor. Der Kalte Krieg ließ zudem die Aufmerksamkeit für die Intellektuellen und ihre Opposition gegen die Regierungen im westlichen ebenso wie im östlichen Europa erheblich ansteigen. Einerseits war der Kalte Krieg auch ein Kulturkrieg, für den die Intellektuellen auf beiden Seiten von den jeweils eigenen Regierungen gebraucht wurden; andererseits opponierten Intellektuelle auch oft gegen ihre Vereinnahmung und engagierten sich für die Entspannung und Verständigung zwischen den Gegnern. Die Abkehr vom Kommunismus durch Intellektuelle wie etwa von Milovan Djilas, Robert Havemann oder Roger Garaudy rührte die europäische Öffentlichkeit ebenso auf wie die Zerwürfnisse zwischen Intellektuellen über den Kalten Krieg.

Gleichzeitig entstanden bereits die Ursachen für den Niedergang der Intellektuellen, den sie selbst bereits in dieser Epoche stark beklagten. Das neue Medium, das Fernsehen, erforderte nicht nur einen anderen Gestus, scharfe Schnitte der Interviews und pointierte und daher nicht selten missverständliche Statements, sondern führte auch zu einem Machtverlust der Intellektuellen in der Öffentlichkeit. Mit dem Aufkommen großer Bürokratien in Parteien und Verbänden nahm der Einfluss der Intellektuellen ebenfalls ab, da Experten mit Spezialwissen gebraucht wurden und eben nicht Intellektuelle, die in der Regel Generalisten waren und zu vielen Themen eine fundierte Meinung zu haben glaubten.

Darüber hinaus verschob sich die Rolle des Intellektuellen und des Künstlers auch angesichts der enormen Intensität der Information durch die Medien. Allmählich wurden die hoch gebildeten Intellektuellen und Literaten, die Allgemeinwissen vermittelten, verdrängt durch die skeptischen Intellektuellen, die vor allem die Schwächen und die Doppelbödigkeiten von Politik und Gesellschaft aufdeckten oder die öffentliche Aufmerksamkeit durch Exzentrik – besonders virtuos darin war der Maler Salvador Dalí – auf sich zogen.

Medien. Die Durchsetzung des Massenmediums Fernsehen veränderte die europäischen Medien und die europäische Kultur grundlegend. Das Fernsehen, das schon in den 1930er-Jahren entwickelt worden war, setzte sich im westlichen Europa seit den 1960er-Jahren und im östlichen Europa erst seit den 1970er-Jahren durch, da die Europäer erst jetzt die Kaufkraft für dieses Medium und ihre Regierungen erst jetzt die Budgets für die Finanzierung der Fernsehtechnik besaßen. Rasch wurde das Fernsehen das neue Leitmedium, verdrängte aber die anderen Medien nicht einfach. Nur die Zahl der Kinobesucher ging zurück.

Dagegen wuchsen der Rundfunk, die Zeitungen und Zeitschriften, das Buch und das Theater trotz der Konkurrenz des Fernsehens weiter, weil alle diese Medien ein bestimmtes Publikum ansprachen: Das Radio stellte sich rasch auf bestimmte lokale und regionale Hörergruppen und auf die Klientel der Kulturinteressierten, Hausfrauen oder Jugendlichen ein. Die neuen Transistorradios konnten zudem anders als das Fernsehgerät überall mit hingenommen werden. Das Medium Buch hatte vor allem als preisgünstiges Taschenbuch, als Sachbuch und Kriminalroman große Erfolge aufzuweisen. Zeitungen und Zeitschriften spezialisierten sich ebenfalls erfolgreich etwa auf Jugendliche mit Titeln wie *Bravo* und *Salut les Copains* oder auf Frauen mit *Brigitte* und *Elle*.

Zudem konnte das fast überall öffentliche, meist durch Regierungen oder politische Parteien kontrollierte Fernsehen nur schwer eine Rolle spielen, welche die privaten Zeitungen und Zeitschriften sehr wirkungsvoll übernahmen: als neue politische «vierte Gewalt» die Regierungen zu kritisieren, Korruption aufzudecken und politische Skandale in die Öffentlichkeit zu tragen. Diese regierungskritische Rolle der Zeitungen und Zeitschriften zog Skandale nach sich, unter denen die deutsche *Spiegel*-Affäre eine herausragende, aber nicht einzigartige Rolle spielte.

Die Durchsetzung des Fernsehens hatte wichtige gesellschaftliche und kulturelle Folgen. Ohne das Fernsehen, allerdings auch nicht ohne Radio und Schallplatten, hätte sich die Jugendkultur in den 1950er- und 1960er-Jahren nicht so stark durchsetzen können, weder die Rock- noch später die Popmusik, die zentrale Elemente dieser Jugendkultur waren. Der Individualisierungsprozess wurde durch das Radio und durch das Fernsehen verstärkt, weil diese Medien über ganz verschiedene Lebensstile und Werthaltungen berichteten und dadurch leichter ein eigener individueller Lebensstil entwickelt werden konnte. Stärker als die anderen Medien prägte das Fernsehen den häuslichen Tagesablauf, die Abendessenszeit und den familiären Abend, überhaupt die familiäre Kommunikation nach dem Feierabend.

Allerdings setzte eine Internationalisierung oder Europäisierung der Medien noch nicht ein, wenn man von wenigen internationalen Medien, der Eurovision (1954), dem AFN und dem neuen privaten Musiksender Radio Luxemburg (1957) absieht. Das öffentliche Fernsehen und der Rundfunk blieben ebenso wie die privaten Printmedien überwiegend national organisiert und richteten sich an ein nationales Publikum.

Kulturelle Amerikanisierung. Zusätzlich nahm in der Prosperitätszeit die Amerikanisierung der westeuropäischen Kultur weiter zu, stieß dabei freilich weiterhin auf eine starke Amerikaskepsis vieler europäischer Intellektueller. Der Einfluss der USA stieg nicht nur im Konsum, sondern auch in der populären Kultur, vor allem in der Jugendkultur, seit dem Zweiten Weltkrieg an. Die Rockmusik wurde weitgehend von den USA geprägt. Nur in Frankreich und in Großbritannien entwickelten sich eigene Varianten des Rocks, die aber auf dem europäischen Kontinent keine wirkliche Konkurrenz zum amerikanischen Vorbild darstellten. In der Jazzmusik, eher eine Musik für engere intellektuelle Zirkel, waren der amerikanische Einfluss und der Austausch mit amerikanischen Musikern ebenfalls prägend, auch wenn europäische Jazzmusiker nicht selten einen eigenen Stil entwickelten. Auf den großen Ausstellungen zur zeitgenössischen Kunst, etwa der documenta in Kassel, erlangten amerikanische Maler seit den 1950er-Jahren zudem ein weit größeres Gewicht als zuvor. In den Medien war der amerikanische Einfluss besonders stark. Amerikanische Medienunternehmen besaßen zwar in Europa – von AFN und Radio Liberty abgesehen – kaum Printmedien, Radiostationen oder Fernsehsender. Auch der Siegeszug des amerikanischen Massen- und Fernsehfilms stand erst noch bevor. Aber die Übernahme des *magazine*, der *talk show*, der *quiz show*, des *interviews*, der *comics* und des *Star*kults belegen den starken Medieneinfluss der USA.

Auch die Wissenschaften, allen voran die Sozialwissenschaften, wurden stark von den USA beeinflusst. In Deutschland und Italien erfolgte die Neubegründung der Sozialwissenschaften nach dem Zweiten Weltkrieg zu einem erheblichen Teil nach amerikanischem Vorbild, und auch in den anderen westeuropäischen Ländern, etwa in der neuen Disziplin Futurologie, orientierte sich dieser Wissenschaftsbereich immer mehr an dem amerikanischen Modell mit seinen außergewöhnlich reichen Eliteuniversitäten. Europäische Gelehrte, die vom NS-Regime ins Exil in die USA vertrieben worden waren, besaßen von den USA aus oder nach ihrer Rückkehr auf europäische Lehrstühle wie Ernst Fraenkel und Richard Löwenthal in Berlin, Eric Voegelin in München und Arnold Bergstraesser in Freiburg beziehungsweise als Wissenschaftsmanager wie Clemens Heller in Paris außerordentlich viel Einfluss in Europa. Für junge europäische Wissenschaftler, wie etwa Ralf Dahrendorf, wurde es immer üblicher, zu Beginn der Karriere für einen prägenden Auslandsaufenthalt in die USA zu reisen.

Europäische Kulturpolitik und Europadebatte. Eine eigene europäische Kulturpolitik entstand während der 1950er- bis frühen 1970er-Jahre dagegen nur in ersten Anfängen. Die 1957 gegründete Europäische Wirtschaftsgemeinschaft (EWG) besaß damals keine eigenen kulturpolitischen Ambitionen. Allerdings setzte sich der Europarat zum Ziel, einen europäischen Kulturraum zu schaffen. Er organisierte seit 1954 regelmäßige große Kunstausstellungen an wechselnden Orten und europäische Tagungen zum Denkmalschutz, verabschiedete 1954 die Europäische Kulturkonvention zur Zusammenarbeit in der hohen Kunst, im Denkmalschutz und in der Bildung und setzte Schulbuchkommissionen ein, welche die rein nationale Orientierung der Schulbücher aufbrechen sollten.

Daneben wurde 1954 von dem Schweizer Philosophen Denis de Rougemont, einem wichtigen Akteur der Europabewegung, und dem französischen Politiker und Initiator der Montanunion Robert Schuman die europäische Kulturstiftung gegründet, die europäische Künstler mit einem bescheidenen Budget finanziell förderte. Die bereits erwähnte Eurovision, an der sich neben Denis de Rougemont ebenfalls Robert Schuman beteiligte, war kein eigenständiges europäisches Fernsehprogramm. Insgesamt besaß diese europäische Kulturpolitik nur eine begrenzte Wirkung.

Die Europadebatten, die in der unmittelbaren Nachkriegszeit lebhaft gewesen waren, gingen freilich eher zurück. Das lag teilweise an einer Enttäuschung der Intellektuellen. Sie sahen die Montanunion und die Europäische Wirtschaftsgemeinschaft meist als zu technokratisch, geographisch zu begrenzt, zu wenig kulturell orientiert und auch als zu sehr von oben eingesetzt und den Europarat als zu entscheidungsschwach an. Zudem wurde der Begriff «Europa» im Kalten Krieg durch die Aufspaltung in den «Westen» einerseits und den kommunistischen Raum andererseits verdrängt. Europa als Ganzes schien nur mehr historische Erinnerung zu sein und auf die Gegenwart bezogen nicht mehr als ein Gedankenspiel.

Politik

Auf der politischen Ebene wurde Europa in den 1950er- bis frühen 1970er-Jahren von fünf Entwicklungen geprägt: der Stabilisierung der Demokratie im westlichen, aber auch der kommunistischen Regime im östlichen Europa; der Orientierung auf Planung von Wirtschaft und Gesellschaft und der neuen politischen Geltung der Experten; dem Rückgang der politischen Gewalt; der Verfestigung des Kalten Krieges und dem Beginn der europäischen Integration.

Stabilisierung der politischen Ordnungen. Während der 1950er- und 1960er-Jahre stabilisierte sich die Demokratie in Westeuropa mit Ausnahme der nach wie vor nicht demokratisch regierten südeuropäischen Länder Spanien, Portugal und Griechenland. Mehr und mehr erschien die tiefe Krise der europäischen Demokratie seit den 1920er- und 1930er-Jahren als überwunden. Auch in den besonders gefährdeten Ländern, in denen während der 1920er- und 1930er-Jahre Diktatoren legal an die Macht gelangt waren, also in der Bundesrepublik, Österreich und Italien, gab es viele Anzeichen für die Festigung der Demokratie: Die Menschenrechte wurden im Wesentlichen respektiert, die Wahlen zu den Parlamenten korrekt abgehalten, und die Pressefreiheit geriet zwar in der Bundesrepublik während der *Spiegel*-Affäre 1961 in eine schwere Krise, bewährte sich aber, da die verhafteten Journalisten aus dem Gefängnis entlassen und vom Verfassungsgericht rehabilitiert wurden. Politiker und öffentliche Persönlichkeiten, die durch ihre Tätigkeit während der nationalsozialistischen Herrschaft belastet waren, stießen in der Öffentlichkeit zunehmend auf Kritik und konnten sich schwerer im Amt halten. Rechtsextreme Parteien blieben erstaunlich marginal. Große, mitgliedsstarke demokratische Parteien entstanden in den verschiedenen politischen Lagern. Verfassungskulturen mit starken Verfassungsgerichten bildeten sich in Deutschland und Österreich heraus.

Die Apologeten eines starken Staates, die quer durch die Parteien der parlamentarischen Demokratie in der Nachkriegszeit mit großer Skepsis begegneten, wurden seltener. Seit den späten 1960er-Jahren aktivierten die neuen sozialen Bewegungen die Demokratien und brachten die Vorstellungen der jungen Generation in die politische Öffentlichkeit. Sie trugen zur Stabilisierung der Demokratien bei, da die Politik am Ende lernte, besser mit Konflikten umzugehen, und es ihr gelang, die junge Generation ganz überwiegend in die Demokratien zu integrieren. Allerdings stand eine Bewährungsprobe der Demokratien in der Konfrontation mit dem Terrorismus erst noch bevor. Insgesamt waren die 1960er- und die 1970er-Jahre eine Zeit der Herausforderung und Stabilisierung der Demokratien, eine zweite Demokratiegründung im westlichen Europa.

Unter erheblich größeren Schwierigkeiten stabilisierten sich gleichzeitig auch die kommunistischen Regime in Osteuropa. Zwar gab es anders als im westlichen Europa drei große Aufstände, in der DDR 1953, in Ungarn 1956 und in der Tschechoslowakei 1968, die vom sowjetischen Militär blutig und mit vielen Toten niedergeschlagen wurden, und daneben auch lokal begrenzte Erhebungen und Proteste wie 1953 in Pilsen in der Tschechoslowakei und in Polen 1956 in Posen und 1970 in Danzig. Trotzdem hat sich ein erheblicher Teil der Bevölkerung vor und nach diesen Aufständen mit den kommunistischen Regimen zwar nicht identifiziert, aber doch arrangiert und baute darauf, durch Eingaben an die Regierungen und durch lokale Resistenz die eigene Situation zu verbessern. Nach dem Ende des brutalen Terrors mit dem Tode Stalins 1953 erschienen vielen im östlichen Europa die vorhergehende Ausbeutung durch das NS-Regime und die Verheerungen durch den nationalsozialistischen Krieg am Ende schlimmer als die kommunistischen Regime mit ihren attraktiven sozialistischen Prinzipien, auch wenn diese in der Praxis Lügen gestraft wurden.

Die Stabilisierung der Demokratien im westlichen und der kommunistischen Diktaturen im östlichen Europa hatte sowohl gemeinsame als auch verschiedene Gründe. Ein erster gemeinsamer Grund war die außergewöhnliche Steigerung des Wohlstands durch hohes Wirtschaftswachstum. Nach der Erfahrung zweier Weltkriege mit ihren schrecklichen Zerstörungen und Entbehrungen und nach der Erfahrung der Weltwirtschaftskrise der 1930er-Jahre bedeutete diese Wohlstandssteigerung den Europäern besonders viel. Ein zweiter gemeinsamer Grund war der Aufbau von Systemen der sozialen Sicherung im westlichen wie im östlichen Europa. Die Gesundheitsvorsorge, der Wohnungsbau, die Vorsorge für Invalidität und Alter und die Bildungssysteme verbesserten sich wie nie zuvor (zu Unterschieden vgl. Kap. 5). Nicht zuletzt die Systemkonkurrenz im Kalten Krieg trieb die Ausweitung der staatlichen sozialen Sicherung im Westen wie im Osten voran.

Ein weiterer Grund waren die Solidaritäten und Pressionen von außen, welche die Stabilisierung von Demokratien und kommunistischen Regimen bewirkten. Sie sahen allerdings im westlichen und östlichen Europa sehr verschieden aus. Ohne die Mithilfe von außen wäre die Stabilisierung der Demokratien vor allem in den ehemaligen Diktaturen des westlichen Europa kaum erfolgreich gewesen. Zur Öffnung der politischen Mentalitäten für demokratische Werte hatte schon in der unmittelbaren Nachkriegszeit die Demokratiepolitik der westlichen Alliierten viel beigetragen. Die zahlreichen Austauschprogramme mit westlichen Ländern setzten sich in den 1950er- und 1960er-Jahren fort. Anders als nach dem Ersten Weltkrieg engagierten sich die Alliierten für den Aufbau der Demokratie in Deutschland und auch in Österreich und Italien.

Im östlichen Europa ließen sich dagegen die kommunistischen Regime nur durch massiven Druck und militärische Hilfe von außen durch die UdSSR stabilisieren. Ohne die sowjetischen Militärinterventionen und deren psychologische Wirkung auch in den anderen osteuropäischen Staaten hätten die kommunistischen Regime nicht so lange überlebt.

Rückgang der Gewalt. Der Rückgang der politischen Gewalt während der 1950er- und 1960er-Jahre ist ein weiterer erstaunlicher Bruch in der europäischen Geschichte. Er beendete die verhängnisvolle politische Gewaltwelle, die mit dem Ersten Weltkrieg begonnen hatte und sich in den bürgerkriegsähnlichen Zuständen in der Zwischenkriegszeit in Deutschland, Italien, Spanien, Österreich, Ungarn, Jugoslawien, Polen, im Baltikum, in Irland, Griechenland und der Türkei sowie auch in den europäischen Kolonien fortsetzte. Den Höhepunkt bildete der Zweite Weltkrieg, jedoch endete die Epoche der Gewalt 1945 nicht abrupt, sondern ging in der Nachkriegszeit zunächst etwa mit den Ausschreitungen gegen Kollaborateure in Frankreich, Italien, Jugoslawien, Polen, Ungarn und Rumänien weiter. Erst im Laufe der 1950er-Jahre nahm die politische Gewaltsamkeit massiv ab.

Für diesen Rückgang gab es eine Reihe von Gründen. Einer war die abschreckende Erfahrung der verheerenden Zerstörungen durch die Kriegsgewalt des Zweiten Weltkriegs, der Bombardierung der Städte und des Massensterbens von Zivilisten. In diesem Krieg waren in Europa 19 Millionen Zivilisten umgekommen – das stellte einen erheblichen Teil der Kriegstoten dar. Diese Erfahrung ging viel tiefer als die des Ersten Weltkriegs. Zweitens fiel ein erstrangiger europäischer Protagonist der politischen Gewalt in der Zwischenkriegszeit, der Nationalsozialismus und Faschismus, nach 1945 aus. Durch die von ihm ausgelösten und angerichteten Kriegszerstörungen, Kriegsverbrechen und Genozide, aber auch durch seine totale Niederlage im Zweiten Weltkrieg war er weitgehend diskreditiert. Viele Gewaltakteure der zusammengebrochenen Regime flohen aus Europa. Ein weiterer zentraler Akteur der politischen Gewalt, der Kommunismus, steigerte zwar nach 1945 seine Macht in Europa, übte aber nach dem Tod Stalins weniger politischen Terror und politische Gewalt aus.

Zudem wanderte ein erheblicher Teil des verbliebenen europäischen Gewaltpotenzials aus Europa in die Kolonien ab. So bestand die französische Fremdenlegion, die zunächst im Vietnam- und später auch im Algerienkrieg eingesetzt wurde, zum erheblichen Teil aus deutscher, österreichischer und italienischer Soldateska. Darüber hinaus hat der Kalte Krieg politisches Gewaltpotenzial zwar nicht abgebaut, aber doch von einem inneren Konflikt mit der permanenten Gefahr eines Bürgerkriegs auf einen außenpolitischen Konflikt zwischen dem kommunistischen und dem westlichen Lager umgelenkt.

Die hohen Kriminalitätsraten und die ungewöhnlich hohen Selbstmordraten in einigen europäischen Ländern während der Jahre nach dem Zweiten Weltkrieg können als eine Verschiebung der Gewalt aus der politischen in die kriminelle beziehungsweise in die Privatsphäre verstanden werden. Schließlich könnte in den zahlreichen vaterlosen europäischen Familien, deren Väter im Krieg gefallen oder wegen Kriegsgefangenschaft lange Zeit nicht anwesend waren, die reine Müttererziehung die Übertragung der Gewaltbereitschaft von einer Männergeneration auf die nächste unterbrochen und dadurch die Neigung zur Gewalt abgemildert haben.

Planung von Gesellschaft und Wirtschaft. In den 1950er- und mehr noch in den 1960er-Jahren herrschte in der Politik sowie unter den Experten und Intellektuellen eine Planungseuphorie. «In der ganzen Welt bewegt das Problem der Planung die Geister», urteilte schon 1949 der Philosoph Karl Jaspers.[2] «Die Lösung der Planung bedeutete für uns eine Befreiung», schrieb Hendrik Brugmans, ein einflussreicher Europapolitiker, in seinen Memoiren.[3] Überall beanspruchten die Regierungen, die nationalen Gesellschaften zu modernisieren, sie aus der Misere der Kriegs- und Besatzungsfolgen und der Versäumnisse der Zwischenkriegszeit herauszuführen und dabei mit dem Einsatz von Planung weit leistungsfähiger zu sein. Die Regierungen wurden unterstützt von den Experten, Nationalökonomen und Soziologen, Architekten und Städteplanern, Zukunftsforschern und EDV-Spezialisten, wie etwa John Maynard

Keynes für die wirtschaftliche Steuerung, Charles-Edouard Le Corbusier für die Städte- und Gunnar Myrdal für die gesellschaftliche Planung. Diese Experten beanspruchten, die wirtschaftliche und gesellschaftliche Entwicklung prognostizieren und steuern zu können, und gewannen starken Einfluss auf die Politik.

Diese Planungseuphorie blieb nicht bei Worten stehen. In Frankreich wurde schon 1946 eine mächtige staatliche Planungsgruppe, «le plan», gegründet, in den Niederlanden wurde 1945 ein «zentrales Planbüro» eingerichtet, in den skandinavischen Ländern gewann die Planung ebenfalls ein starkes Gewicht, in Großbritannien wurde die Schwerindustrie verstaatlicht und damit der staatlichen Planung unterworfen. In der Bundesrepublik, einer eher planungsskeptischen Spätkommerin, wurden in den späten 1960er-Jahren Gesetze zur mittelfristigen Wirtschafts-, zur Städte- und zur Bildungsplanung verabschiedet. Im östlichen Europa wurden ausgerichtet auf das sowjetische Modell seit den späten 1940er- und frühen 1950er-Jahren Fünfjahrespläne aufgestellt, an die sich die Wirtschaft rigoros zu halten hatte. Die Planungseuphorie war nicht an ein bestimmtes politisches System gebunden, sondern bestand in Demokratien ebenso wie in kommunistischen Diktaturen (für Unterschiede vgl. Kap. 5).

Sie hatte verschiedene Wurzeln. Zunächst baute sie auf der Planungseuphorie der Zwischenkriegszeit auf, die damals von einer Minderheit von Architekten und Städtebauern, Ökonomen und Sozialstaatsexperten getragen worden war. Sie war zudem eine Gegenreaktion auf die Weltwirtschaftskrise der 1930er-Jahre, die, wie man im Rückblick glaubte, durch steuernde internationale Eingriffe der Staaten hätte abgemildert werden können. Der Planungsoptimismus gründete auch auf der Erfahrung des Zweiten Weltkriegs, in dem durch staatliche Steuerung in den alliierten ebenso wie in den Achsenländern enorme Potenziale an Menschen und Ressourcen mobilisiert worden waren, allerdings auch die Katastrophe der Genozide und Massenliquidierungen durch das NS-Regime und durch die stalinistische UdSSR geplant und exekutiert worden war. Schließlich hing die Planungseuphorie auch eng mit den damaligen, ganz ungewöhnlichen Handlungsspielräumen des Staates im Wirtschaftsboom und mit den neuen Möglichkeiten der Beherrschung komplexer Prozesse und der Verarbeitung großer Datenmengen durch die damals neue Kybernetik und später durch die EDV zusammen.

Kalter Krieg. Europa wurde während der 1950er- bis frühen 1970er-Jahre ebenso wie die meisten anderen Weltregionen vom Kalten Krieg geprägt. Der Ausdruck «Kalter Krieg» passt allerdings nur für die europäische Geschichte. Nur in Europa blieb der Kalte Krieg wirklich kalt. In anderen Weltregionen brachen tatsächliche Kriege aus, klassische Staatenkriege wie etwa in Korea oder Guerillakriege wie in Vietnam. In Europa entwickelte sich in dieser Epoche allerdings der Kalte Krieg erheblich weiter. Vier Veränderungen fallen besonders auf.

Erstens prägte der Kalte Krieg Europa während der Prosperitätszeit nicht immer in gleicher Intensität. Während der 1950er-Jahre war er in der europäischen Politik äußerst präsent. Nach der Blockade Westberlins 1948/49 und dem Jugoslawienkonflikt 1948–1950 führten die Aufstände in der DDR und im tschechischen Pilsen 1953, in Ungarn und im polnischen Posen 1956 zu einer erneuten Konfrontation zwischen den USA und der UdSSR. Mit der Berlinkrise 1958, ausgelöst durch die Drohung der UdSSR, Westberlin der DDR einzuverleiben, und dem Bau der Berliner Mauer 1961, der in der Stadt zu einer unmittelbaren – aber symbolisch bleibenden – Konfrontation von sowjetischen und amerikanischen Panzern führte, jedoch nicht zum gewaltsamen Einschreiten der USA, blieb Europa weiter im Zentrum des Kalten Krieges.

Diese Konflikte in Europa waren damals neben dem französischen Indochinakrieg der frühen 1950er-Jahre und neben der Kubakrise von 1962 die wichtigsten Ereignisse im Kalten Krieg. Nach dem Bau der Berliner Mauer fanden die Schlüsselereignisse des Kalten Krieges dagegen außerhalb Europas statt, wenn man von der Niederschlagung des Prager Frühlings durch den Einmarsch der Sowjetunion und ihrer Alliierten 1968 absieht. Europa wandelte sich seit 1961 zu einer eher kühlen Zone in der globalen Konfrontation zwischen den USA und der UdSSR.

Zweitens veränderten sich die wirtschaftlichen Folgen des Kalten Krieges in der Prosperitätszeit stark. In seiner Anfangsphase in den späten 1940er- und frühen 1950er-Jahren waren die wieder rasch ansteigenden Rüstungsausgaben auch ein Stimulans für die Wirtschaft. Der Koreakrieg erzeugte vor allem im westlichen Teil Europas, aber auch in den USA einen starken wirtschaftlichen Schub. Jedoch traten die wirtschaftlichen Nachteile des Kalten Krieges desto deutlicher hervor, je länger er dauerte. Die traditionell engen wirtschaftlichen Beziehungen beim Austausch von Waren, Kapital und Arbeitskräften zwischen dem westlichen und östlichen Teil Europas wurden stark eingeschränkt. Je näher ein europäisches Land am Eisernen Vorhang lag, desto gravierender war es von den wirtschaftlichen Nachteilen betroffen. Im Extremfall Westberlin mit seiner Insellage in der DDR konnte die Wirtschaft nur durch hohe Subventionen am Leben erhalten werden.

Darüber hinaus belasteten die hohen Rüstungsausgaben der USA die amerikanische Wirtschaft auf die Dauer eher. Jedenfalls wuchsen die meisten europäischen Wirtschaften während der Prosperitätsepoche mit ihren weit geringeren Rüstungsbelastungen rascher als die amerikanische. Auch für die UdSSR hatte die Hegemonie im Ostblock ihren Preis. Den Produktivitätsrückstand gegenüber den ostmitteleuropäischen Ländern ihres Imperiums vermochte sie wegen der großen wirtschaftlichen Belastung durch die Rüstung nicht aufzuholen. Der Eindruck, dass der Kalte Krieg hohe wirtschaftliche Kosten für die Europäer und vor allem für die beiden Hegemonialmächte verursachte, verdichtete sich im Lauf der Wohlstandsjahre. Dadurch verstärkte sich die Bereitschaft zu Rüstungsbegrenzungs- und schließlich auch zu Abrüstungsverhandlungen.

Die dritte wichtige Veränderung fand im Wettrüsten zwischen den beiden Supermächten statt, das von der unmittelbaren Nachkriegszeit bis zu den frühen 1960er-Jahren den Kalten Krieg prägte. Dieses Wettrüsten fand vor allem bei den prestigereichen und zerstörungsgewaltigen Atomwaffen statt. Schon 1949 verloren die

USA mit der Zündung der ersten sowjetischen Atombombe ihr Nuklearwaffenmonopol, das sie für wenige Jahre besessen hatten. Der Zündung der weit zerstörerischen amerikanischen Wasserstoffbombe 1952 folgte bald die Zündung der entsprechenden sowjetischen Bombe. Dem Aufbau einer mit Atomwaffen – von denen die USA 1957 schon 1800 Exemplare besaßen – bestückten amerikanischen Bomberflotte folgte die UdSSR in den 1950er-Jahren mit einer eigenen Flotte von sehr ähnlich konstruierten Bombern. Der Bau und die Indienststellung von nukleargetriebenen U-Booten zum Abschuss von Atomraketen seit Mitte der 1950er-Jahre verlief ebenfalls fast parallel mit nur geringem zeitlichem Vorsprung der USA. Ebenfalls ab Mitte der 1950er-Jahre wurden ziemlich gleichzeitig die Landheere der beiden Supermächte mit taktischen Atomhaubitzen ausgestattet, die eine nur geringe Reichweite, aber eine enorme Zerstörungskraft besaßen und vor allem in Europa stationiert wurden. Der Aufbau von interkontinentalen mit Atomwaffen bestückten Raketenarsenalen seit etwa 1960 verlief ebenfalls weitgehend parallel.

Darüber hinaus wurden mit einem gewissen Vorsprung der UdSSR auf beiden Seiten zu gleicher Zeit Raketenabwehrsysteme aufgebaut. Zweitschlagkapazitäten, also besonders stark geschützte Atomwaffen, die einen ersten Atomangriff überstanden hätten, wurden ebenfalls auf beiden Seiten eingerichtet. Ebenfalls ab den 1960er-Jahren wurden in den USA zunehmend Computerprogramme und Mikrochips in der Rüstung eingesetzt, ein Bereich, in dem die USA immer einen enormen Vorsprung gegenüber der UdSSR behielten. Die auffallende Parallelität des Wettrüstens erklärte sich zum guten Teil aus einer effizienten Militärspionage der Geheimdienste, die zwar auch nicht selten zu Fehleinschätzungen kamen, aber zu dem Gleichgewicht des Wettrüstens viel beitrugen.

Erst in den frühen 1960er-Jahren gelangten die Supermächte allmählich zur Einsicht, dass ein heißer Krieg zwischen ihnen unvorstellbare Zerstörungen hervorrufen würde und das Wettrüsten letztlich für keine von ihnen einen wirklichen Vorteil bot. Der amerikanische Präsident John F. Kennedy hielt 1963 eine viel zitierte Rede an der American University, in der er die Gefahr der Selbstzerstörung der USA und der UdSSR in einem Atomkrieg anprangerte und Verhandlungen vorschlug. Bereits in diesem Jahr kam es – vor dem Erfahrungshintergrund der Kubakrise 1962, als die Supermächte 13 Tage lang am Rande eines Atomkriegs gestanden hatten – zur Einrichtung eines «roten Telefons», eines direkten Kontakts zwischen den Spitzen der Supermächte, um einen irrtümlich geführten Krieg zu verhindern.

Ein erster Vertrag zwischen den USA, der UdSSR und Großbritannien, der Atomtestvertrag von 1963 über das Verbot von Atomtests in der Atmosphäre, im Weltraum und unter Wasser, war ein wichtiger Einstieg in die Verständigung, hatte allerdings noch keine direkten Auswirkungen auf den Rüstungswettlauf. Auch der Atomwaffensperrvertrag von 1968 war ein wichtiger Meilenstein der Entspannung, grenzte aber im Ergebnis nur den Kreis der Atommächte ein und bremste den Rüstungswettlauf zwischen den USA und der UdSSR noch nicht ab. Erst in den 1970er-Jahren gelang eine Beschränkung des Rüstungswettlaufs (vgl. Kap. 7).

Schließlich haben sich viertens im Verlauf der 1950er- und 1960er-Jahre auch die Beziehungen der Europäer zu den Hegemonialmächten verändert. In den 1950er-Jahren waren die Bindungen an die jeweilige Hegemonialmacht im östlichen wie im westlichen Europa am intensivsten, da damals Europa besonders stark vom Kalten Krieg betroffen war. Die Bewegung der «Dritten Kraft», welche die Unabhängigkeit Europas von den Supermächten erreichen wollte, schwächte sich in den 1950er-Jahren ab und hatte kaum noch Einfluss auf die Regierungen. Das Drängen des britischen Premiers Winston Churchill gegen den Willen der amerikanischen Regierung auf Verhandlungen mit der UdSSR nach dem Tode Stalins, die 1955 in Genf ohne Ergebnis stattfanden, tangierte die amerikanische Hegemonie noch nicht wirklich. Ebenso war das Ausscheiden Jugoslawiens aus dem Ostblock von der UdSSR durch Stalin und nicht gegen seinen Willen durchgesetzt worden.

Dagegen nahm die Resistenz gegenüber den Hegemonialmächten in den 1960er-Jahren zu, als Europa von den Ereignissen des Kalten

Krieges weniger unmittelbar betroffen war und dessen wirtschaftliche Kosten deutlicher erkennbar wurden. Der französische Präsident Charles de Gaulle testete 1960 eine eigene Atombombe und baute entgegen dem Willen der USA französische Atomstreitkräfte auf, die *force de frappe*. Er legte ebenfalls gegen den Willen der USA sein Veto gegen die britische Mitgliedschaft in der Europäischen Wirtschaftsgemeinschaft ein, verkündete die Vision eines Europa vom Atlantik bis zum Ural, das zwar die UdSSR, aber nicht die USA einzuschließen schien, und schloss mit der Bundesrepublik 1963 den deutsch-französischen Elysée-Vertrag ab, der nach seiner Vorstellung eine deutliche Spitze gegen die USA haben sollte. Außerdem erkannte er entgegen der amerikanischen Politik das China Mao Tse-tungs 1964 diplomatisch an. Vor allem aber kündigte er 1966 die militärische Zusammenarbeit in der NATO auf und zwang das Bündnis, sein Hauptquartier von Paris nach Brüssel zu verlegen.

Der 1969 gewählte Kanzler der Bundesrepublik Willy Brandt entwickelte und betrieb eine eigenständige Ostpolitik, die anfangs nur mit arger Mühe die Unterstützung der amerikanischen Nixon-Regierung gewann, aber dann doch in Zusammenarbeit mit dieser zu den Ostverträgen führte. Unter dem Eindruck des Ölschocks infolge des drohenden arabischen Ölboykotts im Jom-Kippur-Krieg distanzierte sich die britische Regierung unter Premierminister Edward Heath 1973 ebenfalls von der Politik der USA. Die amerikanische Regierung hatte das Jahr 1973 zunächst zum «Jahr Europas» ausgerufen. Am Ende des Jahres bezeichnete der amerikanische Außenminister Henry Kissinger nach den Streitigkeiten mit den westeuropäischen Alliierten dieses Jahr als «the year which never was».

Gegen die Hegemonie der UdSSR entwickelte sich eine vergleichbare Resistenz allerdings nicht in Europa, sondern in Ostasien: Die Spannungen zwischen der poststalinistischen UdSSR und dem China Mao Tse-tungs waren noch schärfer als zwischen den USA und Frankreich unter de Gaulle. In Europa dagegen erfuhr die UdSSR Resistenz vonseiten der osteuropäischen Bevölkerung in den genannten Aufständen in der DDR, in Polen, Ungarn und der Tschechoslowakei während der 1950er- und 1960er-Jahre.

Europäische Integration. Die europäische Integration umfasste in dieser Epoche zwar nur einige westeuropäische Staaten, legte aber doch die Grundlage für einen späteren geographisch umfassenderen Zusammenschluss des Kontinents. Deshalb sei sie hier unter den gemeinsamen Entwicklungen behandelt. Man kann in der Prosperitätsepoche fünf Phasen der europäischen Integration unterscheiden: die Gründerstimmung in den ersten Jahren der Montanunion, dann die kurze Krise nach dem Scheitern der Europäischen Verteidigungsgemeinschaft 1954, anschließend der Wiederaufschwung mit den Römischen Verträgen von 1957, danach die längere Krise des gescheiterten Beitritts Großbritanniens und der französischen Politik des «leeren Stuhls» während der 1960er-Jahre und schließlich der neue Aufschwung der Haager und Pariser Gipfel von 1969 und 1972.

Die frühen 1950er-Jahre waren eine erste Phase der fieberhaften Planung und Realisierung von europäischen Projekten. Der Europarat verabschiedete 1950 die Europäische Konvention der Menschenrechte, und die Montanunion wurde 1952 gegründet. Darüber hinaus entstanden Projekte zur militärischen und politischen Integration Europas. Im Kontext der Verschärfung des Kalten Krieges während des Koreakriegs seit 1950 und der Initiative der USA zum Aufbau einer westdeutschen Armee entstand der Plan zu einer Europäischen Verteidigungsgemeinschaft (EVG), einer europäischen Armee, in der deutsche Soldaten auf der unteren Ebene der Brigaden integriert und damit die Wiederentstehung einer eigenständigen deutschen Armee verhindert werden sollte – eine solche musste wenige Jahre nach dem Zweiten Weltkrieg für Frankreich und andere westeuropäische Länder als eine Bedrohung erscheinen.

In Verbindung damit wurde die Europäische Politische Gemeinschaft (EPG) geplant, die aus einem starken Zweikammerparlament, einer dem Parlament und einem Ministerrat verantwortliche Exekutive und einem Gerichtshof bestehen sollte. Beide Projekte scheiterten 1954 in der französischen Nationalversammlung am Widerstand von Gaullisten und Kommunisten. Damit war, wie sich herausstellen sollte, das Projekt einer *europäischen* militärischen Integration für die nächsten Jahrzehnte aufgegeben und das Projekt einer politischen Union auf die lange Bank geschoben. Die EVG und die EPG waren allerdings überall in Europa umstritten, nicht nur in Frankreich. Eine rein europäische Militärintegration ohne Einbindung der USA erschien als zu großes Sicherheitsrisiko. Für eine europäische politische Union mit den einhergehenden massiven Souveränitätsverzichten der Nationalstaaten war die Zeit ebenfalls noch nicht reif, insbesondere da Frankreich und Belgien noch zu sehr an ihre Kolonien gebunden waren.

Die anschließende Krise der europäischen Integration dauerte nicht sehr lange. Noch im Jahr des Scheiterns der EVG wurde der Beitritt der Bundesrepublik zur NATO beschlossen und 1955 vollzogen. Ebenfalls schon 1955 bereitete die Außenministerkonferenz der sechs Mitgliedsstaaten der Montanunion im sizilianischen Messina einen neuen Vertrag zur Schaffung einer Europäischen Wirtschaftsgemeinschaft für alle Industriezweige und nicht nur wie bisher für Kohle und Stahl vor. Auf der Grundlage des Berichts des belgischen Außenministers Paul Henri Spaak wurden 1957 die Verträge von Rom unterzeichnet und die Europäische Wirtschaftsgemeinschaft (EWG) gegründet.

Der EWG-Vertrag sah vor, einen gemeinsamen europäischen Markt der sechs Mitgliedsstaaten mit vier Grundfreiheiten der freien Mobilität von Waren, Kapital, Erwerbstätigen und Dienstleistungen in mehreren Etappen aufzubauen. Das Entscheidungszentrum dieser Wirtschaftsgemeinschaft war der Ministerrat, in dem die sechs Mitgliedsstaaten mit jeweils einem Regierungsmitglied vertreten waren und der anfangs mit Einstimmigkeit und später mit Mehrheit entscheiden sollte. Die Exekutive der EWG, die Europäische Kommission, besaß vor allem ein Initiativrecht, das sie intensiv nutzen sollte. Die Abgeordneten des vergleichsweise schwachen Parlaments wurden von den nationalen Parlamenten ernannt, vorläufig nicht direkt gewählt. Der bereits bestehende Europäische Gerichtshof in Luxemburg erhielt in der EWG mehr Kompetenzen als in der Montanunion. Neben der EWG wurde durch die Römischen Verträge auch die damals ambitionierte Euratom, der Zusammenschluss der Atomwirtschaften der sechs Mitgliedsländer, gegründet. Erst 1965 sollten allerdings Montanunion, EWG und Euratom zu den Europäischen Gemeinschaften zusammengeschlossen werden.

Für die schnelle Überwindung der Krise von 1954 gab es mehrere Gründe: die großen wirtschaftlichen Handlungsspielräume der beteiligten Regierungen durch die wirtschaftliche Prosperität; die wachsende Bedeutung Europas für Frankreich nach der Niederlage der französischen Truppen in Indochina in der Schlacht von Dien Bien Phu 1954 und der Suezkrise von 1956 sowie für die Niederlande nach der Unabhängigkeit Indonesiens 1949; die Verhärtungen des Kalten Krieges durch die blutige Niederschlagung des Ungarnaufstands 1956; die militärische Einbindung der Bundesrepublik in die NATO und damit die Befriedigung der französischen Sicherheitsbedürfnisse und auch die Beiträge von Politikerpersönlichkeiten, wie das Verhandlungsgeschick des belgischen Außenministers Spaak, das entschiedene Eintreten des westdeutschen Kanzlers Konrad Adenauer für die Westintegration der Bundesrepublik und im Hintergrund die Vermittlungsarbeit Jean Monnets.

Diesem Aufbruch folgte eine lange Periode der Stagnation während der 1960er-Jahre. Die vier ökonomischen Grundfreiheiten des EWG-Vertrags wurden zunächst nur für Waren durchgesetzt, dagegen nur begrenzt für Dienstleistungen, Erwerbstätige und Investitionskapital. Das soziale Europa, ein Element der Römischen Verträge, wurde nicht realisiert. Zwar wurde der europäische Agrarmarkt rasch aufgebaut, aber mit der Folge riesiger Subventionen, überhöhter Lebensmittelpreise für die europäischen Verbraucher und enormer Lager von Milch, Butter und Zucker als Folge der Preis- und Absatzgarantien für die Landwirte.

Zur damaligen Stagnation der europäischen Integration gehörte auch das Scheitern des Plans Fouchet von 1962, der eine enge Kooperation der Regierungen der EWG-Mitgliedsstaaten nicht nur auf wirtschaftlichem, sondern auch auf politischem, kulturellem und militärischem Gebiet vorsah. Das Aufnahmegesuch Großbritanniens in die EWG wurde 1963 und dann erneut 1967 vom französischen Präsidenten de Gaulle auf Pressekonferenzen abgelehnt und damit die Norderweiterung der EWG für fast ein Jahrzehnt gestoppt. Der Aufbau einer gemeinsamen europäischen Atomindustrie im Rahmen des 1957 zusammen mit dem EWG-Vertrag abgeschlossenen Euratom-Vertrags scheiterte an den nationalen Sonderinteressen und am Aufstieg eines neuen, billigeren Energieträgers, des Erdöls. Der spektakuläre Höhepunkt dieser Stagnationszeit, die Krise des «leeren Stuhls» 1965/66, der demonstrative Rückzug Frankreichs unter de Gaulle aus dem Ministerrat im Konflikt um den Übergang zu Mehrheitsentscheidungen im Rat, endete mit der faktisch überwiegenden Beibehaltung von einstimmigen Entscheidungen im Luxemburger Kompromiss von 1966.

Darauf folgte mit dem Gipfel der sechs Mitgliedsstaaten in Den Haag 1969 ein erneuter Aufschwung der europäischen Integration, der sich auf dem Pariser Gipfel der neun Mitgliedsstaaten 1972 – der sechs Gründungsmitglieder und von Großbritannien, Dänemark sowie Irland, deren Beitritt zur EG erst 1973 wirksam wurde, die aber an dem Gipfel bereits teilnahmen – fortsetzte. Drei Ziele wurden auf diesen Gipfeln unter französisch-deutscher Führung und nach einer Verständigung zwischen dem neuen französischen Präsidenten Georges Pompidou und dem britischen Premier Heath festgeschrieben. Diese weitsichtigen Ziele wurden die Perspektive der europäischen Integration für die kommenden Jahrzehnte.

Das erste Ziel war die geographische Erweiterung der Europäischen Gemeinschaft in den Norden des Kontinents, die Aufnahme Großbritanniens, Irlands und der skandinavischen Länder, die damals einzig mögliche Erweiterung um demokratische Staaten. Verhandlungen mit den Beitrittskandidaten begannen bereits 1970. Schon 1972 wurden die Beitrittsverträge mit Großbritannien, Irland und Dänemark nach zustimmenden irischen und dänischen Volksabstimmungen unterzeichnet. Nur die Norweger entschieden sich in einer Volksabstimmung gegen die Mitgliedschaft. Insgesamt wurde das Ziel der Norderweiterung der EWG erstaunlich rasch erreicht.

Das zweite Ziel war eine enge politische Zusammenarbeit in der Form einer politischen Union. Dafür wurde der politische Direktor des belgischen Außenministeriums, Etienne Davignon, mit einem Bericht beauftragt, den er bereits 1970 vorlegte. Dieser enthielt allerdings nur sehr vorsichtige Vorschläge zur Intensivierung der wechselseitigen Konsultationen. Weder Mehrheitsentscheidungen bei den Treffen der Staats- und Regierungschefs noch eine Ausweitung der Kompetenzen der Europäischen Gemeinschaft noch eine Stärkung des Europäischen Parlaments waren vorgesehen. Auf der Linie des Davignon-Berichts wurden lediglich regelmäßige Konsultationen der Außenminister in der Form der Europäischen Politischen Zusammenarbeit (EPZ) vereinbart.

Schließlich war das dritte Ziel die Einführung einer europäischen Wirtschafts- und Währungsunion. Der ambitionierte Werner-Plan von 1970, den der luxemburgische Premierminister Pierre Werner im Auftrag der Europäischen Gemeinschaft vorlegte, sah die stufenweise Einführung einer europäischen Wirtschafts- und Währungsunion, die Annäherung der Währungsparitäten der Mitgliedsländer, eine europäische Zentralbank und eine gemeinsame europäische Wirtschaftspolitik innerhalb von zehn Jahren vor. Dieser Plan wurde 1971 von der Europäischen Gemeinschaft angenommen. Allerdings machten die Währungsturbulenzen der frühen 1970er-Jahre, die unkontrollierbaren Schwankungen der Währungsparitäten und der Ausstieg der amerikanischen Regierung unter Präsident Richard Nixon aus dem System der festen Wechselkurse von Bretton Woods, diesen Plan rasch zunichte. Auch der bescheidenere Versuch, mit der europäischen «Währungsschlange» 1972 eine regionale Zone der Währungsstabilität in Europa zu schaffen, scheiterte an der Spekulation gegen das britische Pfund.

Warum dieser neue Aufschwung des europäischen Integrationsprozesses am Ende der Prosperitätszeit? Er hatte viel mit den Persönlichkeiten an der Spitze der Regierungen zu tun, mit dem Rücktritt de Gaulles als französischer Präsident und seinem pragmatischeren Nachfolger Pompidou, mit dem britischen Premier Heath, der Europa zugewandter war als seine konservativen und sozialistischen Vorgänger oder Nachfolger, und dem neu gewählten westdeutschen Bundeskanzler Willy Brandt, der stärker auf Europa baute als seine Amtsvorgänger Ludwig Erhard und Kurt Georg Kiesinger.

Zudem machte die wirtschaftliche Schwächung der USA durch den Vietnamkrieg den Europäern deutlich, dass die internationale Stellung der europäischen Wirtschaft sehr stark von gemeinsamen eigenen Entscheidungen abhing. Darüber hinaus gab es nationale Gründe für mehr europäische Integration und eine Erweiterung der EWG: Die deutsche Ostpolitik wurde im Westen nur akzeptiert, solange die Bundesrepublik unzweideutig fest im Westen und in Westeuropa verankert war. Die Macht des britischen Empire war durch die weitere Entkolonialisierung in Afrika und Südostasien während der 1960er-Jahre weitgehend zurückgegangen. Daher wurde die europäische Option auch für Großbritannien immer wichtiger. Für die französische Regierung erschien ein EG-Mitglied Großbritannien durchaus als ein vielversprechender Bündnispartner bei der Abwehr supranationaler europäischer Projekte.

Die Prosperitätsepoche brachte insgesamt für die Europäer die Erfahrung eines ungewöhnlich raschen Wandels. Alles veränderte sich in diesem Vierteljahrhundert: die Landwirtschaft und die Industrie, die Wirtschaftspolitik, der Konsum und der Lebensstandard, die Familie, die Arbeit, die Städte, die sozialen Ungleichheiten, die Migration, die Gewerkschaften, der Wohlfahrtsstaat und das Bildungssystem, die Jugendkultur und die Studenten, die Medien, die Kunst und die Intellektuellen, die Demokratie und das Niveau politischer Gewalttätigkeit sowie die Eliten und Parteien. Das in Wohlstand und sozialer Sicherheit lebende, verstädterte, im Westen demokratisierte und europäisierte und durch den Kalten Krieg geteilte Europa von 1970 unterschied sich grundlegend von dem verarmten, vom Krieg zerstörten, rein nationalstaatlich organisierten Europa mit wenig gefestigten Demokratien um 1950. Viele dieser neuen Tendenzen waren gemeinsame europäische Erfahrungen. Aber aufgrund des Kalten Krieges und der Teilung Europas wurden sie von den Europäern selten als Gemeinsamkeiten wahrgenommen. Diese sahen ihren Kontinent vor allem als einen vielfach geteilten an.

5. Europa mit vielen Gesichtern: Divergenzen im Kalten Krieg

Europa wies von den 1950er- bis zu den frühen 1970er-Jahren nicht nur gewichtige gemeinsame Entwicklungen auf, sondern war zugleich auch ein uneinheitlicher Kontinent mit vielen verschiedenen Gesichtern. Sieben Divergenzen waren besonders bedeutend: (1) die Kontraste zwischen den reichen industrialisierten und den ärmeren agrarischen Ländern; (2) die großen historischen Unterschiede zwischen den einzelnen europäischen Nationen; (3) der Gegensatz zwischen europäischen Kolonialreichen und Ländern ohne Kolonien, verändert durch die Dekolonisierung; (4) die neueren Unterschiede bei den wirtschaftlichen und moralischen Folgen des Zweiten Weltkriegs; (5) die neuen, besonders tiefen Gräben zwischen dem östlichen und dem westlichen Europa durch den Kalten Krieg; (6) der Gegensatz zwischen den Demokratien im nördlichen Teil und den Rechtsdiktaturen im Süden Westeuropas; (7) schließlich die Unterschiede in der europäischen Integration zwischen dem Europarat und der EWG, aber auch zwischen der EWG und der EFTA, der 1960 als Konkurrenz zur EWG unter der Führung Großbritanniens zusammen mit Finnland, Schweden, Norwegen, Österreich, der Schweiz und Portugal gegründeten Freihandelszone.

Divergenzen zwischen Peripherie und Zentrum

Der Gegensatz zwischen dem reichen industrialisierten Zentrum und der agrarischen ärmeren Peripherie verstärkte sich während der Prosperitätszeit anfänglich noch, weil während der 1950er-Jahre meist nur die schon industrialisierten Wirtschaften rasch wuchsen. Das Wirtschaftswachstum war freilich so außergewöhnlich, dass ab den 1960er-Jahren auch in den peripheren Ländern die wirtschaftliche Dynamik griff und sich die Unterschiede abzumildern begannen. Dafür sprachen viele Indikatoren: Der Anteil der Industriebeschäftigten an der Gesamtbeschäftigung näherte sich an. Während dieser in den Industrieländern nur noch langsam stieg oder sogar sank, nahm er zwischen 1950 und 1970 in den Ländern der Peripherie beeindruckend rasch zu, in Südeuropa von 27 auf 41% und im östlichen Europa von 31 auf 47%. Nur in wenigen Ländern wie in Portugal und Irland blieb die Zunahme des Anteils der Industriebeschäftigten unter 10% und diese Dynamik damit erheblich schwächer.

Ein weiteres Anzeichen für die neue Industriedynamik der einstigen Agrarländer war ihre Exportentwicklung: Das Volumen ihrer Ausfuhren begann am Ende der Sechziger- und in den frühen Siebzigerjahren weit rascher als im übrigen Westeuropa zu steigen, getragen auch von ihrer neuen Industrieproduktion. Auch die Städte wuchsen in den meisten Ländern des südlichen und östlichen Europa rascher als in den Industriestaaten – dadurch schwächten sich die Unterschiede in der Verstädterung ebenfalls ab. Schließlich setzte sich die Abwanderung in die alten Industrieländer nicht in gleichem Maße fort.

Auch beim Lebensstandard milderten sich die Unterschiede ab. Als Folge der neuen Industriedynamik an der europäischen Peripherie stiegen die realen Löhne in der Industrie spürbar an, zum Teil sogar rascher als in den alten Industrieländern. Dadurch weiteten sich die Einkommensunterschiede nicht mehr aus, begannen sich sogar teilweise abzumildern. In einer Reihe peripherer Länder näherten sich die Arbeitslosenraten den Industrieländern an. Auch die Bildungsunterschiede nahmen ab. Die hohen Analphabetenraten in den süd- und osteuropäischen Ländern gingen zurück, und die Studentenquoten begannen sich auch dort anzugleichen, wo sie 1950 noch deutlich unter dem europäischen Durchschnitt gelegen hatten, wie in Spanien oder Portugal. Zumindest im westlichen Europa schwächten sich die Unterschiede zwischen den reicheren und ärmeren Ländern bei den Sozialausgaben während der 1960er-Jahre gemessen am Sozialprodukt ebenfalls ab (für das östliche Europa fehlen einschlägige Informationen).

Auch der Konsum näherte sich an. Die enormen Unterschiede im Autobesitz, dem wichtigsten Konsumindikator der Zeit, gingen spürbar zurück. Im westlichen Europa holten gegenüber den um 1950 führenden Autoländern, Großbritannien und Frankreich, vor allem Italien und Finnland auf. Der Unterschied zu anderen Ländern der Peripherie, Spanien, Portugal und Griechenland, ging etwas zurück. Im östlichen Europa wurde das alte Industrieland Tschechoslowakei, das um 1950 dort noch das führende Land beim Autobesitz war, um 1970 von Polen und der DDR eingeholt. Ungarn und Jugoslawien holten auf, die UdSSR blieb allerdings weit abgeschlagen.

Schließlich stieg die erheblich niedrigere Lebenserwartung in den Ländern der Peripherie zwischen 1950 und 1970 etwas rascher an als in den alten Industrieländern. Damit milderten sich die Unterschiede auch in dieser zentralen Dimension des Lebensstandards etwas ab. Mehr als Anzeichen einer neuen Annäherung zwischen Peripherie- und Industrieländern waren all dies freilich meist nicht. Eine volle Angleichung der wirtschaftlichen und gesellschaftlichen Verhältnisse wurde erst später beziehungsweise bis heute nicht erreicht.

Die Vielfalt der nationalen Entwicklungen

Die Unterschiede der nationalen Entwicklungswege haben besonders viel zu den inneren Kontrasten des damaligen Europa beigetragen. Sie wurden von den Zeitgenossen stark wahrgenommen und sind auch für die meisten Historiker und Sozialwissenschaftler bis heute der Kern der historischen inneren Vielfalt des Kontinents.

Nach dem Umbruch des Zweiten Weltkriegs versuchten die meisten europäischen Länder, ihre besonderen nationalen Profile, so gut es ging, weiterzuentwickeln. Nicht nur die kriegsverschonten, sondern auch die kriegsbetroffenen Länder des westlichen Europa stellten sich politisch und kulturell in die eigene nationale Tradition. Daher blieben die innereuropäischen Kontraste erhalten. Sie wurden nicht automatisch dadurch abgeschwächt, dass bei den Weltkriegsverlierern, in Italien, der Bundesrepublik und Österreich, einige nationale Kontinuitäten abgebrochen wurden.

Dafür sei nur ein Beispiel genannt: Westdeutschland wurde eine parlamentarische Demokratie und glich sich damit in einer fundamentalen Frage an die anderen westeuropäischen Länder an. Aber gleichzeitig entwickelte die Bundesrepublik eigene Besonderheiten: den Föderalismus, das große Gewicht des Verfassungsgerichts, die Unabhängigkeit der Zentralbank, die Autonomie der Tarifpartner und die Verrechtlichung des Sozialstaats. Damit unterschied sie sich nicht nur teilweise erheblich von der Weimarer Republik, sondern auch von den anderen westeuropäischen Ländern. Die Rückkehr Westdeutschlands in den Westen bedeutete daher nicht die völlige Angleichung an eine (vermeintliche) Norm, sondern die Entwicklung eines eigenen nationalen Profils im Westen.

Im östlichen Europa dagegen bestanden nach dem Bruch der kommunistischen Machtübernahme lediglich geringe Variationen in der Art der Einparteienherrschaft und der von oben kontrollierten politischen Organisationen. Allerdings blieben nicht nur bei den familiären Werten, bei der Einstellung zur Religion und im politischen Widerstand, sondern auch in der Rolle der Intellektuellen und Wissenschaftler nationale Besonderheiten erhalten, die eine wichtige Rolle in der Auseinandersetzung mit der Vorherrschaft der UdSSR spielten.

Das Gewicht der nationalen Unterschiede wurde in Ost und West noch verstärkt durch die Diskussion über Gesellschaftsmodelle, an denen sich die nationalen Politiken und Gesellschaften in Europa orientierten. Zwar kamen nach dem Zweiten Weltkrieg neue Modelle auf, aber es handelte sich doch weiterhin fast ausschließlich um nationalstaatliche Modelle. Großbritannien galt als ein spezifisches Modell für Demokratie und Wohlfahrtsstaat, Schweden als ein davon abweichendes Modell des Wohlfahrtsstaats. Frankreich dagegen lieferte das wichtigste kulturelle Modell, des Intellektuellen ebenso wie der Mode und des guten Lebens. Die USA wiederum waren ein Vorbild für stabile Demokratie, wirtschaftliche Dynamik, hohen Lebensstandard, wissenschaftliche Leistungskraft, aber auch für soziale Chancengleichheit. Schließlich lieferte die Sowjetunion – nicht nur im östlichen Europa, sondern auch in linken westeuropäischen Milieus – ein Modell für soziale Gleichheit, aber auch für industrielle und gesellschaftliche Modernisierung mit starker

Hand. Diese Debatte über fünf ganz unterschiedliche, teils europäische, teils außereuropäische, aber fast immer nationalstaatliche Modelle (mit Ausnahme der UdSSR) hat die europäische Wahrnehmung der nationalen Unterschiede noch verfestigt.

Die gemeinsame Zugehörigkeit zu den neuen internationalen Organisationen, vor allem der UNO mit ihren Unterorganisationen, dem Internationalen Währungsfonds und der Weltbank, der NATO beziehungsweise dem Warschauer Pakt, der Europäischen Wirtschaftsgemeinschaft beziehungsweise der EFTA oder dem Comecon und dem Europarat schwächte die nationalen Unterschiede ebenfalls nicht ab. Einige dieser Organisationen wie die Europäische Wirtschaftsgemeinschaft und die Militärbündnisse, die NATO und der Warschauer Pakt, schränkten zwar die Handlungsspielräume der nationalen Regierungen ein, verschärften aber gleichzeitig die Unterschiede zwischen europäischen Ländern, weil ihnen jeweils nur ein Teil Europas angehörte. Die internationalen Organisationen wie die UNO und ihre Unterorganisationen, denen – abgesehen vom Währungsfonds und der Weltbank – fast alle europäischen Länder in gleicher Weise angehörten, verschafften dagegen in erster Linie den einzelnen europäischen Ländern ein größeres globales Spielfeld und boten den nationalen Politikern eine internationale, aber eben keine europäische Bühne.

Eine wichtige Weichenstellung zur Angleichung der Lebensräume in Europa wurde allerdings ebenfalls in den 1950er- und 1960er-Jahren im westlichen und unabhängig davon im östlichen Europa vorgenommen: der Aufbau des modernen nationalen Wohlfahrtsstaats. Zwar blieben dessen Institutionen national oft sehr verschieden, aber die Leistungen der Gesellschaftsreformen ähnelten sich zunehmend. Die öffentlichen sozialen Sicherungen, der Städtebau und die Wohnungsqualität, die Bildungsqualifikationen, die Lebenserwartungen und auch die Erwerbsstrukturen wurden ähnlicher als in der Zwischenkriegszeit, da der Austausch zwischen den nationalen Regierungen und Experten bei den Entscheidungen über den Wohlfahrtsstaat erheblich dichter geworden war. Als Identifikationsobjekt blieb der Wohlfahrtsstaat allerdings national.

Der Gegensatz zwischen Kolonialreichen und Ländern ohne Kolonien

Die Entkolonialisierungswelle der unmittelbaren Nachkriegszeit führte dazu, dass in den 1950er- und 1960er-Jahren nicht mehr so sehr der Kolonialbesitz als solcher Unterschiede innerhalb Europas bewirkte als vielmehr die Frage, ob ein Land in Kolonialkonflikte verstrickt war. Diese endeten allerdings für die meisten europäischen Kolonialreiche in den frühen 1960er-Jahren mit der Unabhängigkeit fast aller Kolonien, für das portugiesische Kolonialreich erst in den frühen 1970er-Jahren (vgl. Kap. 3 und 6). Nur noch ein Nachhall der einstigen Kluft zwischen Kolonialreichen und Ländern ohne Kolonien war nun geblieben, etwa in der Herkunft vieler Immigranten aus den ehemaligen Kolonien, in der größeren Aufmerksamkeit der politischen Öffentlichkeit für Afrika und Asien, in der größeren internationalen Bedeutung der eigenen Sprache, vor allem des Englischen und Französischen, in den besonderen kulturellen und politischen Beziehungen zu und Spannungen mit den ehemaligen Kolonien. In seinem Kern verschwand dieser alte innereuropäische Gegensatz jedoch durch die Dekolonialisierung.

Die gegensätzlichen Folgen des Zweiten Weltkriegs

Durch den Zweiten Weltkrieg waren materielle und moralische innereuropäische Gegensätze entstanden, die nach dem Kriegsende nicht sofort wieder verschwanden, sondern Europa weiter prägten (vgl. Kap. 2). Der materielle Gegensatz zwischen vom Krieg betroffenen und von seinen Zerstörungen verschonten Ländern verblasste allerdings im Verlauf der 1950er- und 1960er-Jahre weitgehend. Um 1970 lebte es sich in den wohlhabenden kriegsbetroffenen Ländern nicht mehr erheblich schlechter als in Schweden und der Schweiz. Größtenteils waren die zerstörten Innenstädte wieder aufgebaut. Die international bekannten Symbole des europäischen Wiederaufbaus in den besonders schwer zerstörten Städten, die Londoner City, die neu geplanten und gebauten Innenstädte von Rotterdam und Caen, das wiederaufgebaute Schloss von Warschau, die wiedererrichtete Fischerbastei in Budapest, das Hansaviertel im Westteil Berlins und die Stalinallee im Ostteil der Stadt waren Touristenattraktionen geworden.

Dauerhafter erhalten blieb dagegen der *moralische* Gegensatz. Auf der einen Seite stand das schwer belastete Deutschland, das den Zweiten Weltkrieg in Europa vom Zaun gebrochen und mit einem bisher ungekannten Ausmaß von Kriegsverbrechen und Genoziden bis zur völligen Niederlage geführt hatte. In weit minderem Maße belastet waren auch die mit Deutschland verbündeten oder im Weltkrieg zu ihm gehörenden Länder Österreich, Italien, Ungarn, Slowakei, Kroatien und Rumänien. Auf der anderen Seite befanden sich die vom nationalsozialistischen Deutschland angegriffenen und meist auch besetzten Länder Europas, zu denen am Ende des Krieges auch Italien gehörte. Dieser moralische Gegensatz verschob sich etwas zwischen den 1950er- und 1970er-Jahren, veränderte sich aber nicht grundlegend.

In der Zeit von den späten 1940er-Jahren bis zum Ende der 1950er-Jahre herrschte in Deutschland und auch in den mit dem NS-Regime ehemals verbundenen Ländern weitgehend öffentliches Schweigen über die Kriegsverbrechen und den Holocaust. Nur vereinzelt thematisierten Bücher, Gedenkstätten und Filme diese Themen. Auch über die zahlreichen personellen Kontinuitäten mit dem NS-Regime unter Spitzenbeamten, Generälen, Politikern, Professoren, Richtern, Journalisten und Unternehmern gab es öffentlich kaum Diskussionen.

In scharfem Kontrast dazu wurde in den ehemals vom nationalsozialistischen Deutschland besetzten Ländern und bei seinen ehemaligen Kriegsgegnern im westlichen wie im östlichen Europa die Erinnerung an den Widerstand gegen die NS-Besatzung beziehungsweise an den Krieg gegen das «Dritte Reich» nicht nur sehr wach gehalten, sondern sie spielte auch eine große Rolle bei der Legitimation von Politikern und politischen Parteien. Sie war daher ein Hauptthema von politischen Gedenkveranstaltungen und Gedenkstätten. Schweigen im einen Teil Europas stand der Politisierung der Erinnerung im anderen Teil gegenüber.

Seit den späten 1950er- und frühen 1960er-Jahren veränderte sich dieser innereuropäische Kontrast. In der Bundesrepublik begann gegen große Widerstände die Aufarbeitung des NS-Regimes. Der Ulmer Einsatzgruppen-Prozess von 1958 und der Auschwitz-Prozess (1963–1965) gegen ehemalige KZ-Aufseher, aber auch das Echo auf den Eichmann-Prozess in Jerusalem 1961, die Gründung der Ludwigsburger Zentralstelle für die Verfolgung von NS-Verbrechen 1958, die Tätigkeit des schon 1949 gegründeten Instituts für Zeitgeschichte in München und vor allem auch die öffentliche Debatte über die Mittäterschaft von prominenten Politikern, etwa über den Staatssekretär im Bundeskanzleramt Hans Globke (1953–1963), den 1960 wegen der Vorwürfe über seine NS-Aktivitäten zurückgetretenen Vertriebenenminister Theodor Oberländer (1953–1960) oder Bundeskanzler Kurt Georg Kiesinger (1966–1969) und seine Tätigkeit im nationalsozialistischen Auswärtigen Amt, waren Teil dieser Aufarbeitung. Zudem wurde die Erinnerung an den Widerstand gegen das NS-Regime in der Bundesrepublik politisch aufgewertet.

Trotzdem blieben harte Kontraste auch unter den inzwischen engen Verbündeten Frankreich und Bundesrepublik erhalten, in denen sich beispielsweise der französische Staatspräsident Charles de Gaulle, ein Symbol des französischen Widerstands, und der Bundeskanzler Kiesinger, ein ehemaliges Mitglied der NSDAP, gegenüberstanden.

Kalter Krieg

Der Kalte Krieg spaltete Europa in dieser Epoche am tiefsten. Er brachte nicht nur eine Konfrontation in den internationalen Beziehungen und in der atomaren wie konventionellen Rüstung zwischen dem von der UdSSR beherrschten Block im östlichen und dem von den USA angeführten Block im westlichen Europa. Er teilte auch die europäische Wirtschaft und mobilisierte die europäischen Staaten, Gesellschaften und Kulturen gegeneinander. Die Konfrontation war nicht nur international. Eine Reihe von westeuropäischen Nationen, allen voran Frankreich und Italien, war auch im Innern tief gespalten in ein Lager der Kommunisten und ihrer

Sympathisanten auf der einen und ein Lager der Konservativen, Liberalen und Sozialdemokraten auf der anderen Seite.

Die geographische Teilung Europas in Ost und West hatte sich schon in der unmittelbaren Nachkriegszeit abgezeichnet (vgl. Kap. 1 und 2). Sie verfestigte sich in den 1950er- und 1960er-Jahren immer mehr. Mit der Gründung des Militärbündnisses der NATO 1949, dem NATO-Beitritt der Bundesrepublik 1955 und der Gründung des Warschauer Paktes im gleichen Jahr waren die Paktfronten klar gezogen. Zwar reduzierte sich die Länge der Grenzen, an denen sich Staaten des Ostblocks und des Westens direkt gegenüberstanden, mit der Absicherung der Neutralität Finnlands seit 1948, mit der Neutralität Österreichs 1955 und mit der Distanzierung Jugoslawiens vom Herrschaftsbereich der UdSSR seit 1948 etwas. Mit dem Bau der Berliner Mauer 1961 schloss sich der östliche Teil Europas jedoch unübersehbar vom westlichen Teil ab, auch in der davor noch offenen Stadt Berlin. Die innergesellschaftlichen Lagergrenzen vor allem in Frankreich und Italien verhärteten sich zudem weiter. In Frankreich wurden die Kommunisten nicht mehr wie noch in der Nachkriegszeit in Regierungskoalitionen aufgenommen, und in Italien gab es seit den 1950er-Jahren keinerlei Chance mehr auf eine Koalition unter Beteiligung der Kommunisten.

Der Kalte Krieg erzeugte tiefe *politische* Gegensätze zwischen den beiden Blöcken. Zwar besaßen im östlichen wie im westlichen Europa alle Länder in ähnlicher Weise Verfassungen, Parteien, gesellschaftliche Organisationen, ausgebaute Medienöffentlichkeiten und öffentliche Demonstrationskulturen. In allen Ländern wurden in ähnlicher Weise regelmäßige Wahlen zu Parlamenten abgehalten. Beide Blöcke beriefen sich auf die Demokratie und standen miteinander in antagonistischer Konkurrenz um die Deutung der Demokratie. Ihr Demokratieverständnis war grundsätzlich verschieden.

Im östlichen Europa bedeutete Demokratie die unanfechtbare Vorherrschaft der Kommunistischen Partei, manchmal in einem Einparteien-, manchmal in einem festgezurrten Mehrparteiensystem, gleichgeschaltete und kontrollierte Medien, bloß akklamierende Parlamente und Scheinwahlen, von der herrschenden Partei abhängige Gerichte und Verletzungen der Menschenrechte bei der Verfolgung der politischen Opposition, darunter Gefängnisstrafen und Lagerhaft für politische Gegner, anfangs auch politische Morde, und Todesstreifen an der Grenze, um die Abstimmung mit den Füßen durch die Bevölkerung zu verhindern.

Im westlichen Europa dagegen gehörten zur Demokratie Regierungswechsel zwischen den Parteien und Parteienkoalitionen, konkurrierende politische Richtungen in den Medien und bei den Wahlen, kontroverse Parlamentsdebatten, Respektierung der Bürger- und Menschenrechte und Klagemöglichkeit vor den Gerichten gegen deren Verletzungen, Zulassung der Kommunistischen Partei in den meisten Ländern mit der Ausnahme der Bundesrepublik, allerdings unter ihrer Ausgrenzung aus den zentralen staatlichen Machtpositionen, wenn auch nicht aus der Leitung von Kommunen. Beide Blöcke bestanden nicht einfach nebeneinanderher, sondern bekämpften den jeweils anderen Block mit massiver politischer Propaganda in den Medien, Schulen und Universitäten, in den internationalen Organisationen und auf internationalen Kongressen mit allen Mitteln diesseits der Schwelle zum militärischen Konflikt, nur von kurzen und folgenlosen Entspannungsphasen während der Genfer Konferenz von 1955 und nach der Kubakrise 1962 unterbrochen.

Auch in der *Wirtschaft* zog der Kalte Krieg tiefe Gräben. Zwar folgten beide Blöcke damals einem ähnlichen Modell der Industriewirtschaft mit Leitsektoren in der Schwerindustrie und im Maschinenbau, strebten eine Industrialisierung auch der europäischen Peripherie, ein hohes Wirtschaftswachstum, einen hohen Lebensstandard und zur Erreichung dieser Ziele eine hohe Produktivität in der Industrie und in der Landwirtschaft an. Die Wirtschaft beider Blöcke wuchs in einem ähnlichen Tempo. Aber die Wirtschaftsweisen, mit denen diese Ziele erreicht werden sollten, sahen grundlegend verschieden aus.

Im östlichen Europa wurde die Wirtschaft in jedem Land zentral geplant, nicht nur die Investitionen, sondern auch die Produktion, der Vertrieb der Waren und die Einteilung der Arbeitskräfte. Daher

Kalter Krieg 1946–1989

INDIEN Kooperationsabkommen mit der Sowjetunion
SOWJETUNION
Moskau
Kiew
Baikonur
Istanbul
TÜRKEI
SYRIEN
14
15
Kairo
Teheran
Bagdad
AFGHANISTAN
IRAK
IRAN
KUWAIT
KATAR
SAUDI-ARABIEN
V.A.E.
OMAN
PAKISTAN
Delhi
NEPAL
INDIEN
Bombay
BANGLA-DESCH
MYANMAR (bis 1989 Birma)
MONGOLISCHE VR
VR CHINA
Tibet
Peking
NORD-KOREA
Pjöngjang
Seoul
SÜD-KOREA
JAPAN
Tokio
Kurilen
Aleuten
Pazifischer Ozean
TAIWAN (bis 1979 Vertrag mit den USA)
Hongkong
Hanoi
LAOS
THAI-LAND
NORD-VIETNAM
SÜD-VIETNAM
Saigon
KAM-BODSCHA
Manila
PHILIPPINEN
BRUNEI
MALAYSIA
SINGAPUR
INDONESIEN
Jakarta
TIMOR
PAPUA-NEU-GUINEA
SRI LANKA
Colombo
JEMEN
DEM. VR. JEMEN
Addis Abeba
DSCHIBUTI
ÄTHIOPIEN
SOMALIA
SUDAN
UGANDA
KENIA
Nairobi
17
18
TANSANIA
19
20
MOSAMBIK
MADAGASKAR
SWASILAND
LESOTHO
Indischer Ozean
AUSTRALIEN
Canberra
NEUSEELAND
◆ Beistandsabkommen mit der Sowjetunion
Volksrepubliken (VR), kommunistisch regierte Staaten außerhalb des Warschauer Pakts (teils der Sowjetunion, teils China verbunden)
Arabische Liga

war die Autonomie der Unternehmen ausgesprochen gering. Die bisherige Wirtschaftselite wurde enteignet, vertrieben oder sogar liquidiert, wenn sie sich nicht in das neue System einpasste. Die angestrebten Produktionssteigerungen wurden nicht nur durch Disziplin am Arbeitsplatz, sondern auch durch öffentliche Kampagnen, Wettbewerbe um Planziffern und Prämien zu erreichen versucht. Das osteuropäische Sozialsystem war betriebszentriert. Viele Sozial- und kulturelle Leistungen waren an die Betriebszugehörigkeit gebunden. Allerdings waren die Erfolge der Kampagnen für die Produktivitätssteigerungen begrenzt. Die Arbeit blieb extensiv.

Der starke Bedarf an Arbeitskräften in dieser extensiven Wirtschaft wurde vor allem durch weibliche Arbeitskräfte, selten durch Immigranten befriedigt. Deshalb war die Frauenerwerbstätigkeit hoch. Zwar wurde in dieser Wirtschaft für den Konsumenten die Deckung der Grundbedürfnisse, also Grundnahrungsmittel, das Wohnen und der Transport, hoch subventioniert, aber die Konsumenten waren in dieser zentral geplanten Wirtschaft trotzdem in einer schwachen Position, auch wenn sie oft über erhebliche Geldmittel verfügten. Sie versuchten daher die Mängel der Planwirtschaft durch Schwarzmärkte und Datschenwirtschaft mit eigener kleiner Produktion von Nahrungsmitteln auszugleichen.

Die nationalen Wirtschaften blieben relativ stark voneinander abgeschottet. Internationale Migration, Konvertibilität der Währungen oder die Einrichtung internationaler Warenmärkte standen nicht auf der Agenda. In den 1950er- und 1960er-Jahren hatte dieses Wirtschaftsmodell im östlichen Europa durchaus Erfolge aufzuweisen. Viele Schäden des Zweiten Weltkriegs wurden beseitigt, die osteuropäische Peripherie wurde industrialisiert, und das Wirtschaftswachstum lag nur wenig hinter dem Wachstum in Westeuropa zurück.

Im westlichen Europa dagegen blieb die staatliche Wirtschaftsplanung weit schwächer. Selbst in Frankreich, dem Land der «planification», beschränkte sie sich auf Investitionsvorgaben und überließ im Übrigen die Wirtschaft dem Marktgeschehen. Das keynesianische Konzept der «Globalsteuerung», das in den anderen westeuropäischen Ländern vor allem in den 1960er-Jahren auf ein starkes Echo stieß und mit antizyklischen Staatsausgaben und mit Sozial- und Bildungsreformen ein hohes Wachstum zu erreichen versuchte, zielte auf ein hohes Maß an Staatsintervention, aber nicht auf staatliche Planung der Wirtschaft. Überall blieb die Autonomie der Unternehmen weitgehend gesichert, mit Ausnahme der in der unmittelbaren Nachkriegszeit vor allem in Großbritannien und Frankreich verstaatlichten Unternehmen. Einen Bruch in der Kontinuität der Wirtschaftseliten gab es nur selten.

Die hohen Produktivitätssteigerungen in der Landwirtschaft und in der Industrie wurden durch neue Technologien, bessere Ausbildung und steigende Arbeitsintensität erreicht, die wegen rasch steigender Reallöhne für die Arbeitnehmer akzeptabel war. Auch im westlichen Europa wurde die Arbeit als Lebensmittelpunkt angesehen, aber die Gesellschaft war nicht so betriebszentriert wie im Osten des Kontinents. In dieser intensiven westeuropäischen Wirtschaft blieb die Frauenerwerbsarbeit im Durchschnitt niedriger als im Osten, allerdings mit Ausnahme des Nordens. Anders auch als im östlichen Europa besaßen die Konsumenten eine große Auswahl an Waren und Dienstleistungen: Begrenzt wurde ihr Konsum nicht durch absoluten Warenmangel, sondern durch ihr Einkommen. Gleichzeitig wurden die Konsumenten stark durch Werbung, Marketing, Meinungsumfragen und Moden beeinflusst.

Die westeuropäische Wirtschaft war stärker internationalisiert als die Wirtschaft im östlichen Europa, teils durch die multinationalen Unternehmen, teils durch die freie Konvertibilität der Währungen im System von Bretton Woods, teils durch die Anwerbung von Arbeitskräften aus der europäischen Peripherie, teils durch die größere, wenn auch noch begrenzte Liberalisierung der Kapitalmärkte und teils durch die Einrichtung von liberalisierten regionalen Warenmärkten in der EWG und der EFTA.

Auch die *gesellschaftlichen* Unterschiede zwischen dem östlichen und westlichen Europa wurden durch den Kalten Krieg immer mehr verschärft. Zwar waren die 1950er- und 1960er-Jahre im östlichen wie im westlichen Europa die Glanzzeit der öffentlichen sozialen Sicherung und Stadtplanung, der Bildungsexpansion und der Ausweitung der Gesundheitssysteme. Aber die Unterschiede gingen gleichzeitig tief. Diese Gesellschaftspolitik war ein umkämpftes Feld scharfer Konkurrenz zwischen Ost und West.

Die Familien sahen unterschiedlich aus. Das Heiratsalter war im östlichen Europa im Durchschnitt niedriger, da man nur als Ehepaar, kaum als Alleinstehender eine Wohnung zugeteilt bekam. Die Geburtenraten waren im Durchschnitt höher, die Generationsabstände kürzer als im westlichen Europa, wo man zwar häufig, aber doch später heiratete und die Geburtenraten fielen. Auch die Scheidungsraten waren im östlichen Europa höher, wegen des niedrigeren Heiratsalters, teils auch wegen der höheren Frauenerwerbstätigkeit und ihrer besseren Absicherung durch den Sozialstaat.

Die Massenkonsumgesellschaft stand im östlichen Europa noch bevor. Im westlichen Europa dagegen waren die Sechzigerjahre die Zeit ihrer Durchsetzung mit standardisierten Massenprodukten, Supermärkten und Warenhäusern, mit der Durchsetzung des Autos, der Waschmaschine, des Kühlschranks, des Fernsehapparats, des Telefons, des Wohnzimmers und des Kinderzimmers als Normalausstattung der Haushalte und mit ihren tief greifenden Folgen für die Familie, für die Beziehungen zwischen den Generationen, für die sozialen Kontakte und Hierarchien und für die politische Öffentlichkeit.

Der Wohlfahrtsstaat sah im östlichen ebenfalls anders aus als im westlichen Europa. Einheitliche staatliche Sozialversicherungen wurden durchgesetzt. Nur Selbstständige und die Intelligenz erhielten oft eigene Versicherungsorganisationen. Im westlichen Europa dagegen bestand häufig eine Vielzahl von öffentlichen Versicherungen. Im Osten wurden nur Alter, Invalidität und Gesundheit öffentlich abgesichert, im Westen dagegen auch die Arbeitslosigkeit. Die soziale Sicherung war im östlichen Europa rein staatlich, besaß dagegen im westlichen Europa starke private Elemente. Sie war im europäischen Osten betriebszentrierter als im Westen und zog andere soziale Trennlinien. Der Wohlfahrtsstaat wurde im Osten der Wirtschaftspolitik untergeordnet, sodass für die Wirtschaft nicht wichtige Gruppen wie Rentner, Behinderte oder Hausfrauen schlecht abgesichert waren. Im Westen dagegen war der Wohlfahrtsstaat als Kompensation für die Mängel der kapitalistischen Wirtschaft konzipiert. Rentner und Behinderte, in manchen Ländern auch Hausfrauen standen sich besser. Die direkten Subventionen von Grundbedürfnissen der Ernährung, des Wohnens und des Transports waren im östlichen Europa Teil des Wohlfahrtsstaats. Dagegen erhielten im westlichen Europa nur Bedürftige diese Vergünstigungen, nicht die Allgemeinheit.

Weitgehend verstaatlicht wurde im östlichen Europa in den meisten Ländern der Gesundheitssektor, im westlichen wurde er hingegen in den meisten Ländern überwiegend privat belassen. Grundlegend unterschied sich die Vorstellung vom Sozialstaatsbürger. Dieser wurde im Osten von oben verwaltet und bekam die sozialen Leistungen vom Staat zugeteilt, im Westen dagegen wurden vom Sozialbürger oft eigene Entscheidungen über die Versicherungszugehörigkeit und über notwendige private Zusatzversicherung zur öffentlichen sozialen Sicherung erwartet.

Auch der Wohnungsbau unterschied sich. Öffentlicher Wohnungsbau dominierte im östlichen Europa weitgehend, privater Wohnungsbau war unerwünscht und daher schwierig. Zwar spielte im westlichen Europa der öffentliche oder genossenschaftliche Wohnungsbau auch keine unwichtige Rolle, aber der private und vor allem der individuelle Wohnungsbau dominierten in der Regel doch. Die Stadtplanung unterschied sich ebenfalls. Im östlichen Europa wurden Stadtzentren mit spektakulären, weit sichtbaren Hochhausbauten – die Lomonosow-Universität und das Außenministerium in Moskau oder der Kulturpalast in Warschau oder der Fernsehturm in Ostberlin – errichtet, breite Magistralen als Aufmarschräume für Paraden angelegt, feste Straßenblöcke wieder aufgebaut und alte Bauten des «bürgerlichen Zeitalters» gezielt vernachlässigt. Der Wiederaufbau der Städte folgte in Westeuropa der Charta von Athen mit frei stehenden, rasenumrahmten Blocks, die Licht und Luft an die Wohnungen heranließen. Die Straßenplanung sollte autogerecht sein. Wohn- und Industrieviertel, Einkaufszentren und Verwaltung wurden räumlich getrennt. Der klare, geometrische, einfache, undekorierte Architekturstil des Bauhauses dominierte.

Die Bildungssysteme entwickelten sich zwischen Ost und West nicht nur in den Inhalten des Schulunterrichts immer mehr auseinander. Im östlichen Teil Europas wurde die Bildungsexpansion in den 1950er-Jahren erheblich rascher vorangetrieben als im Westen. Erst nach dem Sputnik-Schock 1957, der Demonstration des sowjetischen Vorsprungs beim Bau des ersten Erdtrabanten, und der dadurch ausgelösten westlichen Angst vor einer naturwissenschaftlichen und technischen Überlegenheit des sowjetischen Imperiums gewann der Ausbau des Bildungssystems im westlichen Teil Europas so sehr an Tempo, dass dort um 1970 die durchschnittliche Studentenquote etwas höher lag als im europäischen Osten.

Aus allen diesen Gründen entwickelten sich die sozialen Klassenmilieus ebenfalls ganz unterschiedlich. Im westlichen Europa schwächte sich ihr Zusammenhalt mit großen Unterschieden zwischen einzelnen Ländern ab. Die lokalen Klassenmilieus hatten ihre Existenz teils dem Bedürfnis nach Solidarität in persönlichen Notsituationen und teils der Neigung zur sozialen Abgrenzung nach unten oder nach oben verdankt. Sie verloren durch den Wohlfahrtsstaat, durch die bessere und auch sozial gemischtere Wohnsituation, die besseren Bildungschancen und die neuen Unterschichten der Immigranten an Bindekraft. Dagegen blieben im östlichen Europa die Klassenmilieus in den Industrieregionen meist stärker bestehen, weil durch die getrennten sozialen Sicherungen und die soziale Selektion im Bildungssystem die Klassentrennlinien weiter aufrechterhalten blieben und die lokalen Milieus durch den geringen Wohnungsbau sowie die geringe Zuwanderung kaum verändert wurden.

Ganz unterschiedlich entwickelten sich auch die sozialen Konflikte und Bewegungen. Im östlichen Europa wurden die mitgliederstarken Gewerkschaften überall von der kommunistischen Partei kontrolliert, ohne Autonomie gegenüber der Regierung und der herrschenden Partei als Instrument der Massenmobilisierung, aber auch der öffentlichen sozialen Sicherung eingesetzt. Streiks wurden weitgehend unterbunden oder zumindest aus der Öffentlichkeit verdrängt. Die Studentenbewegung der späten 1960er-Jahre wurde ebenfalls rasch erstickt. Hingegen waren im westlichen Europa außerhalb der südeuropäischen Diktaturen die 1950er- und 1960er-Jahre die Glanzzeit der Organisation, des Ansehens und des wirtschaftlichen und politischen Einflusses der von den Regierungen unabhängigen Gewerkschaften, mit großen Unterschieden von Land zu Land in der Organisation und bei den Erfolgen und bei einer tiefen Spaltung in kommunistische und nichtkommunistische Gewerkschaften. In westlichen Ländern nahm auch die Studentenbewegung massiven Einfluss auf die politische Öffentlichkeit.

Die kulturelle Spaltung Europas wurde von den Zeitgenossen ebenfalls als tief empfunden, weil der Großteil der damaligen Europäer noch die gemeinsame europäische Hochkultur, die gemeinsame Dichtung, Malerei, Bildhauerei und Musik, die gemeinsame Populärkultur, Film, Musik und Tanz der Zwanziger- und Dreißigerjahre, und auch die international eng verflochtene europäische Wissenschaft miterlebt hatte. Der Kalte Krieg spaltete diese gemeinsame Kultur nicht nur. Er mobilisierte auch die Kulturen im westlichen und östlichen Europa gegeneinander und trieb sie in eine scharfe Konkurrenz um die Deutung der europäischen Kultur. Jede Seite beanspruchte, die bessere europäische Kultur zu vertreten.

Zwischen den 1950er- und frühen 1970er-Jahren wurden die kulturellen Unterschiede zwischen dem westlichen und dem östlichen Europa immer tiefer. Die neuen Stilrichtungen der hohen und der Populärkultur des westlichen Europa, der Existenzialismus, die abstrakte Malerei und Skulptur, Jazz und Rockmusik fanden im östlichen nur wenig Widerhall und wurden oft auch durch die Regime unterbunden. Die Amerikanisierung der Kultur, der Musik, der Malerei, der Literatur, der Sozialwissenschaften und der Fernsehprogramme, wirkte ebenfalls vor allem in Westeuropa, traf dort auch auf eine besondere Kritik und strahlte weit weniger nach Osteuropa aus als in den späteren Jahrzehnten und wurde dort auch anders kritisiert.

Auch die Medien entwickelten sich ganz verschieden. Nicht nur ihre Inhalte unterschieden sich, sondern auch ihr Aufbau. Nur im westlichen Europa setzte sich während der 1960er-Jahre das Fernsehen durch, begann als Folge davon ein Kinosterben und eine Umorientierung der anderen Medien, der Zeitungen und des Rundfunks. Im östlichen Europa dagegen wurde das Fernsehen erst später zum zentralen Medium ausgebaut. Die Generationskonflikte, die in der Massenkultur, über Musik, Film, Tanz, Schallplatten und Transistorradios, ausgedrückt und ausgetragen wurden, waren im Westen erheblich schärfer als im Osten. Generationsunterschiede sahen in den beiden Hälften des Kontinents sehr verschieden aus. Der Wertewandel, die veränderte Einstellung zum Mitmenschen und Individuum, zur Familie, Arbeit, Religion und zur Politik war ebenfalls primär eine Entwicklung im westlichen Europa.

Die Figur des engagierten Intellektuellen, der in der Öffentlichkeit seine Autonomie wahrte und einen großen öffentlichen Einfluss als Regierungskritiker besaß, konnte sich nur in den westeuropäischen Demokratien entwickeln. Auch der für den Kalten Krieg typische Konflikt zwischen den autonomen und den parteigebundenen Intellektuellen trat nur im westlichen Europa und dort vor allem in den Ländern mit starken kommunistischen Parteien auf. Die Rekonversion, also die öffentliche, oft dramatische Abwendung individueller Intellektueller von ihrer Unterstützung einer Diktatur, kam nur hier vor. Nicht vergleichbar damit war die Situation der Dissidenten im östlichen Europa. Sie wurden oft verfolgt, eingesperrt oder sogar umgebracht, besaßen keinen Zugang zur Öffentlichkeit im eigenen Land, höchstens zur Untergrundöffentlichkeit, und waren auf die Öffentlichkeit im westlichen Europa angewiesen.

Auch die Wissenschaft entwickelte sich in den beiden Hälften des Kontinents immer mehr auseinander. Gemeinsame internationale Kongresse und Austausch zwischen Forschern fanden zwar weiterhin statt, wurden aber vor allem im östlichen Europa durch die Regierungen zunehmend kontrolliert und kanalisiert. Die wichtigen theoretischen Strömungen liefen auseinander. Die Modernisierungstheorie, der Funktionalismus in der Soziologie, die keynesianische Wirtschaftstheorie blieben in ihrer Wirkung im Wesentlichen auf Westeuropa beschränkt. Selbst der Marxismus war nur oberflächlich eine Klammer zwischen den beiden Blöcken. Er blieb im westlichen Europa in den Sozial- und den historischen Wissenschaften in der Regel in der Opposition und wurde im östlichen Europa dagegen zur Herrschaftswissenschaft. Auch die Formen des wissenschaftlichen Umgangs entwickelten sich auseinander. Die von den herrschenden kommunistischen Parteien erzwungene öffentliche Selbstkritik und Unterwerfung des einzelnen Abweichlers unter die Parteilinie unterschied sich grundlegend von der wechselseitigen wissenschaftlichen Kritik im westlichen Europa, zu der auch die kritische Einstellung gegenüber den eigenen Forschungsresultaten – eine Selbstkritik in einem ganz anderen Sinne – gehörte.

Schließlich unterschied sich auch die Organisation der wissenschaftlichen Forschung. Im östlichen Europa wurden nach sowjetischem Modell überall Akademien der Wissenschaften gegründet, an denen die Forschung in erster Linie stattfinden sollte, während die Universitäten eher zu Lehranstalten degradiert wurden. Im westlichen Europa entstanden solche riesigen Forschungsorganisationen in Frankreich mit dem CNRS, in geringerem Umfang in der Bundesrepublik mit der Max-Planck-Gesellschaft, ohne dass dabei das sowjetische Modell eine Rolle spielte. So behielten die Universitäten eine gewichtigere Rolle in der Forschung als im östlichen Europa.

Darüber hinaus wurde die Kultur zu einem wichtigen Kampfinstrument im Kalten Krieg. Radiosendungen und Fernsehprogramme oder sogar eigene Radiostationen mit dem ausschließlichen Zwecke, auf die andere Seite Einfluss zu nehmen, wurden eingerichtet. Störsender, die das Hören beziehungsweise Sehen eines Senders von der anderen Seite unmöglich machen sollten, wurden installiert. Literatur, Karikatur, Comics, Filme, Musik und Architektur wurden auf beiden Seiten im kulturellen Kalten Krieg eingesetzt.

Teilweise sehr erfolgreiche Romane und Filme über den Kalten Krieg wurden geschrieben und produziert, wie etwa der amerikanische Film «I married a communist» (1950) von Robert Stevenson oder John Le Carrés Roman «Der Spion, der aus der Kälte kam» (1963). Große Kulturveranstaltungen mit prominenten Intellektuellen, westliche und östliche Kulturinstitute und Intellektuellenzeitschriften standen sich gegenüber. Ein ganzer Wissenschaftszweig, die wissenschaftliche Feindbeobachtung, im westlichen Europa die Ostwissenschaft, im östlichen Europa die Westwissenschaft, stieg auf und erhielt erhebliche öffentliche Mittel.

Demokratien und Diktaturen im westlichen Europa

Der Nord-Süd-Gegensatz in Westeuropa zwischen Diktaturen auf der Iberischen Halbinsel und auf dem Balkan und den Demokratien in seinem nördlichen Teil war erst nach dem Zweiten Weltkrieg mit der Einführung der Demokratie in der Bundesrepublik, in Österreich und Italien entstanden. Davor hatte die europäische Geographie von Diktaturen und Demokratien ganz anders ausgesehen. Es hatte eher ein Ost-West-Gegensatz bestanden. Der neue Nord-Süd-Gegensatz zog eine scharfe Trennlinie zwischen den Demokratien und den Diktaturen, in denen Menschenrechte nicht respektiert, brutale Geheimpolizeiapparate aufgebaut und politische Gegner inhaftiert oder gar umgebracht wurden.

Im Einzelnen sahen die drei südeuropäischen Diktaturen allerdings ganz unterschiedlich aus. Die Diktatur Francos in Spanien war weit gewalttätiger als die portugiesische und griechische Diktatur. Ihr waren vor allem während ihrer Entstehungszeit Zehntausende Menschen zum Opfer gefallen. Während die Diktaturen Francos in Spanien und Salazars in Portugal noch aus den 1920er- und 1930er-Jahren stammten, als sich ein großer Teil Europas der Diktatur zugewandt hatte, wurde die Diktatur in Griechenland erst 1967 von Armeegenerälen errichtet. Auch in ihren Zielen, ihren Beziehungen zu Kirchen und zum Militär sowie auch in den gegen sie gerichteten Protesten unterschieden sich die drei Diktaturen.

Von außen, von Westeuropa und den USA, wurden sie ebenfalls unterschiedlich behandelt. Portugal wurde als Mitglied in die OEEC, in die NATO und in die EFTA aufgenommen, nicht allerdings in den Europarat und die Europäische Wirtschaftsgemeinschaft, die strikt daran festhielten, dass nur demokratische Staaten Mitglieder werden konnten. So wurde die Mitgliedschaft Griechenlands im Europarat sistiert, als 1967 die Diktatur errichtet wurde, nicht jedoch seine Mitgliedschaft in der NATO. Griechenland trat dann 1974 noch unter der Militärjunta selbst aus der militärischen Integration der NATO aus, weil das Bündnis nicht gegen den Einmarsch türkischer Truppen im Norden Zyperns vorging. Spanien war weder Mitglied in der EWG noch im Europarat noch in der NATO, arbeitete aber militärisch eng mit den USA zusammen. Trotz dieser Unterschiede im Einzelnen war unübersehbar, dass sich die Demokratisierung des westlichen Europa an diesen drei südlichen Diktaturen brach.

Allen drei Diktaturen war in den 1950er-Jahren zudem gemeinsam, dass sie wirtschaftlich rückständig waren und zum europäischen Armenhaus gehörten. Das Pro-Kopf-Produkt lag 1950 in Griechenland nur bei 450 US-Dollar, in Spanien und Portugal sogar bloß bei rund 365 US-Dollar, weit abgeschlagen gegenüber dem gesamteuropäischen Durchschnitt (einschließlich des europäischen Teils der UdSSR) von rund 810 US-Dollar und noch weiter abgeschlagen gegenüber den reichen westeuropäischen Ländern wie etwa Frankreich mit rund 1150 US-Dollar oder Großbritannien mit 1350 US-Dollar. Wie an der übrigen europäischen Peripherie war diese Rückständigkeit begleitet von hohen Analphabetenraten und hoher Arbeitslosigkeit, scharfen Gegensätzen zwischen Arm und Reich sowie massiver Saisonarbeit im Ausland und Auswanderung.

Das Zugehörigkeitsgefühl zu Europa war während der 1950er- und teilweise auch noch während der 1960er-Jahre in allen drei Ländern zudem schwach ausgeprägt, wiederum aus ganz unterschiedlichen Gründen. Griechenland war durch die zahlreichen Auslandsgriechen stark kosmopolitisch. Der griechische Horizont ging weit über Westeuropa hinaus und besaß seine Schwerpunkte in den USA, in Lateinamerika und im Nahen Osten, in Ägypten, der Türkei und im Libanon, wo viele Griechen lebten. Spanien dagegen lebte ganz in seiner «splendid isolation», in einer Selbstbezogenheit, die nur gelegentlich aufgebrochen wurde. Portugal hatte sich ebenfalls weitgehend vom europäischen Kontinent abgewandt, war auf seine Kolonien orientiert, besaß nur zu Großbritannien engere Beziehungen.

In den 1960er- und frühen 1970er-Jahren durchlebten alle drei Länder ähnliche Veränderungen. Zu dieser Zeit war das wirtschaftliche Wachstum in allen dreien höher als im reichen Westeuropa. Der Wohlstand und die Konsumfreude stiegen. Durch die Ab- und Rückwanderung von Arbeitskräften verdichteten sich die Verflechtungen mit den westeuropäischen Demokratien ebenso wie durch den steigenden Tourismus aus diesen Ländern. Diese neue wirtschaftliche und gesellschaftliche Dynamik stabilisierte die Diktaturen nicht nur, sondern zwang sie auch zu Liberalisierungen (vgl. Kap. 8).

Die geteilte europäische Integration

Ein weiterer Gegensatz im westlichen Europa entstand schon seit den frühen 1950er-Jahren in der europäischen Integration zwischen der supranationalen, vor allem wirtschaftspolitisch aktiven EWG und dem kulturpolitisch und menschenrechtspolitisch aktiven Europarat, der strikt auf nationale Souveränität seiner Mitglieder achtete. In den Sechzigerjahren kam ein weiterer Gegensatz hinzu, als in Konkurrenz zur EWG, die vor allem im Agrarbereich einen stark regulierten Markt aufgebaut hatte und der nur Demokratien angehörten, die schon erwähnte EFTA aufgebaut wurde, die eine reine Freihandelszone bleiben wollte und der neben Großbritannien und anderen westeuropäischen Demokratien auch Portugal, damals eine Diktatur, angehörte. Die europäische Integration war daher damals weit uneinheitlicher und unübersichtlicher als in den 1990er-Jahren, als die Europäische Union zur beherrschenden Organisation nicht nur in der regulierenden Wirtschaftspolitik, sondern auch in der Sicherheitspolitik, der Kultur- und Sozialpolitik und der europäischen Grundrechtspolitik aufstieg.

Insgesamt ließ die Prosperitätsepoche der 1950er- bis frühen 1970er-Jahre einige alte Trennlinien zwischen den europäischen Ländern zurücktreten. Das enorme Wirtschaftswachstum drängte den Gegensatz zwischen dem reichen industrialisierten Zentrum und der ärmeren agrarischen Peripherie etwas zurück, auch wenn es ihn keineswegs beseitigte. Auch den Gegensatz zwischen kriegsbetroffenen und kriegsverschonten Ländern ließ es weitgehend verblassen. Mit der Entkolonialisierung verschwand der alte Unterschied zwischen europäischen Kolonialreichen und Ländern ohne Kolonien, von wenigen Nachwirkungen abgesehen. Demgegenüber aber standen fünf neue oder weiterbestehende Gegensätze: der Kalte Krieg mit seinen immer tieferen Gräben und Entfremdungen zwischen dem östlichen und dem westlichen Europa; der neue westeuropäische Gegensatz zwischen den nördlichen Demokratien und den südlichen Diktaturen in Portugal, Spanien und Griechenland; ein weiterer neuer westeuropäischer Gegensatz zwischen EWG und EFTA, aber auch zwischen EWG und Europarat; die vielen nationalen Unterschiede, die sich zwar im Bereich des Wohlfahrtsstaats, der Bildung und Stadtplanung abmilderten, aber in der Politik, und dort besonders in den Verfassungen, Parteien und sozialen Konflikten, aber auch in gesellschaftlichen Feldern wie Familie und Demographie, weiter erhalten blieben. Zudem wirkte die Verarbeitung der nationalsozialistischen Herrschaft über Europa trennend, auch wenn in der Bundesrepublik Deutschland die öffentliche Diskussion über das NS-Regime und seine noch lebenden und teilweise noch aktiven Verantwortlichen begann. Trotz einer Abmilderung der innereuropäischen Kontraste in wichtigen Bereichen der Wirtschaft und Gesellschaft waren daher die 1950er- bis frühen 1970er-Jahre überwiegend nicht eine Zeit der europäischen Konvergenz, sondern eines geteilten und vielfältigen Kontinents.

6. Europa im globalen Kontext während der Dekolonialisierung

Die globalen Beziehungen Europas waren während der Prosperitätszeit von fünf neuen Entwicklungen geprägt: (1) von gegenüber der Nachkriegszeit neuen Besonderheiten Europas; (2) von der Entkolonialisierung, aber auch von der veränderten Rolle Europas in den neuen internationalen Organisationen und Nichtregierungsorganisationen (Non-Governmental Organisations, NGOs); (3) vom Kalten Krieg, der allerdings Europa nur begrenzt global verflocht;

(4) von den veränderten Migrationsströmen zwischen Europa und anderen Weltregionen; (5) schließlich von einem veränderten Bild Europas in der Weltöffentlichkeit sowie einem veränderten Blick der Europäer auf die Welt.

Die neuen Besonderheiten Europas

Keine andere Weltregion erlebte von den 1950er- bis zu den frühen 1970er-Jahren ein so hohes und dauerhaftes wirtschaftliches Wachstum von rund 4% pro Jahr wie Europa. Nur in Japan war das Wachstum noch höher. Dagegen blieben Lateinamerika, Afrika, Asien und auch Nordamerika im Wirtschaftswachstum weit hinter Europa zurück. Das weltweite Wirtschaftswachstum lag in diesem Zeitraum durchschnittlich bei knapp unter 3% pro Jahr. Den schärfsten Kontrast zu Europa bildete Afrika, dessen wirtschaftlicher Rückstand zum Rest der Welt damals schon weiter zu wachsen begann. Ohne Zweifel war jedoch dieses Vierteljahrhundert für den Globus insgesamt eine Zeit des Wirtschaftsbooms. Nie davor und nie mehr danach war das globale Wirtschaftswachstum so hoch. Auch in Afrika lag das Wachstum bei durchschnittlich 2% pro Jahr. Die globalen Wachstumsunterschiede zwischen den Weltregionen gingen in dieser Epoche insgesamt sogar leicht zurück.

Mit seinem Boom erlangte Europa eine neue globale Rolle. Während es in der unmittelbaren Nachkriegszeit weit hinter dem globalen Wirtschaftswachstum zurückgelegen und zu den Krisenregionen der Welt gehört hatte, spielte Europa nun genau umgekehrt zusammen mit Japan die Rolle einer globalen Vorzeigeregion und Wachstumslokomotive. Es konnte so über ein Vierteljahrhundert einen langfristigen Trend aufhalten: Im Verlauf des 20. Jahrhunderts sank sein Anteil an der Weltproduktion von rund einem Drittel um 1900 auf ein Viertel um das Jahr 2000. Dieser Trend wurde zwischen den 1950er- und den frühen 1970er-Jahren durchbrochen. Europas Anteil an der Weltproduktion blieb in dieser Zeit ungefähr stabil, obwohl sein Anteil an der Weltbevölkerung stark sank.

Noch eindrucksvoller war die Zunahme des europäischen Gewichts im Welthandel. Der Anteil der Exporte am Bruttosozialprodukt Westeuropas stieg zwischen den 1950er- und frühen 1970er-Jahren von rund 9% auf 19% und erreichte damit Werte wie in keiner anderen Weltregion – abgesehen von Afrika, wo sie allerdings Ausdruck einer Abhängigkeit von Rohstoffexporten waren. Über die Hälfte des Welthandels wurde in und mit Europa abgewickelt. Der Kontinent wurde erneut wie schon vor 1914 die wichtigste Welthandelsregion. Auch im östlichen Europa stieg der Exportanteil an der Wirtschaftsleistung von 2 auf 6%, blieb damit aber auf dem Niveau anderer Weltregionen. Die Exportorientierung Gesamteuropas stieg in diesen Jahren noch über die in der Zeit der sogenannten zweiten Globalisierung zwischen 1870 und 1914 hinaus.

In der Prosperitätszeit trat auch eine – mit dem rasanten Außenhandelswachstum eng zusammenhängende – andere wirtschaftliche Besonderheit Europas wieder deutlicher hervor: seine besonders starke Industrieorientierung. Nur europäische Gesellschaften durchliefen in ihrer Entwicklung eine Phase, in welcher die Industrie der größte Beschäftigungssektor war. Auch in den damals modernen außereuropäischen Gesellschaften, in den USA, in Japan, Kanada oder Australien, folgte bei der Zahl der Beschäftigten auf den Agrar- unmittelbar der Dienstleistungssektor. Als Folge der starken Industrieorientierung Europas prägten Industrieviertel und ganze Industriestädte, Industriearbeiter und industrielle Unternehmen seine Gesellschaften weit stärker als die außereuropäischen. In einer Reihe von Ländern und Regionen wie Großbritannien, Belgien, Deutschland, der Schweiz und Böhmen hatte diese Epoche der Industriegesellschaft bereits im 19. Jahrhundert begonnen und dauerte immer noch an. Die entscheidende neue Entwicklung während der 1950er- und 1960er-Jahre war allerdings, dass nun in Europa als Ganzem (ohne UdSSR und Türkei) die Industrie zum größten Beschäftigungssektor wurde, nachdem noch bis um 1950 die agrarische Beschäftigung dominiert hatte.

Das Bevölkerungswachstum war eine zweite Besonderheit Europas. Auf den ersten Blick wies es keine Besonderheiten auf. Es war mit 0,9% im Jahr ähnlich hoch wie im 19. Jahrhundert und spürbar höher als in den 1930er-Jahren, als es auf 0,6% abgesunken war. Aber im globalen Vergleich fiel das europäische Bevölkerungswachstum völlig aus dem Rahmen. Es lag bei weniger als der Hälfte des global üblichen und fiel besonders stark gegenüber Asien, Lateinamerika und Afrika zurück, wo die Bevölkerung mit mehr als 2% jährlich zunahm, aber auch, was oft übersehen wird, gegenüber den USA und Japan, wo die Bevölkerung mit 1,6% beziehungsweise mit 1,2% jährlich wuchs. Im globalen Vergleich ungewöhnlich langsam war das Bevölkerungswachstum allerdings nur im westlichen Europa, dagegen nicht im östlichen, wo es fast doppelt so hoch war wie in jenem und ungefähr auf dem japanischen Niveau lag. Entscheidend für diese Sonderstellung Westeuropas war allerdings das neue exponentielle Wachstum der Weltbevölkerung außerhalb Europas, nicht demographische Veränderungen innerhalb Westeuropas selbst.

Das langsame Bevölkerungswachstum in Europa bedeutete jedoch keine Abkehr von der Familie. Ganz im Gegenteil waren die 1950er- und 1960er-Jahre die Epoche einer dritten europäischen Besonderheit, nämlich einer besonders starken Familienzuwendung. Die Heiratsfreude war in dieser Epoche in Europa besonders hoch. Weltweit gab es nirgends einen vergleichbaren Heiratsboom. In der Folge nahm in Europa die Unverheiratetenquote besonders stark ab, und die Fruchtbarkeitsziffern nahmen zu. Europa erlebte einen Babyboom. Er war für den Kontinent im Vergleich zu den vorangegangenen Jahrzehnten ungewöhnlich stark, wenn auch nicht im Vergleich zu anderen Weltregionen, was nicht zuletzt am im globalen Vergleich ungewöhnlich hohen Heiratsalter lag. Die Zahl der Scheidungen erreichte zwar ebenfalls eine für Europa ungewöhnliche Höhe, aber sie lag doch deutlich weit hinter den USA, der UdSSR oder Südostasien zurück. Diese im globalen Vergleich besondere Familienzuwendung vor allem in Westeuropa beruhte auf einer langen Entwicklung. Schon seit dem Mittelalter hatten sich Besonderheiten der europäischen Familie herausgebildet, ein besonders spätes Heiratsalter beider Ehepartner und als dessen Folge eine besonders niedrige Geburtenrate, allerdings auch eine besonders hohe Unverheiratetenquote, besonders wenig Drei-Generationen-Haushalte und eine besonders starke Intimität der Familie.

Eine wichtige Folge des langsamen Bevölkerungswachstums war eine vierte Auffälligkeit Europas: die anders geartete Stadtexpansion. Sie verlief zwar verglichen mit der Zwischenkriegszeit rasch, aber doch weit langsamer als anderswo in der Welt, als in Japan, den USA, in Lateinamerika, Australien, der UdSSR und in China. Wiederum galt dies vor allem für West-, weniger für Osteuropa, wo das Städtewachstum ähnlich stark ausfiel wie in der übrigen Welt.

Europa verlor daher auch seine noch im 19. Jahrhundert führende Rolle unter den größten Städten der Welt. Auf der Liste der zwanzig weltweit größten Metropolen befanden sich um 1900 noch neun, um 1950 immerhin noch fünf, dagegen um 1975 nur noch zwei europäische, nämlich London und Paris. Die Millionenstädte wuchsen in Europa nicht nur langsamer, in ihnen wohnte in Europa auch ein weit geringerer Anteil der Städter als in den meisten Weltregionen. Mittelgroße Städte besaßen in Europa eine weit größere Anziehungskraft als anderswo. Unter heruntergekommenen Slums in den Innenstädten und wild wachsenden Favelas litt Europa infolgedessen weit seltener als die meisten anderen Weltgegenden. Das langsamere Städtewachstum in Europa ließ sich leichter steuern und besser planen.

Europa war schließlich fünftens auch der Kontinent, auf dem in seinem westlichen, nicht kommunistischen Teil Marktwirtschaft und Staat eine besondere Symbiose eingingen. Im Vergleich zu anderen westlichen Industrieländern war das Gewicht des Staates in Europa besonders groß. Insgesamt wurden in der westeuropäischen Wirtschaft um 1975 rund 44% des Sozialprodukts vom Staat verwendet, gegenüber nur 38% in Kanada, 35% in den USA, 32% in Australien und 27% in Japan. Im Vergleich zu den kommunistischen Ländern Osteuropas war umgekehrt der Marktanteil an der Steuerung des Wirtschaftsprozesses erheblich gewichtiger. Fehlentwicklungen der Marktwirtschaft durch massive staatliche Intervention zu korrigieren und die Wirtschaft zu modernisieren, aber gleichzeitig die Marktwirtschaft nicht aufzugeben war die besondere westeuropäische Formel, die Europa von den meisten anderen westlichen Ländern ebenso wie von den kommunistischen unterschied und welche die kommunistischen Staaten in Europa mit einem anderen Gegner konfrontierte als die kommunistischen Staaten Ostasiens.

Erheblich stärker als anderswo im Westen griff in Westeuropa der Nationalstaat in die Wirtschaft ein. Sein Gewicht war während der 1950er- und 1960er-Jahre in dynamischen Bereichen der Wirtschaft, im Transport und Verkehr, in den Medien und der Kommunikation groß. Der Flugverkehr, damals ein rasch wachsender neuer Sektor, wurde in Europa anders als in den USA zu dieser Zeit noch völlig von staatlichen Fluglinien und staatlichen Flughafengesellschaften beherrscht. In der Automobilindustrie, einem wirtschaftlichen Leitsektor, waren nicht nur zwei der größten Kraftfahrzeugsproduzenten, Renault und Volkswagen, überwiegend in staatlichem Besitz, auch der Bau der neuen Autobahnnetze wurde in den meisten europäischen Ländern anders als in außereuropäischen Industrieländern in staatlicher Regie betrieben. Im Eisenbahnwesen, einem erheblich langsamer wachsenden Bereich des Verkehrssektors, dominierten nicht nur die staatlichen Unternehmen, auch die ersten Planungen einer großen Innovation in diesem Sektor, der Hochgeschwindigkeitszüge, begannen damals in Frankreich, freilich auch in Japan mit dem Shinkansen. Auch im Kommunikationssektor kontrollierten überall in Europa anders als in den USA staatliche Unternehmen das Telefonnetz. Telefone waren zwar schon ein halbes Jahrhundert in Gebrauch gewesen, erlebten aber erst jetzt ihren Durchbruch zum Massenkommunikationsmittel. Staatliche Unternehmen wickelten in Europa auch den klassischen Postverkehr ab, der zwischen 1950 und 1970 stärker zunahm als je zuvor im 20. Jahrhundert. Die am raschesten wachsenden Medien, das Fernsehen und das Radio, waren in den meisten Ländern Westeuropas wiederum abweichend von den anderen Industrieländern ebenfalls überwiegend oder völlig in staatlicher Hand.

Auch in die Gesellschaft griff der Staat in Westeuropa weit stärker ein als in anderen Ländern des Westens, allerdings anders als im kommunistischen östlichen Europa in der Regel unter Erhaltung der Autonomie der Zivilgesellschaft, unter Mitbeteiligung der Bürger und unter dem Schutz ihrer Autonomie und Privatsphäre. Der moderne Wohlfahrtsstaat wurde in Europa ungeachtet der schon geschilderten innereuropäischen Unterschiede weit rascher und in anderen Dimensionen als anderswo ausgebaut. Die Wohlfahrtsstaatsausgaben stiegen in Westeuropa im Durchschnitt weit rascher als sonst in der Welt. Sie waren Mitte der 1970er-Jahre im Durchschnitt bei 16% des Bruttosozialprodukts angelangt, ein uneinholbarer Vorsprung vor den Ländern der damals so genannten «Dritten Welt», wie etwa dem relativ wohlhabenden Mexiko oder Korea mit nicht mehr als 2 bis 3% des Sozialprodukts, aber auch ein Vorsprung gegenüber den USA, Kanada, Australien und Japan mit 8 bis 11% des Sozialprodukts. Nur in Europa sowie in Australien und Kanada wurde das komplette Programm der staatlichen Sozialversicherungen für das Alter, für Invalidität, Krankheit und Arbeitslosigkeit aufgebaut, in den USA, aber auch in Japan dagegen nur lückenhaft. Der Anteil der staatlich abgesicherten Bürger in Westeuropa war so weit höher als in den meisten anderen wohlhabenden Ländern der Welt.

Diese starke Rolle des Staates beschränkte sich nicht auf den Wohlfahrtssektor. In weiteren damals und auch später rasch wachsenden gesellschaftlichen Bereichen hatte der Staat ein erheblich größeres Gewicht als anderswo: im Gesundheitsdienst, in der Ausbildung, von den Kindergärten bis zu den Hochschulen, der Stadtplanung, bei den Innenstadtsanierungen und beim Bau neuer Städte, in den städtischen Dienstleistungsunternehmen im Nahverkehr, der Frischwasserver- und Abwasserentsorgung, der Müllabfuhr sowie der Elektrizitäts- und Gasversorgung; schließlich auch in der Hochkultur, also bei Theatern, Opern, Museen, Konzerthäusern, Gedenkstätten und Denkmälern, Baudenkmälern wie Schlössern, Parks und teilweise sogar Kirchen.

Warum besaß der Staat in Europa ein größeres Gewicht als in den USA, in Kanada und Australien, alles Länder, die von Europäern besiedelt worden waren, aber auch ein größeres als in Japan? Ein sehr langfristiger Grund war die Tradition der regulierenden und intervenierenden Monarchien, die während des absolutistischen Zeitalters im 17. und 18. Jahrhundert relativ effiziente staatliche Verwaltungen aufgebaut hatten. Auf dieser Tradition bauten die europäischen Nationalstaaten des 19. und 20. Jahrhunderts vor allem in der Kultur und bei der Planung von Städten auf. Diese Tradition fehlte in Nord- und Südamerika sowie Australien weithin, allerdings nicht in Ostasien. Darüber hinaus entstand aus einem massiven Modernisierungsbedarf in Europa schon im 19. Jahrhundert die staatliche Intervention.

Ein solcher Modernisierungsbedarf bestand nun auch während der 1950er- und 1960er-Jahre, nachdem die beiden Weltkriege gegenüber den USA einen augenfälligen Rückstand bewirkt hatten. In Europa hielten es nur wenige für möglich, diesen ohne staatliche Programme aufholen zu können. Daneben war die massive Intervention der Regierungen auch ein Erbe der beiden Weltkriege, in denen Kriegswirtschaft und -gesellschaft intensiv vom Staat kontrolliert wurden. Die Kriegsinterventionen des Staates und der Kriegsschub beim Anteil der Staatsausgaben am Sozialprodukt wurden nach 1945 nicht sofort wieder zurückgefahren. Schließlich stimulierte auch der Kalte Krieg die staatliche Intervention in Europa. Viele Europäer glaubten, dass auf die allmächtige Rolle des Staates in den kommunistischen Ländern nur mit massiver Staatsintervention in den westlichen Ländern geantwortet werden könne.

Insgesamt war die Epoche der 1950er- bis Mitte der 1970er-Jahre eine Zeit sehr ausgeprägter europäischer Besonderheiten. Auf eine einfache Formel gebracht, war es die Verbindung von herausragend hohem Wirtschaftswachstum, auffallend starker Staatstätigkeit und ungewöhnlich geringem Bevölkerungswachstum, mit der sich Europa von den anderen Weltregionen unterschied.

Entkolonialisierung

Auch die globalen Verflechtungen Europas veränderten sich zwischen den 1950er- und der Mitte der 1970er-Jahre. Ein welthistorisch besonders tief greifender Bruch war die sogenannte dritte Dekolonialisierung nach der ersten, in Nord- und Südamerika im späten 18. und frühen 19. Jahrhundert, und der zweiten, der Entstehung der unabhängigen Dominions Australien, Neuseeland, Südafrika und Kanada im britischen Kolonialimperium während des späten 19. und frühen 20. Jahrhunderts. Die «dritte Dekolonialisierung» unterschied sich von den vorangegangenen in mehreren Punkten.

(1) Meist waren die unabhängig gewordenen Kolonien nicht mehr wie anderthalb Jahrhunderte zuvor in Amerika überwiegend Siedlerkolonien gewesen, in denen die Mehrzahl oder zumindest ein erheblicher und dominierender Teil der Bewohner ursprünglich aus Europa stammte. Die Unabhängigkeitsbewegungen wurden nun fast nie von europäischen Zuwanderern, sondern nahezu immer von der indigenen Bevölkerung getragen. Der kulturelle Abstand der Unabhängigkeitsbewegungen zu Europa war daher weit größer als zuvor.

(2) Die neuen Unabhängigkeitsbewegungen der Kolonien seit dem Zweiten Weltkrieg waren auch nicht wie die amerikanischen Unabhängigkeitsbewegungen des späten 18. und frühen 19. Jahrhunderts Teil eines gemeinsamen atlantischen Revolutionszeitalters. Die politischen Divergenzen zwischen Europa und den Kolonien waren daher nach dem Zweiten Weltkrieg erheblich größer.

(3) Dem Modell des europäischen Nationalstaates versuchten die unabhängig gewordenen Kolonien in der dritten Dekolonialisierung allerdings häufig mit ihren Fahnen, Hymnen, Hauptstädten, Regierungen und Präsidenten, Parlamenten, Gerichten und Armeen, ihrer demokratischen oder ihrer diktatorischen Ausrichtung zu folgen. Im späten 18. und frühen 19. Jahrhundert war dagegen der europäische Nationalstaat erst im Entstehen begriffen und war noch kein so klar profiliertes Modell.

(4) Akteure jenseits der unmittelbar Beteiligten, der Kolonialherren und der Unabhängigkeitsbewegungen, waren weit wichtiger als im späten 18. und frühen 19. Jahrhundert. Vor allem die USA, die UdSSR und die UNO spielten in der dritten Entkolonialisierung eine bedeutsame Rolle. Der Suezkonflikt war der spektakulärste Fall in den 1950er- und 1960er-Jahren. Die Kontrolle über

die Suezkanalzone wäre 1956 nicht an Ägypten gegangen, hätten nicht die USA und die UdSSR massiven Druck auf Großbritannien und Frankreich ausgeübt und damit die Beendigung der militärischen Besetzung der Kanalzone durch diese beiden Mächte erzwungen. Auf eine andere Art wirkte die UNO: Zur großen symbolischen Bedeutung der Atlantikcharta von 1941 mit ihrer Forderung nach Unabhängigkeit aller Nationen und ihren Plänen einer Treuhandschaft der Vereinten Nationen für die bisherigen Kolonien gab es im späten 18. und frühen 19. Jahrhundert nichts Vergleichbares.

(5) Der Zweite Weltkrieg spielte für die dritte Dekolonialisierung in vielerlei Hinsicht eine ausschlaggebende Rolle. Ohne den Zweiten Weltkrieg hätten die europäischen Kolonialherren mehr Legitimität behalten, hätten ohne Kriegsverschuldung eine finanziell solidere Entwicklungspolitik betreiben können und hätten gegenüber den Kolonien auch nicht in einer Bringschuld für deren Beteiligung am Zweiten Weltkrieg gestanden. Einen derart folgenreichen Krieg gab es in früheren Phasen der Dekolonialisierung nicht.

(6) Kriegerische Gewalt zwischen Kolonialherren und Unabhängigkeitsbewegungen war nach dem Zweiten Weltkrieg zwar nicht die Regel, aber die Unabhängigkeitskonflikte waren doch weit blutiger als in der ersten Dekolonialisierung. Der amerikanische Unabhängigkeitskrieg, der blutigste damalige Kolonialkonflikt, forderte auf amerikanischer Seite schätzungsweise 25000 Tote. In den blutigsten Kolonialkriegen der dritten Dekolonialisierung starb dagegen ein Vielfaches an Menschen: Im niederländischen Kolonialkrieg in Indonesien gehen die Schätzungen bis zu 150 000 Tote allein auf indonesischer Seite, im französischen Kolonialkrieg in Algerien allein auf französischer Seite über 25 000 Soldaten und auf der algerischen Seite konservativ geschätzte 140–375 000 Tote. Die Gewaltexzesse der beiden Weltkriege haben gewiss viel zu dieser kolonialen Gewalt beigetragen. Es kam hinzu, dass den Kolonialmächten nicht wie im 18. Jahrhundert weiße Siedler, sondern die indigene Bevölkerung gegenüberstand, die in den Augen der meisten Europäer wenig zivilisiert war.

(7) In den 1950er- und frühen 1960er-Jahren besaß die dritte Dekolonialisierung ein Doppelgesicht. Parallel zur Unabhängigkeit von etlichen Kolonien entwickelten die britische und die französische Kolonialpolitik einen neuen Ansatz der Modernisierung, der wirtschaftlichen Entwicklung und der Planung der Landwirtschaft, Industrie, Infrastruktur und Ausbildung in den verbliebenen Kolonien, allerdings teilweise auch verbunden mit dem Einsatz von Gewalt gegen die Kolonialbevölkerung. Diese Revitalisierung der Kolonialpolitik hing eng mit der wirtschaftlichen Prosperität in Europa und mit dem neuen Glauben an gesellschaftliche Planung zusammen. Eine solche Modernisierungspolitik gegenüber den Kolonien fehlte im späten 18. und frühen 19. Jahrhundert.

(8) Die dritte Entkolonialisierung nach dem Zweiten Weltkrieg war schließlich für Europa ein weit radikalerer Schnitt als die beiden vorangegangenen. In den früheren Phasen der Entkolonialisierung konnte der Verlust von alten Kolonien in den Amerikas kompensiert werden durch neue Kolonien in Afrika und in Südostasien. Das galt zumindest für das britische, französische und portugiesische Kolonialreich, freilich nicht für das spanische, dessen Ende mit der ersten Entkolonialisierung zu großen Teilen besiegelt war. Dagegen bedeutete die dritte Entkolonialisierung nicht nur den Verlust einzelner Kolonien, sondern überhaupt das endgültige Ende der europäischen Kolonialimperien und damit auch das Ende der zentralen Rolle, die Europa seit dem 16. Jahrhundert in der Weltgeschichte gespielt hatte. Nach dem Zweiten Weltkrieg wurde Europa sogar umgekehrt selbst Teil von Hegemonialsphären außereuropäischer Supermächte, der USA und der UdSSR. Zwar wurden die europäischen Länder nicht formal selbst Kolonien, aber doch gegenüber dem jeweiligen Hegemon in ihrer Autonomie mehr oder weniger stark eingeschränkt.

Die dritte Entkolonialisierung fand nicht überall in der Welt gleichzeitig statt. Sie begann direkt nach dem Zweiten Weltkrieg in den von Europa besonders weit entfernten Kolonien in Südost- und Südasien, aber auch im Nahen Osten und endete in den 1960er- und 1970er-Jahren in den Europa besonders nahe liegenden Kolonien in Nord- und im subsaharischen Afrika.

Anders als in Südasien, wo die Dekolonialisierung schon in der unmittelbaren Nachkriegszeit mit der Unabhängigkeit Indiens, Pakistans, Sri Lankas und Birmas abgeschlossen war, zog sie sich in Südostasien bis in die 1960er-Jahre hinein und geriet damit auch in den Kontext des Kalten Krieges. Gewiss hatte die Dekolonialisierung auch in Südostasien schon während der Nachkriegszeit mit der Unabhängigkeit der Philippinen (1946) und Indonesiens (1949) einen wichtigen Schub erhalten. Aber in den 1950er- und 1960er-Jahren ging die Dekolonialisierung vor allem mit der endgültigen Unabhängigkeit von Vietnam, Laos und Kambodscha 1954 von der französischen Kolonialherrschaft weiter und wurde erst mit der Unabhängigkeit Malaysias von der britischen Kolonialherrschaft 1963 abgeschlossen.

Die Dekolonialisierung besaß in dieser sehr heterogenen und von Europa besonders weit entfernten Weltregion eine ganze Reihe von Besonderheiten. Hier waren die Unabhängigkeitskriege in Indonesien, Vietnam und Malaysia im Verhältnis zu anderen Weltregionen besonders langwierig und blutig. Darüber hinaus spielten nichteuropäische Kolonialimperien in dieser Region für die Dekolonialisierung eine weit größere Rolle als in anderen Weltgegenden. Das japanische Kolonialimperium, das zunächst auf Ostasien, auf Korea, Taiwan und Nordchina, beschränkt gewesen war, aber während des Zweiten Weltkriegs für einige Jahre tief nach Südostasien in die dortigen europäischen Kolonien vorgedrungen war, hat den Zerfall der europäischen Kolonialherrschaft stark beschleunigt. Der Nimbus der europäischen Kolonialherren war durch die japanische Eroberung angeschlagen. Zudem wandten die südostasiatischen Unabhängigkeitsbewegungen die Erfahrungen, die sie im Widerstand gegen die japanische Vorherrschaft gemacht hatten, nun gegen die europäischen Kolonialmächte an.

Südostasien war zudem die einzige überseeische Weltregion, in der die USA Kolonialmacht gewesen waren: auf den Philippinen. Das Beispiel der amerikanischen Dekolonialisierung, die Entlassung der Philippinen in die Unabhängigkeit schon gleich nach dem Zweiten Weltkrieg 1946, trug ebenfalls zum Verfall der europäischen Kolonialherrschaft bei und sollte dies nach Absicht der amerikanischen Regierung auch tun. Außerdem bildeten sich in dem kulturell sehr heterogenen Südostasien frühzeitig drei Modelle der Unabhängigkeitsbewegung heraus: das indische der gewaltlosen Unabhängigkeitsbewegung, wie sie von Mahatma Gandhi geprägt wurde, das chinesische des militärischen Guerillakampfes, mit dem Mao Tse-tung in Festlandschina 1949 zur Macht gelangt war, und das der moslemischen nationalen Unabhängigkeitsbewegung, die in Indonesien erfolgreich war.

Im Nahen Osten sah die Dekolonialisierung anders aus als in Südost- und in Südasien, da formale Kolonien in den 1950er-Jahren nur noch selten existierten und die europäische Vorherrschaft primär aus Protektoraten und Einflusszonen bestand. Die entscheidenden Schübe der Dekolonialisierung hatten ähnlich wie in Südasien schon in der unmittelbaren Nachkriegszeit stattgefunden: die Staatsgründung Israels 1948 und das Ende verschiedener französischer und britischer Protektorate (vgl. Kap. 3).

In Nordafrika, dem westlichen Teil der arabischen Welt, hingegen fand die Dekolonialisierung deutlich später statt. Auch in dieser Region bedeutete Dekolonialisierung nicht immer das Ende formaler Kolonien, sondern mitunter auch das Ende von Einflusszonen, wie zum Beispiel im Falle Ägyptens nach der Suezkrise von 1956.

Die meisten anderen Länder wurden dagegen aus der noch bestehenden *formalen* Kolonialherrschaft entlassen. Libyen, ehemals eine italienische Kolonie, aber seit dem Ende des Zweiten Weltkriegs Treuhandgebiet der UNO, wurde 1951 unabhängig. Der Sudan erhielt 1956 seine Unabhängigkeit von der britischen Kolonialherrschaft. In Marokko und in Tunesien wurde 1956 die französische Kolonialherrschaft beendet. Bei Weitem der blutigste Fall der Dekolonialisierung in Nordafrika war Algerien. Das Land war anders als das übrige Nord-, aber ähnlich wie Kolonien in Ost- und Südafrika eine Siedlerkolonie. Mehr als eine Million Nachkommen von französischen Immigranten lebten in Algerien, teils in den Städten, teils auch auf dem Lande. Algerien war staatsrechtlich Teil des französischen Staatsgebiets, besaß streng genommen nicht den

Status einer Kolonie, bot allerdings seinen algerischen Bewohnern keine politische und bürgerliche Gleichberechtigung. Aus diesem Grunde gab es in Algerien schon besonders lange eine Unabhängigkeitsbewegung, die 1945 – zeitgleich mit dem Ende des Weltkriegs in Europa – einen von Frankreich blutig niedergeschlagenen Aufstand organisierte und ab 1954, nach der Niederlage Frankreichs in Vietnam, wieder aktiv wurde.

Der Konflikt in Algerien spitzte sich seitdem zu. Auf der einen Seite lehnte die französische Minderheit in Algerien, aber auch der Großteil der politischen Elite im französischen Mutterland eine Unabhängigkeit Algeriens strikt ab. Die französische Regierung führte einen schmutzigen Kolonialkrieg mit einer Kombination aus Gewalt, Folter und Modernisierungsprojekten. Auf der anderen Seite wollte die Mehrheit der indigenen Algerier die Unabhängigkeit und unterstützte nicht nur den Unabhängigkeitskrieg, sondern auch den Bombenterror im französischen Mutterland. Für diesen Konflikt fanden die Politiker der französischen Vierten Republik keine Lösung. Erst de Gaulle besaß als Präsident der neuen, von ihm durch eine Verfassungsänderung gegründeten Fünften Republik die politische Einsicht und die Machtmittel, um 1962 Algerien die Unabhängigkeit zuzugestehen und den Exodus der französischen Siedler aus dem Lande in Kauf zu nehmen.

Auch die Dekolonialisierung in Nordafrika besaß ihre Besonderheiten. Diese Region lag Europa von allen Kolonialgebieten am nächsten und blickte auf eine jahrhundertelange Geschichte sehr enger Beziehungen mit seinem europäischen Nachbarn zurück. Wichtige Städte Nordafrikas wurden von Europäern mitbewohnt, vor allem Alexandria, aber auch Tunis, Algier und Casablanca. Der französische Literaturnobelpreisträger Albert Camus war in Nordafrika geboren worden und schrieb oft über die Region, und der französische Historiker Fernand Braudel hat in seinem weltberühmten Buch über das Mittelmeer 1949 die gemeinsamen historischen Verflechtungen der Mittelmeeranrainer beschworen.

Nordafrika war zusammen mit dem Nahen Osten darüber hinaus weit stärker als Südostasien oder das subsaharische Afrika durch eine gemeinsame Sprache, das Arabische, eine gemeinsame Religion, den Islam, und eine gemeinsame Kultur geprägt. Auf Druck Großbritanniens entstand 1945 auch ein internationaler Zusammenschluss der arabischen Staaten, die Arabische Liga. So waren die Unabhängigkeitsbewegungen in dieser Region besonders international orientiert. Allerdings waren sie auch von starken Spannungen zwischen rivalisierenden Machtzentren geprägt und waren zudem zersplittert in drei grundsätzlich verschiedene Strömungen: eine moderne, säkulare nationalistische Richtung, welche die arabischen Gesellschaften modernisieren wollte, ohne dabei von europäischen Kolonialherren bevormundet zu werden; eine kommunistische Strömung, die bald durch den Kalten Krieg internationale Unterstützung vom Ostblock erhielt; und schließlich eine muslimische Richtung, die allerdings während der 1950er- und 1960er-Jahre noch kein großes Gewicht besaß und erst später eine bedeutende Rolle spielte.

Zuallerletzt wurde die Dekolonialisierung im subsaharischen Afrika durchgesetzt. Deren wesentlicher Teil lief in einem ganz erstaunlichen Tempo in weniger als einem Jahrzehnt ab. Zunächst begann dieser rasche Prozess in Westafrika, wo sich nur wenige Europäer niedergelassen hatten, mit der Unabhängigkeit Ghanas 1957 unter dem Premierminister Kwame Nkrumah und des sehr heterogenen Nigeria 1960 von britischer Herrschaft. Zugleich wurden 1960 auf einen Schlag 14 französische Kolonien unabhängig, wobei Frankreich dafür gesorgt hatte, dass meist schon vorher afrikanische Regierungen, Armeen und Verwaltungen aufgebaut worden waren. Im gleichen Jahr entließ die belgische Regierung völlig überstürzt den unvorbereiteten Kongo in eine chaotische Unabhängigkeit.

In Ostafrika war die Dekolonialisierung schwieriger, weil sich dort viele Europäer und Inder angesiedelt hatten. Trotzdem schritt sie auch dort rasch voran: Tanganjika unter Julius Nyerere erhielt 1961, Uganda 1962, Kenia 1963 nach einem blutigen Kolonialkrieg, dem «Mau-Mau-Aufstand», Sambia und Malawi 1964 ihre Unabhängigkeit von britischer Kolonialherrschaft. Süd-Rhodesien, das heutige, 1980 unter afrikanische Herrschaft gekommene Simbabwe, war die einzige Kolonie nach dem Zweiten Weltkrieg, in der

Dekolonisierung nach dem Zweiten Weltkrieg

SOWJETUNION
TÜRKEI
SYRIEN
IRAK
IRAN
Kaschmir
CHINA
JAPAN
PAKISTAN
SAUDI-ARABIEN
OMAN
SUDAN
Eritrea
JEMEN
BANGLA-DESCH
INDIEN
BURMA
LAOS
THAI-LAND
VIETNAM
KAM-BODSCHA
Pazifischer Ozean
PHILIPPINEN
ÄTHIOPIEN
SOMALIA
SRI LANKA
MALAYSIA
SINGAPUR
Irian Jayapura
KENIA
TANSANIA
INDONESIEN
PAPUA-NEU-GUINEA
TIMOR
KOMOREN
Indischer Ozean
MOSAMBIK
MADAGASKAR
SWASILAND
LESOTHO
AUSTRALIEN
NEUSEELAND
zwischen 1958 und 1963 unabhängig gewordene Staaten
seit 1970 unabhängige Staaten
Konflikte im Zusammenhang mit der Entkolonisierung

es weiße Siedler waren, die 1965 die Unabhängigkeit von Großbritannien erklärten. Nur die portugiesischen Kolonien Angola und Mosambik wurden aufgrund der Abgeschlossenheit des Mutterlandes erst ein rundes Jahrzehnt später, erst 1974 während der Nelkenrevolution und des Zusammenbruchs der Diktatur in Portugal, unabhängig.

Die Rolle der europäischen Regierungen im Prozess der Dekolonialisierung ist zu Recht oft kritisiert worden. Drei Fehlentwicklungen sind herausgehoben worden: Erstens haben europäische Regierungen in einer ganzen Reihe von Fällen, vor allem in Indonesien, Indochina, Algerien, Malaysia und in Kenia, aussichtslose Kolonialkriege zur Abwendung der Unabhängigkeit der Kolonien geführt, die viele Menschenleben kosteten, enorme wirtschaftliche Schäden anrichteten und die Beziehungen Europas zum Süden der Welt dauerhaft belasteten. Darüber hinaus haben die Europäer die Unabhängigkeit der Kolonien oft nicht wirklich vorbereitet. Sie haben in zu geringem Umfang politische, administrative und militärische Eliten ausgebildet und die Wirtschaft der Kolonien zu wenig auf die Weltwirtschaft vorbereitet. Zudem haben sie nicht selten willkürliche staatliche Einheiten geschaffen, die mit schweren inneren religiösen und ethnischen Spannungen belastet waren und unausweichlich auf blutige Bürgerkriege zusteuern mussten wie auf dem indischen Subkontinent sowie in Nigeria und Uganda. Außerdem haben sie oft auch nicht genau kalkuliert, ob sich Kolonien wirtschaftlich und politisch im eigenen Interesse tatsächlich lohnten.

Europa und die globalen Organisationen

Es wird oft übersehen, dass der globale Einfluss Europas sich in den Jahrzehnten nach dem Zweiten Weltkrieg nicht nur durch das Auslaufen der Kolonialherrschaft abschwächte, sondern auch durch sein nach der unmittelbaren Nachkriegszeit sinkendes Gewicht in den Weltorganisationen. Dies traf nicht nur die Kolonialmächte. Von der Nachkriegszeit bis zu den 1970er-Jahren besetzten Westeuropäer und Europäer aus neutralen Staaten noch viele Leitungspositionen in den internationalen Organisationen und besaßen daher großen globalen Einfluss. Zwei der fünf mit Vetomacht ausgestatteten permanenten Mitglieder des Weltsicherheitsrats waren europäische Länder, Großbritannien und Frankreich. Die zwei ersten Generalsekretäre der UNO waren Europäer. Die Generaldirektoren der UNESCO stammten bis Mitte der 1970er-Jahre ebenfalls überwiegend aus Europa. Auch die geschäftsführenden Direktoren des Internationalen Währungsfonds (IWF) waren – gemäß einer Vereinbarung mit den USA, die im Gegenzug den Weltbankpräsidenten stellten – ebenso Europäer wie auch die Generalsekretäre bzw. Generaldirektoren des GATT und anfangs auch der FAO. In dieser Epoche waren neben den Präsidenten der Weltbank nur die Exekutivdirektoren der UNICEF durchgehend Amerikaner. Es ging auf diesen großen Einfluss der Europäer zurück, dass wichtige Unterorganisationen der UNO, die ihren Hauptsitz in New York hat, nach Europa kamen. Die UNESCO, die FAO, die UNCTAD und die UNV nahmen ihren Sitz in Paris, Rom und Genf, und die ILO behielt ihren Sitz in dieser Stadt bei. Ohne Zweifel darf man den damaligen Einfluss der Europäer in den Weltorganisationen dennoch nicht überschätzen. Gegen den Willen der beiden Supermächte konnten sie keine wichtigen Entscheidungen durchsetzen. Sie traten obendrein in den Weltorganisationen nicht als ein einheitlicher Akteur auf. Die Europäer waren ganz im Gegenteil in Länder des östlichen und des westlichen Europa tief gespalten. Sie sahen außerdem ihre Aktivitäten in den Weltorganisationen in der Regel nicht als Repräsentanz Europas, sondern als nationales oder globales Engagement an.

In den 1960er- und 1970er-Jahren dagegen ging diese massive Präsenz der Westeuropäer in den Führungspositionen der internationalen Organisationen zurück. Zwar blieben Großbritannien und Frankreich permanente Mitglieder des Weltsicherheitsrats, aber Europäer wurden nur noch gelegentlich in die Spitzenämter der UNO und ihrer Unterorganisationen gewählt. Asiaten, Lateinamerikaner und Afrikaner dominierten von nun an. Das lag in der Logik der Sache: Mit der Entkolonialisierung stieg die Zahl der nichteuropäischen Mitgliedsstaaten in der Vollversammlung der UNO, in der jedes Mitgliedsland eine Stimme besaß. Um 1950 war unter den rund

60 Mitgliedsländern der UNO Europa neben Lateinamerika der am stärksten vertretene Erdteil und stellte knapp ein Drittel der Mitglieder. Nur eine kleine Minderheit der Mitgliedsländer – damals nicht viel mehr als zehn Staaten – waren in den Jahren zuvor unabhängig gewordene Kolonien. Um die Mitte der 1970er-Jahre waren dagegen von den inzwischen knapp 150 Mitgliedsstaaten nur rund 25, also nur noch ein Sechstel, europäisch. Die erdrückende Mehrheit waren jetzt ehemalige afrikanische und asiatische Kolonien. Nur in den Bretton-Woods-Organisationen, der Weltbankgruppe und im Internationalen Währungsfonds, behielten die Westeuropäer ihren Einfluss, da dort das Stimmrecht von den finanziellen Beiträgen abhing und ihre Beiträge hoch angesetzt waren.

Allerdings waren die internationalen Nichtregierungsorganisationen weiterhin stark westeuropäisch geprägt. Von der Nachkriegszeit bis in die 1970er-Jahre hatten sie ihren Sitz noch häufig in Europa. Das galt für die klassischen Organisationen wie das schon 1864 gegründete Internationale Rote Kreuz mit seinem Sitz in Genf, die christlichen Kirchen oder die nationalen europäischen Entwicklungsstiftungen ebenso wie die damals neuen NGOs: Die Menschenrechtsorganisation Amnesty International wurde 1961 von einem britischen Rechtsanwalt gegründet, gewann großen Einfluss und hatte ihren Sitz in London. Zwar wurde die mit spektakulären Aktionen in der Öffentlichkeit auftretende Umweltschutzorganisation Greenpeace 1971 von amerikanischen und kanadischen Aktivisten gegründet, sie stützte sich aber schon während der 1970er-Jahre stärker auf europäische Büros und verlegte 1979 ihren Sitz nach Amsterdam. Die weniger spektakulär agierende Umweltschutzorganisation World Wildlife Fund, die bereits 1961 in der Schweiz gegründet worden war, hat ihren Sitz bis heute im schweizerischen Gland nicht weit vom Genfer See. Und die humanitäre Krisenhilfsorganisation *médecins sans frontières* (Ärzte ohne Grenzen), die von einer Gruppe französischer Ärzte 1971 gegründet wurde und sich überwiegend auf europäische Länder stützte, hat ihren Sitz in Genf.

Auch in den Nichtregierungsorganisationen war Europa freilich kein einheitlicher Akteur. Die Tätigkeiten der Europäer in den internationalen Regierungs- und Nichtregierungsorganisationen waren nicht abgestimmt, weder durch Absprachen der nationalen Regierungen noch gar durch die europäischen Institutionen, die EWG oder den Europarat. Ob die gesellschaftlichen Verflechtungen zwischen den Europäern in diesen internationalen Organisationen und NGOs eng waren und ob sich die europäischen Leiter dieser Organisationen in ihrem Selbstverständnis an Europa gebunden fühlten, ist zweifelhaft, allerdings bisher nicht erforscht. Darüber hinaus ist es unter Historikern umstritten, wie viel Einfluss internationale NGOs auf die Entscheidungen der UNO und ihrer Unterorganisationen überhaupt nehmen konnten. Zumindest besaßen aber in Westeuropa basierte NGOs in der Epoche der 1950er- bis 1970er-Jahre eine erhebliche moralische Autorität und einen bedeutsamen, wenn auch im Einzelnen schwer messbaren Einfluss auf die internationale Öffentlichkeit.

Der Kalte Krieg

Hat der Kalte Krieg in dieser Epoche den starken Rückgang der Verflechtungen zwischen Europa und anderen Weltregionen durch die Dekolonialisierung und den sinkenden europäischen Einfluss auf die Weltorganisationen kompensiert? Obwohl er seit seinen Anfängen in den späten 1940er-Jahren ein globaler Konflikt war, hat er die Europäer nicht in neue globale Verflechtungen hineingezogen oder -gezwungen. Das hatte mehrere Gründe.

Im Kalten Krieg schufen die beiden Supermächte keine globalen militärischen und politischen Allianzen, sondern ausschließlich regionale. Die Bündnisse, an denen Europäer beteiligt waren, also das westliche Bündnis, die NATO, und das östliche, der Warschauer Pakt, waren regionale, auf Europa beschränkte Militärallianzen. Im Kriegsfall sollten die Truppen der europäischen westlichen oder östlichen Alliierten anders als die Truppen der beiden Supermächte selbst nur in Europa eingesetzt werden. Damals führte die NATO noch nicht wie ab den 1990er-Jahren weltweite Militärmissionen auch außerhalb Europas durch. Eine globale Perspektive eröffnete sich in diesen Bündnissen daher meist nicht. Die beiden großen

Ausnahmen, der Korea- und der Vietnamkrieg, bewegten die europäischen Öffentlichkeiten freilich massiv. So führte der Vietnamkrieg nicht nur in den USA, sondern auch im westlichen Europa zu gravierenden innenpolitischen Konflikten.

Auch die Entspannungspolitik, ein wesentliches Element des Kalten Krieges, wurde regional organisiert. Die Genfer Konferenz 1955 beschränkte sich ganz auf europäische Fragen, und die Konferenz für Sicherheit und Zusammenarbeit in Europa (KSZE), die während der 1970er-Jahre das wichtigste Forum der Entspannungspolitik war und das folgenreiche Abkommen von Helsinki 1975 aushandelte, besaß zwar mit den USA und Kanada auch nordamerikanische Mitglieder, hatte aber einen rein europäischen und keinen globalen Fokus. Insgesamt war der Kalte Krieg zwar ohne jeden Zweifel ein globaler Konflikt, aber die Europäer waren in der Regel nur in seine regionale europäische Szene eingebunden.

Die europäischen Regierungen versuchten nicht, im Kalten Krieg dieser Regionalbindung entgegenzusteuern und zielgerichtet gegen den Willen der Supermächte neue globale Beziehungen aufzubauen. Die einzige Ausnahme war die Politik der globalen Zusammenarbeit der blockfreien Staaten des jugoslawischen Präsidenten Tito zusammen mit dem indischen Ministerpräsidenten Nehru und dem ägyptischen Präsidenten Nasser.

Auch auf einem anderen Feld des Kalten Krieges, den Kolonialkriegen mit kommunistischen Unabhängigkeitsbewegungen, wurde der Abbruch von europäischen globalen Verflechtungen nicht dauerhaft aufgehalten. Im Fall einer Niederlage der europäischen Kolonialmacht wie der Frankreichs in Indochina wurden die Verflechtungen mit der europäischen Kolonialmetropole durch die neue kommunistische Regierung besonders rigoros abgebrochen. Bei einem Sieg der europäischen Kolonialmacht gegen eine kommunistische Unabhängigkeitsbewegung wie in Malaysia musste die Unabhängigkeit später doch zugestanden werden, wenn auch einer politisch anders orientierten Regierung. Zudem haben die USA versucht, diese Kolonialkonflikte des Kalten Krieges möglichst selbst in die Hand zu nehmen. In Indochina setzten sie nach der

Niederlage Frankreichs 1954 den Krieg in Vietnam selbst fort. Im Suezkonflikt wurden britische und französische Besatzungstruppen durch amerikanische Soldaten mit UNO-Mandat ersetzt, als die Gefahr bestand, dass Ägypten sich im Kalten Krieg auf die Seite der UdSSR schlüge. Die UdSSR zog ihre europäischen Alliierten ebenfalls nicht in Kolonialkriege hinein. In Angola ließ sie die kommunistische Unabhängigkeitsbewegung durch kubanisches Militär und nicht durch ihre europäischen Alliierten unterstützen.

Allerdings entstanden durch die Entwicklungspolitik neue Verflechtungen zwischen Europa und anderen Weltregionen außerhalb des Westens und außerhalb des Ostblocks von den 1950er-Jahren an. Die Entwicklungspolitik folgte ähnlichen Prinzipien wie die Politik der Modernisierung der Kolonien durch die europäischen Kolonialmächte. Sie gewann aber eine viel breitere Bedeutung, weil sie von allen europäischen Ländern getragen wurde, auch von den Ländern ohne Kolonien. Das Ziel war, die afrikanischen, lateinamerikanischen und asiatischen Länder nach den Modellen des Nordens zu entwickeln, also entweder nach dem marktwirtschaftlichen Modell oder nach dem kommunistischen Modell. Dafür wurden in erheblichem Umfang Kapital, Investitions- und Konsumgüter, Experten sowie Regierungs- und Unternehmensvertreter in die Entwicklungsländer entsandt. Studenten aus den Entwicklungsländern studierten an europäischen und amerikanischen Universitäten oder wurden in dortigen Firmen ausgebildet. Auf diese Weise entstanden neue Verflechtungen zwischen Europa und den Weltregionen außerhalb des Nordens.

Nicht selten war die Entwicklungspolitik mit dem Kalten Krieg verbunden und wurde eingesetzt, um ein afrikanisches, lateinamerikanisches oder asiatisches Land an den jeweiligen Block zu binden. Sie etablierte damit eine neue Konkurrenz zwischen den Europäern, nicht mehr zwischen Imperien, sondern zwischen dem östlichen und westlichen Europa. Diese neuen Verflechtungen durch Entwicklungspolitik und Wirtschaftsbeziehungen waren ähnlich wie die Kolonialbeziehungen von einer tiefen Ungleichheit zwischen den reichen, entwickelten, überlegenen Europäern und den ärmeren Drittweltländern geprägt. Allerdings waren sie weit schwächer als die in der Zeit der Kolonialherrschaft. Die Europäer, die als Vertreter von Entwicklungsorganisationen, von europäischen Ministerien oder von europäischen Unternehmen in Afrika, Lateinamerika oder Asien lebten, machten nur einen Bruchteil der Millionen von Europäern aus, die zuvor in den europäischen Kolonien gelebt hatten.

Migration und Reisen

Wurden der Rückzug Europas aus den Kolonien und der Machtverlust Europas in den internationalen Organisationen ab den 1960er-Jahren wenigstens durch globale Migration und daraus entstandene neue Verflechtungen kompensiert? Dagegen spricht vieles. Die Dekolonialisierung führte zu einer massenhaften und auch definitiven Rückwanderung vieler Europäer aus Afrika und Asien nach Europa. Schon dadurch nahmen die Verflechtungen ab. Insgesamt kehrten zwischen 1940–1975 geschätzte 7 Millionen Bewohner europäischen Ursprungs aus den Kolonien zurück. Allein aus Algerien siedelten mehr als eine Million Franzosen in ihr Mutterland über. Zwar brachten die zurückgekehrten Europäer ihre Kenntnisse anderer Weltregionen in die europäische Öffentlichkeit mit ein und versuchten sich teils erfolgreich, teils erfolglos neue internationale Karrieren in ihrem Mutterland oder in internationalen Organisationen aufzubauen, aber nur ein Teil der Rückkehrer hielt den Kontakt zur früheren Heimat.

Diese Rückwanderung von Europäern auf ihren Ursprungskontinent wurde nicht wirklich kompensiert durch Auswanderung aus Europa und die daraus entstehenden neuen interkontinentalen Verflechtungen. Zwar wanderten viele Europäer in der unmittelbaren Nachkriegszeit aus, doch diese letzte große Auswanderungswelle von Millionen von Europäern endete schon in den Fünfzigerjahren mit dem Einsetzen des wirtschaftlichen Booms in Europa. Sie ging außerdem vor allem in die Vereinigten Staaten und nach Lateinamerika und vernetzte Europa somit stärker im atlantischen Raum. Nach Afrika und Asien führte die Auswanderung dagegen nur selten.

Die gekappten Verbindungen zwischen Europa und der afrikanischen und asiatischen Welt wurden während der 1950er- und 1960er-Jahre auch noch nicht wirklich durch die Immigration von Afrikanern oder Asiaten nach Europa erneuert. Zwar setzte diese Immigration in die ehemaligen Kolonialmetropolen schon in der späten Nachkriegszeit ein, aber während der 1950er- und 1960er-Jahre wurde diese Zuwanderung von den Europäern und oft auch von den Zuwanderern selbst noch nicht als definitive Einwanderung wahrgenommen, sondern nur als vorübergehende Arbeitskräftemigration angesehen. Wissenschaftler, Schriftsteller und Intellektuelle, die aus Immigrantenmilieus stammten und als Kulturvermittler zwischen Europa und außereuropäischen Ländern fungierten, waren damals noch selten. Die Immigranten selbst unterhielten zwar oft dichte Netzwerke mit ihren Ursprungsländern, aber als eine Verflechtung von Europa mit der asiatischen und afrikanischen Welt kann man diese Netzwerke in der damaligen Zeit nur bedingt ansehen. Umgekehrt orientierten sich die Eliten der ehemaligen Kolonien für das Auslandsstudium ihrer Söhne und Töchter oder für die Konsumreisen ihrer Familien immer mehr auf die USA, teilweise auch die UdSSR.

Auch der globale Tourismus hatte auf die Kontakte Europas mit der asiatischen und afrikanischen Welt während der 1950er- und 1960er-Jahre nur geringe Auswirkungen. Nur wenige Europäer unternahmen damals Weltreisen außerhalb des atlantischen Raums. Die Massenkaufkraft der Europäer war in den Anfängen des wirtschaftlichen Booms in der Regel dafür noch zu schwach, die Kosten einer Weltreise noch bei Weitem zu hoch. Darüber hinaus waren große Teile der Welt auch aufgrund des Kalten Krieges schwer zu bereisen. Man kann zudem grundsätzlich bezweifeln, dass der Massentourismus wirklich dichte internationale und interkontinentale Verflechtungen mit anderen Ländern entstehen lassen kann.

Schließlich blieb in den 1950er- und 1960er-Jahren auch der mehrjährige oder dauerhafte Arbeitsaufenthalt in einem afrikanischen oder asiatischen Land selten. Gewiss arbeiteten ähnlich wie im 19. und frühen 20. Jahrhundert Europäer als Missionare, Angestellte großer Unternehmen, als Wissenschaftler, Studenten, Diplomaten oder Entwicklungshelfer in Asien und Afrika. Aber in den 1950- und 1960er-Jahren war das eine weit kleinere Schar als in der Kolonialzeit, deren genaue Zahl sehr schwer zu schätzen ist. Massenhafte internationale Karrieren oder massenhafte internationale Aufenthalte im Verlauf nationaler Karrieren, die sich heute in den Auswanderungsstatistiken niederschlagen, gab es damals noch kaum.

Europa und die Weltöffentlichkeit

Das Bild von Europa in der Weltöffentlichkeit änderte sich zwischen den 1950er- und 1970er-Jahren ebenso wie das Bild der Europäer von den anderen Weltregionen. Es mag angesichts der hier geschilderten Besonderheiten Europas erstaunen: Der Kontinent wurde in der Weltöffentlichkeit nicht als ein Modell für eine dynamische, rasch wachsende moderne Wirtschaft oder für moderates Städtewachstum ohne Slums oder für enge Familienbindungen wahrgenommen. Nicht Europa, sondern die USA galten als ein solches, auch wenn die amerikanische Wirtschaft damals weniger rasch wuchs als die europäische. Im Vergleich zu den USA galt Europa eher als rückständig. Die USA besaßen augenfällig ein weit höheres Pro-Kopf-Sozialprodukt und einen höheren Lebensstandard als die meisten europäischen Länder, auch gemessen an den damaligen Indikatoren für sozialen Fortschritt, an der Zahl der Autos, Kühlschränke, Fernsehapparate und Telefone. Außerdem waren die amerikanischen Wissenschaften inzwischen leistungsfähiger geworden als die europäischen und gewannen weit mehr Nobelpreise.

Diese stark verringerte Bedeutung Europas aus der Perspektive anderer Weltregionen war nicht völlig neu. Europa war schon durch den Ersten Weltkrieg als positives globales Modell diskreditiert worden, hatte durch den Zweiten Weltkrieg weiter an moralischem Kredit verloren, war danach zu verarmt, um noch attraktiv zu sein. Obendrein büßte es durch die Kolonialkriege weiteres Ansehen ein. Umgekehrt hatten sich die USA nicht durch den Beginn zweier Weltkriege, Diktaturen und Kolonialkriege moralisch diskreditiert. Gleichzeitig propagierte Europa in der Weltöffentlichkeit auch anders als die USA kein Lebensstilmodell des Konsums durch Werbung, Filme, Musik und Fernsehen, durch Romane und Wissenschaft. Zudem war Europa kein globaler Akteur im Kalten Krieg wie die USA oder die UdSSR, keine Supermacht, auf welche die Weltöffentlichkeit sah.

Nur in zwei Bereichen spielte Europa für die Weltöffentlichkeit eine führende Rolle: in der Debatte über den Wohlfahrtsstaat und in der Kultur. Für einige Weltregionen wie etwa Lateinamerika, Japan, Teile Afrikas und auch für bestimmte politische Milieus in den USA wurde Europa nach dem Zweiten Weltkrieg ein Modell für staatliche soziale Sicherung, da kaum sonst irgendwo in der westlichen Welt Wohlfahrtsstaaten so weit ausgebaut waren. Als Hauptverkörperung dieses europäischen Modells wurden in der Regel die reformierten Wohlfahrtsstaaten Großbritannien und Schweden angesehen, nicht mehr wie noch in der Zwischenkriegszeit Deutschland und Österreich. In anderen Teilen der Welt galt dagegen eher die sowjetische und osteuropäische staatliche soziale Sicherung als Modell.

Allerdings besaß die internationale Ausstrahlung dieses europäischen Wohlfahrtsmodells in der Regel zwei Grenzen. Es war normalerweise nicht mehr als ein Orientierungspunkt. Wirklich nachgeahmt wurde es in anderen Weltregionen nicht. Darüber hinaus wurde es häufig nur als eine Ergänzung des Modells USA in einem Aspekt angesehen, in dem dieses Modell korrekturbedürftig wirkte. Eine umfassende Alternative zum Modell USA war Europa nicht.

Außerdem blieb Europa trotz seiner politischen Diskreditierung und seines wirtschaftlichen Niedergangs in der Weltkriegsepoche ein kulturelles Modell. Europäische Intellektuelle hatten häufig eine globale Ausstrahlung und wurden zumindest überall im Westen gelesen. An der klassischen europäischen Kultur, ihrer Musik, Malerei, Architektur und Philosophie, orientierten sich weiterhin viele Weltregionen. Das Studium in Europa blieb für die Söhne und Töchter der Eliten anderer Weltregionen attraktiv.

Nicht nur das Interesse der Weltöffentlichkeit an Europa ging zurück, sondern umgekehrt auch das europäische Interesse an anderen Weltregionen. Gewiss blieb das öffentliche Interesse in einem Teil Europas, vor allem in Frankreich und Großbritannien, an den Kontinenten der einstigen Kolonien wach. Ein anderer Teil Europas dagegen wandte sich von den globalen Entwicklungen ab, war höchstens an den USA oder an der UdSSR interessiert und begann sich weitgehend auf die eigene Weltregion zu konzentrieren.

Das Interesse der europäischen Wissenschaft an anderen Weltregionen blieb sehr begrenzt. Während sich in den USA die *regional studies* entwickelten, die alle Regionen der Welt abdeckten, und in China sowie Indien das Interesse an der außerchinesischen und außerindischen Geschichte, Philosophie und Kultur wach blieb, verpasste Europa diesen Trend weitgehend. Selbst in den ehemaligen europäischen Kolonialmetropolen fand man nur an wenigen Universitäten Spezialisten für andere Weltregionen. Institutsgründungen mit einem globalen Programm wie die École des Hautes Études en Sciences Sociales (EHESS) 1975 und ihre Vorläuferin, die Sixième section der École pratique des Hautes Études (1947) in Paris oder die schon 1916 gegründete School of African and Asian Studies in London oder die niederländische Universität Leiden blieben Einzelfälle und prägten keineswegs das Universitätsleben.

Insgesamt waren die 1950er- bis frühen 1970er-Jahre eine Zeit der Stagnation, wenn nicht gar des Rückgangs der globalen europäischen Verflechtungen. Mit der Dekolonialisierung brachen Bindungen zwischen Europa und außereuropäischen Weltregionen ab. Der anfänglich starke Einfluss von Europäern in den Weltorganisationen nach dem Zweiten Weltkrieg ging ab den 1960er-Jahren zurück. Er wurde nicht nur von Anfang an eingeschränkt durch die Stellung der neuen Supermächte USA und USSR, sondern wurde auch zunehmend durch die in der Dekolonisierung entstandenen zahlreichen neuen asiatischen und afrikanischen Staaten in der UNO und ihren Unterorganisationen abgeschwächt.

Auch die globalen Verflechtungen durch Migration reduzierten sich eher. Die europäische Auswanderungswelle nach 1945, die neue Verflechtungen entstehen ließ, blieb kurz. Die massive Rückwanderung von Europäern aus den Kolonien wurde anfangs nur begrenzt durch die neue Immigration von indigenen Kolonialbewohnern nach Europa ausgeglichen, da die Immigranten in den europäischen Gesellschaften oftmals isoliert waren und daher noch keine Brücken zwischen ihrer Herkunftsregion und Europa schlagen konnten.

Der Kalte Krieg begrenzte zudem die Aufmerksamkeit der Westeuropäer auf den atlantischen Raum und die der Osteuropäer auf den sowjetisch kontrollierten Bereich, da Europa in die globalen Dimensionen des Kalten Krieges nur selten hineingezogen wurde, vom Koreakrieg, der Kubakrise und dem Vietnamkrieg abgesehen. Die Aufmerksamkeit der europäischen Öffentlichkeiten für globale Themen außerhalb ihres jeweiligen Blocks im Kalten Krieg sank mit Ausnahme weniger Länder ab. Schließlich wurde Europa nur noch in einem schmalen Bereich von Themen, wie vor allem dem Wohlfahrtsstaatsmodell und der Hochkultur, als globaler Orientierungspunkt wahrgenommen. Als umfassendes wirtschaftliches, kulturelles und politisches Modell wurde es von den USA beziehungsweise in anderen Teilen der Welt von der UdSSR verdrängt.

III. Auslaufen der Prosperität und neue Vielfalt der Optionen (1973–1989)

7. Eine gemeinsame neue Epoche

Während der 1970er-Jahre begann allmählich eine neue Epoche. Diese Zeit wird heute von den Historikern als eine der großen Wendemarken des 20. Jahrhunderts angesehen. Anders als die Umbrüche von 1945 und 1989 ist diese nicht auf ein einziges Jahr datierbar, aber an vielen Entwicklungen erkennbar, in der Wirtschaft ebenso wie in der Gesellschaft, in der Kultur ebenso wie in der Politik.

Wirtschaft

Besonders markant kündigte sich die neue Epoche in der Wirtschaft an. Als das wichtigste Zeichen für eine wirtschaftliche Wende wird in der Regel der erste Ölpreisschock von 1973 angesehen. Er bestand in einer schlagartigen Erhöhung der Erdölpreise von rund 3 auf etwa 12 US-Dollar pro Barrel durch die OPEC, die Organisation Erdöl exportierender Länder des Nahen Ostens, Afrikas und Lateinamerikas. Im zweiten Ölschock von 1979 stiegen die Ölpreise von rund 16 auf 24 US-Dollar pro Barrel. Schockierend war diese Preissteigerung für die Europäer nicht nur wegen ihrer Höhe und ihrer Inflationswirkung, sondern auch aus zwei weiteren Gründen: Die Ölpreisschocks machten vielen Europäern schlagartig deutlich, dass die Versorgung mit Energie auf Grenzen stieß, und führten darüber hinaus zumindest den Westeuropäern ihre Abhängigkeit von nichtwestlichen Ländern vor Augen, denen sie damals in der Regel nicht viel Vertrauen entgegenbrachten.

Mindestens ebenso einschneidend war ein zweites Ereignis in den internationalen Wirtschaftsbeziehungen, das allerdings in der Erinnerung der Europäer inzwischen stärker verblasst ist: das Ende des Währungssystems von Bretton Woods 1973. Dieses System fester Wechselkurse war 1944 von den Ländern des Westens geschaffen worden und gründete auf dem Dollar als Leitwährung. Seitdem hatten sich die Bedingungen grundlegend geändert. Das Vertrauen in das Welthandelssystem steckte nicht mehr in einer tiefen Krise wie am Ende des Zweiten Weltkriegs, sondern war wiederhergestellt. Der Welthandel florierte. Das Prinzip der internationalen Öffnung der Märkte war anders als in der Kriegs- und Zwischenkriegszeit von den westlichen Ländern akzeptiert und die verhängnisvolle Abschließung der nationalen Wirtschaften keine Bedrohung mehr. Auch waren die anderen westlichen Länder nicht mehr so stark bei den USA verschuldet wie direkt nach dem Zweiten Weltkrieg.

Vor allem durch den Vietnamkrieg hatten sich die USA umgekehrt selbst verschuldet. Damit geriet das Währungssystem von Bretton Woods, das auf einem starken stabilen Dollar beruhte, in Schwierigkeiten. Die Verschuldung der USA erzeugte einen fortwährenden Druck auf den Dollar, da die internationalen Kapitalflüsse aus dem inflationsgefährdeten Dollar in westeuropäische Währungen, vor allem in die westdeutsche D-Mark und den Schweizer Franken, umgelenkt wurden. Um diesen Druck abzuschütteln, die teuren Interventionen zugunsten des Dollar einstellen zu können und das kontinuierliche Feilschen mit europäischen Regierungen um die Aufwertung ihrer Währungen zu beenden, kündigte die Nixon-Regierung das System fester Wechselkurse 1973 auf. Für die westeuropäischen Exportwirtschaften entstand dadurch eine völlig neue Situation, da von nun an die Exporterlöse den Währungsschwankungen unterworfen und deshalb oft schwer vorherzusagen waren.

Diese Ereignisse, die Ölschocks und das Ende des Währungssystems von Bretton Woods, markierten am sichtbarsten den Beginn einer neuen Epoche. Langsamer setzten sich dagegen fünf wirtschaftliche Neuentwicklungen durch, die jedoch meist in engem

Zusammenhang mit diesen beiden Wirtschaftsereignissen standen: die Verlangsamung des Wirtschaftswachstums, der neue starke Einfluss des Monetarismus in der Geld- und Wirtschaftspolitik, die Deregulierung und Privatisierung im bislang öffentlichen Sektor, die erneute Globalisierung und der Übergang von der Industrie- zur Dienstleistungsgesellschaft. Erst durch diese Entwicklungen wurde aus zwei aufsehenerregenden Ereignissen eine neue Wirtschaftsepoche.

Wachstumsverlangsamung. Die Wachstumsverlangsamung unterschied die neue Epoche markant von den vorangegangenen europäischen «trente glorieuses», der langen und außergewöhnlichen Prosperitätszeit. Um die Mitte der 1970er-Jahre fielen nach den Berechnungen der OECD die jährlichen realen wirtschaftlichen Wachstumsraten im westlichen Europa in kurzer Zeit von ungefähr 4% auf wenig über 2%. Auch in denjenigen europäischen Ländern, in denen das Wachstum etwas höher blieb, wie in Frankreich, Italien, Österreich, Finnland und Norwegen, sanken die Wachstumsraten meist deutlich ab. Aus der heutigen Sicht sind solche Zahlen normal. Von den europäischen Zeitgenossen wurden sie aber aus drei Gründen oft als alarmierend angesehen. Nach einem langen Vierteljahrhundert der Prosperität, dessen Fortsetzung nach den damaligen Voraussagen von Ökonomen und Futurologen auch in Zukunft zu erwarten war, enttäuschten die neuen Wirtschaftsdaten. Darüber hinaus irritierte es die Europäer, dass die Inflation seit den frühen 1970er-Jahren massiv zunahm. In Europa als Ganzem stiegen die Preise nach den offiziellen Angaben zwischen 1970 und 1980 im Durchschnitt um das Zweieinhalbfache. Spitzenländer der Inflation waren im östlichen Europa Jugoslawien mit einer Verfünffachung der Preise, im westlichen Portugal mit derselben Steigerung, aber auch Großbritannien, Irland, Italien und Griechenland, wo sich die Preise fast vervierfachten.

Zwar trat die Inflation nicht überall in diesem Ausmaß ein, aber auch im Musterland westlicher Preisstabilität, in der Schweiz, stiegen die Preise um mehr als die Hälfte. Nur in der Tschechoslowakei und der DDR blieben die Preise nach den offiziellen Angaben stabil. Man muss hinzufügen, dass nicht alle europäischen Nationen von dieser Inflation gleichermaßen irritiert waren. In Deutschland und Österreich, die in der ersten Hälfte der 1920er-Jahre verhängnisvolle Hyperinflationen erlebt hatten, waren die Ängste weit ausgeprägter als in Frankreich oder England, wo diese negative Erfahrung fehlte.

In den 1980er-Jahren, als die Inflation wieder zurückgedrängt worden war, irritierte die Europäer dann die Massenarbeitslosigkeit, die in jedem wirtschaftlichen Abschwung zunahm und in den darauffolgenden wirtschaftlichen Aufschwungphasen nicht wieder auf den vorherigen Stand zurückgebracht werden konnte. Bis in die frühen 1970er-Jahre hatte die Arbeitslosenrate im westlichen Europa nur wenig über 2% gelegen, das heißt bei einem Wert, der Vollbeschäftigung anzeigt. Sie stieg nach den Berechnungen der OECD seit der zweiten Hälfte der Siebzigerjahre an, erreichte um 1980 im westeuropäischen Durchschnitt schon 6%, um 1989 sogar 10% und erhöhte sich auch in den 1990er-Jahren weiter.

Warum ging die lange Prosperitätszeit mit ihrer niedrigen Arbeitslosigkeit in der zweiten Hälfte der 1970er-Jahre zu Ende? Eine erste Erklärung sieht in den sinkenden Wachstumsraten eine Rückkehr zur Normalität des europäischen Wachstums. Davor war das Wirtschaftswachstum in dieser Sicht ganz außergewöhnlich gewesen, da ein Vierteljahrhundert lang der Rückfall hinter das Potenzial der europäischen Wirtschaft infolge der verheerenden Auswirkungen der beiden Weltkriege und der falschen Wirtschaftspolitik der Zwischenkriegszeit wieder aufgeholt wurde. Diese außergewöhnliche Zeit ging nach dieser Interpretation in den 1970er-Jahren zu Ende, da das wirtschaftliche Potenzial Europas nun wieder voll genutzt wurde. Eine zweite Erklärung setzt bei der neuen weltwirtschaftlichen Situation der Globalisierung an. Nach dieser Erklärung waren die verschärfte weltwirtschaftliche Konkurrenz und die damit einhergehende Auslagerung von Produktionsstandorten und Arbeitsplätzen aus Europa in die kostengünstigere Dritte Welt ein entscheidender Grund für die gedämpften Wachstumsraten und die steigende Arbeitslosigkeit. Die äußeren weltwirtschaftlichen Bedingungen waren demnach ausschlaggebend.

Eine dritte Erklärung sieht die Hauptgründe in den inneren Schwächen der europäischen Wirtschaft: entweder im Rückgang ihrer Innovationskraft, sei es durch den starken Wohlfahrtsstaat, sei es durch die große Macht der Gewerkschaften, sei es durch das zurückgebliebene und zu wirtschaftsferne Bildungssystem, sei es durch die Ineffizienz oder zu geringe Risikobereitschaft der europäischen Unternehmer; oder im Auslaufen der Industriegesellschaft, auf die das Wirtschaftswachstum Europas seit dem 19. Jahrhundert aufbaute und zu der Europa nur schwer eine dynamische Alternative fand; oder im Fehlen von weitsichtigen wirtschaftspolitischen Weichenstellungen ähnlich den großen Entscheidungen der 1940er-Jahre; oder im Ausbleiben einer neuen großen Innovation, die zu einem Schlüsselsektor des Wachstums hätte führen können, wie es der Automobilsektor in den 1950er- und 1960er-Jahren gewesen war.

Monetarismus. Nicht nur das wirtschaftliche Wachstumstempo, sondern auch die vorherrschenden wirtschaftspolitischen Konzepte veränderten sich im Westen seit den 1970er-Jahren in den Wirtschaftswissenschaften ebenso wie unter den Beratern und Entscheidern der Wirtschaftspolitik grundlegend. Bis in die 1970er-Jahre spielte der Keynesianismus eine tragende, wenn auch nie völlig dominierende Rolle. Dieses wirtschaftspolitische Konzept hatte die internationale Wirtschaftspolitik ebenso wie die nationalen Wirtschaftspolitiken und den Aufbau des Wohlfahrtsstaates beeinflusst. Es strebte an, aus der verhängnisvollen Wirtschaftspolitik der Zwischenkriegszeit zu lernen und eine erfolgreichere Politik durchzusetzen.

Der englische Ökonom John Maynard Keynes, der Begründer des nach ihm benannten «Keynesianismus», war selbst an der Einrichtung des Währungssystems von Bretton Woods beteiligt gewesen. Dieses war ein wichtiges Element des Keynesianismus. Keynes hatte zudem mit seinem wirtschaftspolitischen Prinzip der antizyklischen Konjunkturpolitik, der erhöhten Staatsausgaben und der Inkaufnahme erhöhter Staatsverschuldung im wirtschaftlichen Abschwung und umgekehrt der Verminderung der Staatsausgaben und Staatsschulden im Aufschwung viele Wirtschaftspolitiker in Europa beeinflusst. Er sah darüber hinaus auch den Aufbau des modernen Wohlfahrtsstaates und die Qualifizierung der Arbeitskräfte durch eine Expansion des staatlichen Bildungssektors als einen wichtigen Teil seiner Politik der Arbeitsbeschaffung an. Der Keynesianismus beeinflusste von den späten 1940er-Jahren bis zur Mitte der 1970er-Jahre, also während der Prosperitätszeit, vor allem sozialdemokratische Regierungen in Großbritannien, den Beneluxstaaten und den skandinavischen Ländern sowie die Große Koalition der Bundesrepublik. Aber auch konservative Regierungen nahmen Elemente dieses wirtschaftspolitischen Konzepts auf.

Der Keynesianismus wurde seit den 1970er-Jahren zunehmend kritisiert. Man sah in der von ihm beeinflussten Wirtschaftspolitik die entscheidende Ursache für die Inflation der 1970er-Jahre, aber auch für die stark ausgeweiteten staatlichen Subventionen, die gegen den Widerstand der Interessengruppen politisch nur schwer wieder abzubauen waren, für die schwerfälligen staatlichen Bürokratieapparate und überhaupt für den kontinuierlichen Anstieg der Staatsquote.

Die radikale Gegenposition zu Keynes, das völlige Vertrauen in die Steuerungskapazität des Marktes, die völlige Freigabe der Wechselkurse, die Zurückhaltung des Staates in den wirtschaftlichen Konjunkturen und die Ablehnung des Wohlfahrtsstaates, wurde zwar in den 1950er- und 1960er-Jahren ebenfalls vertreten, vor allem von dem europäischen Ökonomen Friedrich von Hayek und seinem amerikanischen Kollegen Milton Friedman. Aber der Einfluss dieser wirtschaftspolitischen Konzepte war damals begrenzt gewesen. In der 1947 von Hayek gegründeten Mont Pelerin Society, einer Gesellschaft von liberalen europäischen und amerikanischen Ökonomen, wurde in heftigen Debatten allmählich ein Konzept zur Liberalisierung der Wechselkurse und der Beendigung der antizyklischen Konjunkturpolitik entwickelt.

Zum Durchbruch kam dieses sogenannte monetaristische Konzept in politischen Entscheidungen erstmals 1973 beim Rückzug der Regierung Nixon aus dem System fester Wechselkurse. In den 1980er-Jahren stand der Monetarismus dann auf dem Höhepunkt seines politischen und wissenschaftlichen Einflusses. Die westeuropäischen Wirtschaftswissenschaften orientierten sich in starkem Maße an dieser Lehre und wandten sich vom Keynesianismus ab. Auch unter den westeuropäischen Regierungen und in der Europäischen Kommission gewann dieses Konzept zunehmend an Einfluss. Vor allem drei Ziele prägten die Wirtschaftspolitik im westlichen Europa mehr und mehr: die Stabilisierung der Staatshaushalte und der Abbau der Staatsschulden; die Geldwertstabilität und die Bekämpfung der Inflation, die tatsächlich in den 1980er-Jahren sank; und schließlich der Rückzug des Staates aus vielen Dienstleistungen. Diesen Zielen begannen nicht nur die nationalen Regierungen zu folgen, auch die Europäische Gemeinschaft und später die Europäische Union orientierten sich daran. Daher wurde auch die Beteiligung an der gemeinsamen Währung der EU, als sie in den 1990er-Jahren konzipiert wurde – vor allem auf Druck der Bundesrepublik Deutschland –, an nationale Verpflichtungen zu einer begrenzten Staatsverschuldung und zu niedriger Inflation gebunden.

Deregulierung. Eng mit den sinkenden wirtschaftlichen Wachstumsraten und den veränderten wirtschaftspolitischen Konzepten hing eine dritte neue Tendenz zusammen: die Privatisierungs- und Deregulierungspolitik im bisherigen öffentlichen Sektor. Die Deregulierung und Privatisierung wurde in fünf Bereichen durchgesetzt, wobei man sie nicht so genau datieren kann wie den Rückgang des Wirtschaftswachstums. Ein erster Bereich war die Reprivatisierung staatlicher Unternehmen, die unmittelbar nach dem Zweiten Weltkrieg durch die Verstaatlichung von Banken und von besonders wichtigen großen Unternehmen im Bereich der Stahl- und Automobilindustrie, der Bergwerke, Grundversorgung und Kommunikation vor allem in Großbritannien und Frankreich entstanden waren.

Vorreiter der Reprivatisierung von staatlichen Unternehmen war in den 1980er-Jahren die Regierung Thatcher in Großbritannien.

Zögernder verlief die Privatisierung in einem zweiten Bereich, bei den bislang öffentlichen Dienstleistungen, also Eisenbahnen, Häfen, Flughäfen, Fluglinien, Post, Telefon, städtischen Verkehrsbetrieben, Elektrizitäts-, Gas- und Wasserversorgung sowie Müllabfuhr. In einem dritten Bereich, den Medien, wurden die staatlichen Anstalten, die schon seit der Zwischenkriegszeit im Rundfunk und Fernsehen vorherrschten, selten direkt privatisiert, da die Regierungen sich ihren Einfluss auf die politische Öffentlichkeit meist erhalten wollten. Die Deregulierung seit den 1980er-Jahren bestand vielmehr in der Zulassung privater Sender, die allmählich mehr Zuhörer und Zuschauer gewannen als die öffentlichen Anstalten. Privatisiert wurden viertens seit den Siebzigerjahren auch die staatliche Qualitätskontrolle von Waren, die technische Überwachung von Produktionsprozessen und privaten Fahrzeugen, von Tief- und Hochbau sowie von Gebäuden, Fahrkartenkontrollen bis hin zur Evaluierung von öffentlichen Verwaltungen, Universitäten und Schulen.

Diskutiert wurde die Privatisierung auch fünftens im Bereich des Wohlfahrtsstaates, der Stadtplanung, Gesundheit und Bildung. Auf diesen Gebieten der staatlichen Intervention existierten schon immer – je nach Land und Bereich unterschiedlich – eine Vielzahl von privaten Einrichtungen zur sozialen Sicherung, zur Abwehr von Armut und zur Krankenpflege, private, meist von kirchlichen Trägern geleitete Schulen und Universitäten, auch privatwirtschaftliche Stadterneuerungen, die meist gemeinnützig, teilweise aber auch gewinnorientiert waren. Privatisierung und Deregulierung blieben in diesen Bereichen in den 1970er- und 1980er-Jahren noch eine Randerscheinung. Die staatlichen Sozialausgaben wurden nur vorübergehend reduziert, nahmen auf lange Sicht sogar weiter zu.

Insgesamt ging es bei den Deregulierungen und Privatisierungen nicht nur um eine höhere Produktivität der Wirtschaft oder um eine größere Vielfalt des Angebots, sondern auch um Einsparungen in den klamm gewordenen öffentlichen Haushalten und um mehr Effizienz und Entbürokratisierung der öffentlichen Verwaltungen. Diese Hoffnungen erfüllten sich keineswegs immer angesichts der Gefahr von privaten Monopolen, Preissteigerungen und Verschlechterungen von Dienstleistungen. Deregulierung und Privatisierung konnten in der Regel nicht von einem schwachen Staat, sondern nur von starken Regierungen durchgesetzt werden. Der Staat behielt sich zudem oft die letzte Kontrolle vor und konnte privatisierte Unternehmen nicht selten sogar strikter kontrollieren und regulieren als staatliche.

Globalisierung. Darüber hinaus wurden die 1970er- und 1980er-Jahre durch eine erneute Globalisierung geprägt. Ob diese dritte Globalisierung in der europäischen Geschichte tatsächlich erst in der Epoche der 1970er- und 1980er-Jahre oder schon direkt nach dem Zweiten Weltkrieg begann, ist allerdings umstritten (vgl. mehr dazu Kap. 9).

Von der Industrie- zur Dienstleistungswirtschaft. Von den Zeitgenossen weit weniger bemerkt wurde schließlich eine fünfte grundlegende wirtschaftliche Veränderung: der Übergang von der Dominanz der Industriebeschäftigung zur Dominanz der Dienstleistungen. In Europa als Ganzem (ohne Türkei und Sowjetunion) war um 1970 die Industrie mit rund 83 Millionen Beschäftigten noch knapp der größte Beschäftigungssektor, während in den Dienstleistungen damals 80 Millionen Europäer beschäftigt waren. Diese Industriedominanz war weiterhin an den großen Industriestädten sichtbar, die einige europäische Landschaften prägten, allerdings damals schon in einer Krise steckten. Schon um 1980 waren dagegen die Dienstleistungen mit 102 Millionen Beschäftigten der größte Beschäftigungssektor, während die Industrie nun zwar 85 Millionen Beschäftigte aufzuweisen hatte, aber trotzdem nur noch der zweitgrößte Sektor war.

Die Europäer wussten freilich von diesem Wandel wenig, da Dienstleistungsarbeit räumlich nicht so konzentriert und spektakulär sichtbar war wie Industriewerke, aber auch weil man immer noch an die Industrie als den Motor der modernen Wirtschaft glaubte und zudem damals niemand die Beschäftigungssektoren für Europa als Ganzes betrachtete. Erst ab den 1990er-Jahren wurden die Europäer allmählich dieser Veränderung gewahr.

Gesellschaft

Auch in der europäischen Gesellschaftsgeschichte setzte ein Ereignis ein Zeichen für den Beginn einer neuen Epoche: die Straßenkämpfe in Westberlin im Juni 1967 und vor allem der Mai 1968 in Paris. Der Mai 1968 ist inzwischen ein Mythos geworden, noch stärker als der erste Ölpreisschock oder gar das Ende von Bretton Woods 1973. Dieser Mythos enthält drei entscheidende Elemente: Erstens gilt der Mai '68 als Fanal eines grundlegenden Wandels, eines neuen liberaleren Verständnisses von Staatsbürgertum und gesellschaftlichen Werten. Zweitens werden die Studenten, also eine kleine Gruppe in der damaligen Gesellschaft, als Hauptakteur bei der Durchsetzung dieses Wandels angesehen. Drittens verbindet man mit dem Mai '68 einen heftigen, im Extremfall sogar gewalttätig ausgetragenen Generationskonflikt zwischen den jungen Erwachsenen und dem älteren Teil der Gesellschaft ab ungefähr dem 30. Lebensjahr. Daher ist der Mai 1968 weder eine klassische europäische Revolution mit einem Aufstand der Masse der Bevölkerung noch eine «stille» Revolution ohne spektakuläre Proteste und ohne klar erkennbare Akteure.

In Wirklichkeit war der Mai '68 nicht einfach der Beginn einer neuen Epoche. Er hatte seine Ursachen noch ganz in der Prosperitätszeit. Drei Gründe waren entscheidend. Völlig gegensätzliche Erfahrungen der älteren und jüngeren Generationen prallten aufeinander. Die ältere Generation stand immer noch unter dem Eindruck des Zweiten Weltkriegs, der Diktaturen und Besatzungen, der Erfahrung der Nachkriegsnot und der persönlichen Leistungen beim Wiederaufbau Europas, und sie hatte Verständnis für die moralischen und menschlichen Grauzonen des Krieges. Dagegen besaß die junge Generation eigene Erfahrungen nur aus der Prosperitätszeit und – in weiten Teilen Westeuropas – nur aus der Demokratie, kannte den Krieg und die Nachkriegsnot nur aus Erzählungen der

Älteren und sah daher nicht nur die Leistungen und Errungenschaften, sondern auch die Schwächen der damaligen Gesellschaften.

Darüber hinaus stand die europäische Gesellschaft ganz unter dem Eindruck eines dramatischen wirtschaftlichen und gesellschaftlichen Wandels, der raschen Veränderungen der Arbeit, der Familien, des Konsums, der Werte, des Wohlfahrtsstaats, der Städte und der Ausbildung. Die grundlegende Veränderbarkeit und Planbarkeit der Gesellschaft, die völlig neuen Aussichten für die Zukunft und die massiven Eingriffe in die Gesellschaft für eine bessere Zukunft waren deshalb eine Grunderfahrung dieser Epoche.

Drittens schließlich stand die damalige europäische Öffentlichkeit unter dem Eindruck des erneuten Aufbaus der Demokratie, der großen Hoffnung der Zeit nach 1945, und der völligen Diskreditierung der Diktatur in ihrer faschistischen, aber inzwischen auch in ihrer kommunistischen Variante. Sie war gleichzeitig irritiert darüber, dass die damaligen Musterdemokratien, vor allem die USA, aber auch Frankreich und das Vereinigte Königreich, höchst inhumane Kriege, den Vietnam- und den Algerienkrieg sowie die blutigen Kolonialkriege in Malaysia und Kenia, führten und zudem jeweils auch repressiv im Innern vorgingen, gegen die Bürgerrechtsbewegung und die Afroamerikaner in den USA, die Algerier in Frankreich und die Iren im Vereinigten Königreich. Diese Enttäuschungen unter den jungen Erwachsenen wurden noch verstärkt durch die Einsätze der für innere Konflikte nicht ausgebildeten Polizei und die Verletzten, vereinzelt sogar Toten, bei den Zusammenstößen auf den Straßen in der Bundesrepublik, Frankreich und Italien.

Der Mai '68 war zwar ein wichtiges Symbol, er war aber kein Auslöser für die meisten späteren gesellschaftlichen Veränderungen in Europa während der 1970er- und 1980er-Jahre. Die Anhänger des Mai '68 haben die meisten dieser wichtigen Wandlungen weder gewollt noch auch nur vorhergesehen. Vier wichtige Veränderungen prägten die europäischen Gesellschaften nach der Prosperitätszeit: der neue Zukunftsskeptizismus, die Verlangsamung der Verbesserung des Lebensstandards, die neue Vielfalt der gesellschaftlichen

Optionen sowie die neuen internationalen Verflechtungen und Konvergenzen.

Zukunftsskepsis. Der Umbruch in der Einstellung zur Zukunft war eine erste gravierende Veränderung: Die in der Prosperitätszeit entwickelten optimistischen Zukunftsvisionen, verbunden mit gesellschaftlicher Planung und einer einflussreichen Position der sozialwissenschaftlichen Experten und Futurologen, oft auch mit einer starken Skepsis gegenüber geschichtlichen Traditionen, wurden immer mehr abgelöst durch skeptische Zukunftserwartungen, durch wachsende Kritik an der staatlichen Planung und Gesellschaftspolitik, am Wohlfahrtsstaat, an der Stadtplanung, der Gesundheitsversorgung und der Bildungspolitik, durch wachsende Kritik an den sozialwissenschaftlichen Experten und später auch durch mehr Sensibilität für historische Überlieferung. «No future» wurde ein populärer Slogan. Die Kritik kam nicht nur aus einer politischen Richtung, sondern stammte aus drei ganz unterschiedlichen politischen Milieus.

Erstens und vor allem verstärkte sich die marktliberale Kritik an der europäischen Gesellschaftspolitik. Sie sah im Wohlfahrtsstaat, aber auch in der Gesundheits- und Bildungspolitik eine überbordende staatliche Bürokratie am Werk, welche die globale Konkurrenzfähigkeit der europäischen Wirtschaft mit ihren hohen Kosten beeinträchtigte, aber auch die Initiative des Einzelnen einschränkte und dadurch die Innovationsfähigkeit der europäischen Gesellschaften schwächte. Aus dieser Sicht hatte sich ein ganzes Milieu von Interessenorganisationen und Netzwerken um die Institutionen des Wohlfahrtsstaats, des Gesundheitswesens, der Stadtplanung und Ausbildung entwickelt, das zu einer Immobilität der europäischen Gesellschaften führte und eine Liberalisierung der Gesellschaftspolitik außerordentlich erschwerte.

Die Kritik an der europäischen Gesellschaftspolitik verstärkte sich seit den 1970er-Jahren aber auch in den Kreisen der Anhänger einer starken Staatsintervention. Aus dieser Sicht waren nach dem Ende der Prosperitätszeit vor allem die Leistungsschwächen, Lücken und Fehlentwicklungen des Wohlfahrtsstaates zu kritisieren: die Unfähigkeit des Wohlfahrtsstaates, mit der neuen Armut und der Versorgung im vierten Alter, das heißt von pflegebedürftigen alten Menschen in ihrer letzten Lebensphase, fertig zu werden; die radikale Stadtsanierung mit ihrer Zerstörung lokaler nachbarlicher Netzwerke, der sozialen Isolation des Einzelnen und den unzureichenden Dienstleistungen in den neu gebauten Stadtvierteln; die riesigen Organisationen der Gesundheitsversorgung, großen Sozialbürokratien und Großkrankenhäuser, in denen der einzelne Klient verloren ging; die überfüllten Massenuniversitäten, die zugleich nicht genug Chancen für Frauen und Immigranten boten.

Schließlich kam die Kritik an der Gesellschaftspolitik der Prosperitätszeit in noch anderer Weise aus den neuen sozialen Bewegungen. Sie kritisierten vor allem die Überbürokratisierung der staatlichen sozialen Sicherung, Gesundheitsversorgung, Stadtplanung und Ausbildung, ihre Bürgerferne, ihre Distanz zu den Bedürfnissen der einzelnen Klienten, aber auch deren schwache Organisation. Deshalb verlangten sie kleinere überschaubare Organisationen und eine stärkere Partizipation der Klienten.

Lebensstandard und soziale Ungleichheit. Der Lebensstandard und die soziale Ungleichheit entwickelten sich zweitens grundlegend anders als in den 1950er- und 1960er-Jahren. Der außergewöhnliche Wohlstandszuwachs, den die Europäer rund ein Vierteljahrhundert lang genossen hatten, setzte sich nicht fort. Der Lebensstandard verbesserte sich nur noch langsam und verschlechterte sich in manchen Dimensionen sogar. Jetzt hatten die Europäer sich daran zu gewöhnen, mit dem bisher Erreichten auszukommen und von der Zukunft nur wenige Verbesserungen zu erwarten. In allen vier zentralen Dimensionen des Lebensstandards, bei den Einkommen, der Wohnungssituation, den Bildungschancen und dem Gesundheitszustand, waren die großen Sprünge nach vorn vorbei.

Die Einkommensentwicklung, die in der Prosperitätszeit außergewöhnlich in die Höhe geschnellt war, verlor ihren Schwung. Im westeuropäischen Gewerbe stiegen die Löhne zwar in den 1970er-

Jahren auch nach dem ersten Ölpreisschock und nach dem Einbruch des wirtschaftlichen Wachstums noch für einige Jahre nominal um die 10% jährlich; und auch wenn ihr Wachstum in den 1980er-Jahren fiel, hielt es sich aber doch immer noch bei jährlich nominal 3 bis 5%. Aber diese Einkommenszuwächse standen nur auf dem Papier. Die Preissteigerungen fraßen diese Einkommensgewinne weitgehend wieder auf. Nach den Berechnungen der OECD stiegen die Reallöhne in der Industrie schon in den 1970er-Jahren jährlich nur noch um 2% oder weniger, in den 1980er-Jahren in der Regel nur noch um weniger als 1%. Auch der Konsum nahm in den 1980er-Jahren im westlichen Europa nur noch weniger als halb so schnell zu wie in den 1970er-Jahren.

Im östlichen Teil Europas war die Entwicklung ähnlich. Zwei Beispiele seien genannt: In Ungarn stiegen die Reallöhne, die sich zwischen 1950 und dem Anfang der 1970er-Jahre noch verdoppelt hatten, bis Ende der 1970er-Jahre zwar weiter an, fielen dann aber in den 1980er-Jahren. Ende der 1980er-Jahre lagen daher die Reallöhne nur unwesentlich über dem Niveau von 1970. In der DDR stiegen die durchschnittlichen Arbeitseinkommen zwischen 1975 und 1989 nur um ein Viertel, nachdem sie sich zwischen 1950 und 1975 verdreifacht hatten. Die Europäer waren gezwungen, sich an eine neue Einkommensentwicklung anzupassen und auf zusätzlichen Konsum zu verzichten.

Die Bildungschancen verbesserten sich ebenfalls nicht mehr so rasch wie in den 1950er- und 1960er-Jahren. Der Anteil der Studenten in einem Jahrgang hatte sich in den 1950er- und 1960er-Jahren in Europa als Ganzem noch fast vervierfacht und war von 4% auf 15% gestiegen. In den 1970er- und 1980er-Jahren hingegen verdoppelte sich dieser Anteil nur noch von 15% auf 34%, gelangte damit allerdings auch in Größenordnungen, in denen dramatische Steigerungen nicht mehr möglich waren. Die Verknappung der öffentlichen Budgets, damit auch der Bildungshaushalte, und der Rückgang des öffentlichen Interesses am Thema Bildung hat diese Dynamik ebenso abgebremst wie das langsamere Wachstum der privaten Einkommen.

Auch die Gesundheit der Bevölkerung verbesserte sich in den 1970er- und 1980er-Jahren nicht mehr so auffällig wie in der Prosperitätszeit. Der härteste, freilich auch sehr komplexe Indikator, die Lebenserwartung, nahm langsamer zu als zuvor. In Europa als Ganzem wurden in den 1950er- und 1960er-Jahren für die Männer noch fünf und für die Frauen sogar sechs Jahre hinzugewonnen, in den 1970er- und 1980er-Jahren dagegen für die Männer nur noch drei und für die Frauen nur noch vier Jahre. Hinter diesen Durchschnittszahlen verbergen sich erhebliche innereuropäische Unterschiede und sogar teilweise für entwickelte Gesellschaften außergewöhnliche Rückgänge der Lebenserwartungen für Männer und deren Stagnation für Frauen in Osteuropa.

Diese Abschwächung der Verbesserung des Lebensstandards fiel zusammen mit einer Trendwende in der Entwicklung der sozialen Ungleichheit. Sie begann sich seit den 1980er-Jahren wieder zu verschärfen. In den 1950er- und 1960er-Jahren hatten die Wirtschaftswissenschaftler einen Rückgang der Einkommensunterschiede vor allem zwischen den höchsten und den untersten Einkommen beobachtet. Seit den 1980er-Jahren hingegen kam es zu einer Umkehrung dieses Trends, das heißt einer Rückkehr zu größeren Einkommensdisparitäten.

Diese Trendwende hing wiederum mit einer ganzen Reihe von Gründen zusammen: mit der steigenden Arbeitslosigkeit, der Krise des Wohlfahrtsstaats, der einhergehenden Schwächung der Verhandlungsmacht der Gewerkschaften, dem gespaltenen Arbeitsmarkt für Hochschulabsolventen mit enormen Startgehältern in einigen Bereichen und miserablen Berufsaussichten in anderen, den veränderten Familienstrukturen, darunter vermehrt die oft in Armut lebenden Einelternfamilien, und auch mit den Veränderungen der staatlichen Steuerpolitik, das heißt der Senkung der Besteuerung hoher Einkommen. Nationale Armutsberichte wurden seit den 1980er-Jahren alarmierender. Sie beleuchteten die Entstehung neuer Armutsmilieus nicht mehr aus Industriearbeitern, sondern aus Langzeitarbeitslosen aller möglichen Berufe, Einelternfamilien, Drogenabhängigen sowie aus Immigranten und Asylanten.

Neue Heterogenität. Eine dritte grundlegende gesellschaftliche Veränderung der Epoche war die wachsende Heterogenität der europäischen Gesellschaften. Diese neue Heterogenität entstand nicht zwischen den nationalen Gesellschaften, die untereinander eher ähnlicher wurden, sondern innerhalb der Gesellschaften. Sie stand im Widerspruch zu den Planungen einer einheitlichen Gesellschaft, eines einheitlichen Wohlfahrtsstaats, einheitlicher Städte und einer einheitlichen Gesundheitsversorgung, wie sie in der Prosperitätszeit durchzusetzen versucht worden waren. Die Heterogenität spiegelte sich auch nicht in den soziologischen Analysen der Zeit, die sie zu wenig berücksichtigten. Das Entstehen der neuen Heterogenität war kein verdeckter anonymer Prozess, sondern wurde von vielen Europäern gewünscht, unterstützt und aktiv herbeigeführt.

Diese Entwicklung wird häufig auch als Individualisierung bezeichnet. Damit werden im Allgemeinen drei Prozesse der Ablösung von einem einzigen gesellschaftlichen Modell angesprochen: erstens die Ablösung von engen Bindungen des Einzelnen an soziale, religiöse oder politische Milieus wie etwa das bürgerliche Milieu, die industrielle Arbeiterklasse, das bäuerliche, das kleinbürgerliche, aber auch das katholische und evangelische Milieu; zweitens die Schwächung der Loyalitäten gegenüber gesellschaftlichen Großorganisationen wie Nation, Gewerkschaften, Kirchen, Unternehmen und Berufsverbänden, auch ein Zurückdrängen der Werte Gehorsam, Treue und Disziplin, die oft mit diesen Loyalitäten verbunden waren; drittens die zunehmende Auflösung eines einzigen verbindlichen Familienmodells.

Ersetzt wurden diese Bindungen keineswegs durch eine völlige Bindungslosigkeit des Individuums, wie nicht selten fälschlicherweise angenommen wird, sondern durch engere, räumlich oft begrenzte Bindungen an lokale Netzwerke, Aktionsgruppen, Vereine, soziale Bewegungen und auch religiöse Gruppierungen. Diese neuen Bindungen wurden oft nur für eine begrenzte Zeit und seltener als zuvor lebenslang eingegangen. Die hohe Wertschätzung und die Intensität von gesellschaftlichem Engagement blieben aber erhalten.

Vor allem junge Erwachsene standen in diesem Prozess der Individualisierung anders als noch in der Prosperitätszeit vor der Entscheidung zwischen verschiedenen familiären, beruflichen und gesellschaftlichen Optionen. Um den damit verbundenen Wertewandel zu bezeichnen, wurde in den Sozialwissenschaften der 1980er-Jahre der umstrittene Ausdruck «Postmaterialismus» vorgeschlagen. Damit sollte ausgedrückt werden, dass die individuelle Selbstverwirklichung, die individuellen Menschenrechte, die Qualität der Beziehungen zwischen Individuen, die Wertschätzung von Kultur und internationale Offenheit einen besonders hohen Wert gewannen.

Dieser allgemeine Prozess der Individualisierung verband sich mit wichtigen Wandlungen in unterschiedlichen gesellschaftlichen Bereichen: der Familie, bei der Arbeit, im Konsum, bei der Immigration und in den Städten. Heterogenität prägte die europäische Familie nicht nur im Vergleich zwischen verschiedenen Regionen, dem östlichen und westlichen Europa, zwischen Nordeuropa, dem europäischen Mittelmeerraum und Westeuropa im engeren Sinne (vgl. Kap. 5). Neu war für die Europäer damals die größere Vielfalt der *eigenen* Optionen im familiären Leben und bei den Familienmodellen in der eigenen Gesellschaft. Die Europäer konnten häufiger selbst entscheiden, ob sie der allgemeinen Tendenz zu einer Öffnung der Familie nach außen folgten und die verschiedenen Mitglieder ihrer Familie – Kinder, Jugendliche, Ehemänner und Ehefrauen – mehr Zeit außerhalb der Familie im Kindergarten, in der Schule, beim Studium oder bei der außerhäuslichen Arbeit verbrachten. Sie konnten selbst entscheiden, ob sie dem Trend zur kindzentrierten Familie folgen und ihr Elternverständnis darauf ausrichten wollten.

Stärker als früher hatten sie auch die Wahl zwischen ganz unterschiedlichen Ehe- und Familienmodellen: dem klassischen Familienmodell der Kernfamilie mit dem Mann als Einkommensverdiener und der Frau als Hausfrau, dem Modell zweier erwerbstätiger Eltern, dem Modell der Einelternfamilie, meist Mütterfamilien, dem Modell der zusammengesetzten Familie, der «Patchwork-

Familie», mit Kindern aus verschiedenen Ehen, dem Modell des lebenslangen Verzichts auf Elternschaft und dem neuen Modell der gleichrangigen wirtschaftlichen Ehe, in der Ehepartner desselben Berufs im eigenen Betrieb, etwa in gemeinsamen Arztpraxen oder Architekturbüros, zusammenarbeiteten.

Auch bei der Arbeit nahm die Vielfalt der Optionen zu. Das hing teilweise mit dem Rückgang der klassischen Form der Industrieproduktion großer Serien gleichartiger Produkte am Band zusammen. Mit der größeren Vielfalt der Produkte veränderten sich die Hierarchien, Arbeitsplätze wurden vielseitiger, Flexibilität, Leistungsorientierung, Innovationsbereitschaft und Einfallsreichtum wurden bedeutsame Arbeitswerte. Auch die Erwerbslebensläufe wurden heterogener. Die wachsende Arbeitslosigkeit zwang zu mehr Flexibilität und häufigerer beruflicher Umorientierung.

Außerdem erforderte auch die zunehmende Berufstätigkeit von verheirateten Frauen mit Kindern mehr Flexibilität als der klassische männliche Erwerbslebenslauf. Aus all diesen Gründen entstanden neue Typen von Erwerbslebensläufen, in denen die Unterbrechungen der Berufstätigkeit durch Arbeitslosigkeit, durch Fortbildung oder durch familiäre Auszeiten zunahmen. Sie entwickelten sich neben, nicht anstatt der klassischen Erwerbslebensläufe, also der lebenslangen Zugehörigkeit zu einem Beruf oder sogar zu einem Unternehmen. Wie stark ihr Gewicht zunahm, ist bis heute umstritten.

Im Konsum wurden die Optionen ebenfalls vielfältiger. Ein entscheidender Grund dafür war die geringe Zunahme oder sogar das völlige Stagnieren der Realeinkommen. Die großen Sprünge in der Steigerung des Lebensstandards waren – für die meisten – vorüber. Die Mehrheit der Europäer besaß außerdem diejenigen Güter, die in der Epoche zuvor Konsumfortschritt bedeutet hatten, also Kühlschränke, Fernsehapparate, Wandschränke und Autos. Daher war die soziale Distinktion vom anderen in der Regel nicht mehr wie noch in der Prosperitätszeit durch zusätzlichen Konsum neuer spektakulärer Produkte oder durch verstärkten Konsum desselben Leitprodukts, durch die zweite Wohnung, das dritte Auto oder den vierten Fernsehapparat, möglich, sondern nur durch kostenneutralen Wechsel zu anderen Konsumprodukten und Konsumstilen.

Ein weiterer entscheidender Grund für die größere Heterogenität des Konsums war vor allem im westlichen Europa die größere Vielfalt der Konsumprodukte durch den Einsatz von Elektronik in der Produktion. Bei komplexen Produkten wie dem Automobil wurde die Vielfalt anders als in den 1950er- und 1960er-Jahren so groß, dass nur noch selten exakt dasselbe Produkt hergestellt wurde. Sicherlich entstand die neue Heterogenität des Konsums auch dadurch, dass die Bindung an soziale Milieus und damit auch deren Konformitätsdruck nachließ und man nun Konsumelemente aus verschiedenen Milieus kombinierte, Wein mit Schmalzbrot, Krawatte mit Schiebermütze, Tennisspielen mit Fußballenthusiasmus. Schließlich verstärkte sich die Heterogenität des Konsums auch durch das häufigere Reisen der Europäer außerhalb ihres Kontinents. Sie lernten dadurch andere Konsumstile und Lebensweisen kennen und führten sie auch in Europa ein, aßen mal asiatisch, mal mediterran, mal nordamerikanisch.

Durch die Immigration wurden die europäischen Gesellschaften ebenfalls vielfältiger. Seit den 1970er-Jahren wurde allmählich erkennbar, dass es sich bei der massiven Immigration in die Industrieländer Westeuropas nicht nur aus der europäischen Peripherie, sondern auch aus dem südlichen und östlichen Teil des Mittelmeerraumes nicht um vorübergehende Arbeitsaufenthalte handelte, sondern dass sie zu einer dauerhaften Niederlassung der erwerbstätigen Ausländer und ihrer Familien führte. Trotz des allgemeinen Anwerbestopps in den meisten westeuropäischen Ländern angesichts der neuen wirtschaftlichen Lage in den frühen 1970er-Jahren ging die Immigration weiter.

Sie rekrutierte sich vor allem aus dem Nachzug von Familienangehörigen von Einwanderern. An die Stelle der oft marginalisierten, jungen, unverheirateten, ungelernten ausländischen Arbeiter traten allmählich neue Zuwandererminderheiten, die in einer breiten Palette von Berufen arbeiteten, darunter auch als Einzel- oder Großhändler, Bankier, Restaurantbesitzer, Arzt, Rechtsanwalt,

Geistlicher, Künstler, Journalist oder Wissenschaftler. Zunehmend präsentierten sie sich in den europäischen Gesellschaften nicht nur mit anderen Religionen, häufig dem Islam, sondern auch mit eigenen Lebensweisen und eigenen Werten.

Auch die Entwicklung der Städte bot eine neue Vielfalt von Wohnmöglichkeiten. Drei Optionen schälten sich allmählich in den 1970er- und 1980er- Jahren heraus: Die in den 1950er- und 1960er-Jahren dominierende Option des Auszugs aus der Stadtmitte an die expandierenden Stadtränder und in die Randstädte in ein riesiges Netz von Einfamilienhäusern, die sich auch im südlichen Europa ausbreiteten, oder in Wohnblocks und Wohnhochhäusern blieb weiterhin wichtig. Daneben entstand die neue Option der Rückkehr in die Stadt, die Aufwertung des Wohnens in der Innenstadt nicht nur für junge Singles und für ältere Ehepaare nach der Kinderbetreuungsphase, sondern auch für junge Familien. Vor allem im Norden Europas war dies eine neue Option, während sie im europäischen Süden nie wirklich aufgegeben worden war. Schließlich entstand als eine nicht ganz neue, aber doch verstärkt genützte Option das Wohnen auf dem Land, sei es in der rasch wachsenden Zahl von Zweitwohnungen in ländlichen Gegenden des eigenen Landes oder im Süden Europas, sei es als Hauptwohnsitz für Fernpendler oder für Angehörige von Firmen, die sich mithilfe der neuen Kommunikations- und Transportmöglichkeiten auf dem Land ansiedeln konnten. Neue Dörfer entstanden, die kaum noch von Landwirten, sondern von ursprünglich städtischen Berufsgruppen bewohnt wurden.

Die Stadtsanierung stellte sich auf diese neuen Bedürfnisse nach einer Vielfalt von Wohnoptionen langsam ein. Neben der Abrisssanierung, dem Niederreißen und Neuaufbau ganzer Straßenblöcke oder Stadtteile, entwickelte sich allmählich die behutsamere Stadtrenovierung, die Modernisierung alter Gebäude und Stadtviertel, die Entkernung und Vitalisierung von Hinterhöfen, der Umbau von aufgegebenen Fabrikgebäuden oder Hafenanlagen zu Wohnungen und Geschäftsvierteln, von unwirtlichen Durchfahrtsstraßen zu Fußgängerzonen in einer neuen Mischung von öffentlichen und privaten Stadtprojekten. Als wichtigen Trumpf in der Konkurrenz zwischen Städten entdeckten die Stadtpolitiker die Kultur. Auch dadurch erweiterten sich die Optionen des Einzelnen bei der Wahl zwischen verschiedenen Städten.

Diese wachsende gesellschaftliche Heterogenität führte zu einem verzweigten, neuartigen und schwierigen Konflikt mit der staatlichen Gesellschaftspolitik, die teilweise ihren Anspruch auf gesellschaftliche und kulturelle Homogenität aufrechterhielt, sich teilweise aber auch auf diese neue Heterogenität einließ, sich daran anpasste und sie manchmal sogar noch ermutigte. Dieser Konflikt trat auch in der Politik der Europäischen Kommission auf. Die Kommission verfolgte einerseits eine besonders strikte und heftig diskutierte Politik der europäischen Vereinheitlichung vor allem in der Wirtschaft bis hin zur legendären Standardisierung der Krümmung der Banane. Sie entwickelte allerdings gleichzeitig auch eine Philosophie der inneren Vielfalt, der produktiven Marktkonkurrenz und des Herausfilterns der besten Regeln und Produkte durch die Konkurrenz statt durch standardisierendes Oktroi.

Diese wachsende Vielfalt der Optionen beschränkte sich nicht auf die Gesellschaft im engeren Sinne. Heterogener wurden auch die Kultur und die Politik. Das Angebot an Radio- und Fernsehprogrammen erweiterte sich, die sozialen Bewegungen wurden vielfältiger, und die Volatilität der Wähler nahm ebenso so zu wie die Zahl der politischen Parteien.

Verflechtung. Viertens nahmen die gesellschaftlichen Verflechtungen zwischen den nationalen Gesellschaften in Europa in den 1970er- und 1980er-Jahren eine andere Entwicklung als in der Prosperitätszeit. Ein neuer Widerspruch tat sich vor allem im westlichen Europa auf zwischen einer abgebremsten Dynamik der gesellschaftlichen Verflechtung und einem Schub der Internationalisierung in der Kommunikation und den Medien.

Die Verflechtungen zwischen den europäischen Gesellschaften durch räumliche Mobilität gingen in der Epoche der 1970er- und 1980er-Jahre nicht im selben Tempo weiter wie in den 1950er- und

1960er-Jahren. Mit dem Zuwanderungsstopp für Erwerbstätige in den meisten westeuropäischen Ländern während der frühen 1970er-Jahre wurde die Zuwanderung in diese Industrieländer abgebremst. Die Zuwanderung vor allem von nachziehenden Familienangehörigen ging zwar weiter, aber der Anteil der ausländischen Bevölkerung stieg in den meisten westeuropäischen Ländern nicht mehr so rasch an wie zuvor. In Westeuropa nahm der Anteil der Ausländer zwischen 1970 und 1990 nur von 3,2 auf 4,5 % zu, nachdem er sich während der Prosperitätszeit fast verdreifacht hatte. In der Schweiz der 1970er-Jahre und im Frankreich der 1980er-Jahre ging der Ausländeranteil sogar zurück.

Auch die innereuropäischen Verflechtungen, die aus der zwischenstaatlichen europäischen Binnenwanderung entstanden, nahmen nicht weiter zu. Nur im nördlicheren Teil Europas begann sich eine neue Art der internationalen Wanderung vor allem von Hochqualifizierten abzuzeichnen: eine stärkere Beteiligung an einem internationalen Arbeitsmarkt mit viel Ab-, aber auch viel Rückwanderung. In Frankreich, Deutschland, Großbritannien, den Niederlanden, Norwegen, der Schweiz und Schweden stieg jedenfalls nicht nur die Zu-, sondern auch die Abwanderung meist an. Auch das Auslandsstudium junger Europäer stieg stark von 123.000 (1975) auf 228.000 Studenten (1989) an, nahm aber ebenfalls nicht so rasch zu wie in der Prosperitätszeit.

Der internationale Tourismus wuchs in dieser Epoche ebenfalls nicht mehr im gleichen Tempo wie in der Zeit davor. In einem der großen europäischen Touristenländer, in Frankreich, stieg die Zahl der ausländischen Besucher zwischen 1970 und 1987 von 21 auf 37 Millionen, während sie sich von 1950 bis 1970 vervierfacht hatte. In der Bundesrepublik, eher ein Geschäftsreisen- als ein Touristenland, stieg die Zahl von rund 7,5 Millionen 1970 auf knapp 15 Millionen 1989. Hingegen war in der Prosperitätszeit die Zahl der ausländischen Reisenden von etwas über 1 Million auf 8 Millionen geradezu emporgeschnellt. Nur die Migration von Pensionären und Rentnern in den Süden Europas stieg seit den 1970er-Jahren deutlich an. Aus all diesen Gründen nahm auch die Heirat mit Ausländern und Ausländerinnen – wie wir zumindest von einigen europäischen Ländern wissen – nicht mehr im gleichen Tempo zu wie noch in der Prosperitätszeit. Insgesamt ging die Verflechtung zwischen den europäischen Ländern durch Migration, Reisen und familiäre Beziehungen in den 1970er- und 1980er-Jahren gewiss nicht zurück, entwickelte sich aber doch erheblich weniger dynamisch als in der Prosperitätszeit. Sie gewann erst in den 1990er-Jahren wieder eine neue Dynamik.

Eine Ausnahme bildete die Wissenschaft, die seit den 1970er-Jahren geradezu einen Internationalisierungsschub erlebte. Die Auslandsaufenthalte von Wissenschaftlern nahmen zu und begannen eine wichtigere Rolle in den Lebensläufen zu spielen. Gastprofessuren für Dozenten aus anderen Ländern wurden häufiger. Internationale Doktorandenprogramme wurden eingerichtet, und Auslandsinstitute wurden ausgebaut oder neu gegründet. Die Publikationen in der neuen internationalen Wissenschaftssprache, dem Englischen, nahmen nicht nur in den Naturwissenschaften, sondern auch in manchen humanwissenschaftlichen Fächern zu. Auch die Zahl der Studenten, die an Universitäten im Ausland gingen, wuchs rasch.

Hinter dieser abgebremsten Dynamik der transnationalen gesellschaftlichen Verflechtungen standen zum Teil die nationalen Regierungen mit ihrer Politik der Zuwanderungseindämmung, des Anwerbestopps für Gastarbeiter der frühen 1970er-Jahre und der Abbremsung des Asylantenzustroms Ende der 1980er-Jahre. Mindestens ebenso entscheidend war die Verlangsamung des europäischen Wirtschaftswachstums. Dadurch sank die Nachfrage nach Arbeitskräften, auch nach Zuwanderern aus dem Ausland. Zudem stiegen die Realeinkommen bei Weitem nicht mehr so rasch an wie während der Prosperitätszeit. Dadurch nahmen die Reisen und die Bildungsaufenthalte im Ausland und daraus entstehende gesellschaftliche Verflechtungen nicht mehr so rasch zu. Zugleich hatten sich die transnationalen Arbeitsmärkte, die ab den 1990er-Jahren zu hohen Abwanderungsraten führten, noch nicht allgemein etabliert. Europa geriet zwar nicht in eine neue Phase nationaler gesellschaftlicher Abschließung und der internationalen Entflechtung, aber die

Verdichtung der transnationalen Verflechtungen wurde doch verlangsamt.

Ganz anders verlief die Entwicklung der transnationalen Kommunikation. Diese erfuhr in den 1980er-Jahren starke Internationalisierungsschübe. Entscheidende technologische Innovationen dynamisierten die internationale Kommunikation. Der Selbstwählbetrieb des Telefons, der seit den 1970er-Jahren für die Masse der Telefonbenutzer in Westeuropa verfügbar wurde, vereinfachte das internationale Telefonieren grundlegend. Die komplizierte Anmeldeprozedur von internationalen Gesprächen beim Telefonamt und das zeitraubende Warten auf den Rückruf gingen zu Ende. Die internationale Verflechtung verstärkte sich auch deshalb, weil erst seit dieser Epoche in fast allen westeuropäischen Haushalten das Telefon zur Grundausstattung gehörte.

Mit dem Telefax, das sich seit den 1980er-Jahren durchsetzte, schrumpfte die Zeit für die Übersendung von Texten in das Ausland von Tagen per Brief auf Sekunden per Fax. Der Telegraf war zwar ähnlich schnell wie das Fax, erlaubte aber nicht wirklich, lange Texte wort- und gar bildgetreu bei erträglichen Kosten zu versenden. Überall in Westeuropa ging die Zahl der Telegramme mit der Einführung des Telefonselbstwähldienstes und des Fax stark zurück. Die Schnelligkeit der internationalen Briefsendungen nahm mit dem Flugzeugtransport ebenfalls stark zu, wurde allerdings in manchen Ländern durch die langsame Verteilung am Boden weiterhin abgebremst.

Intensivere mediale Kommunikation über andere europäische Länder und damit neue mediale Verflechtungen zwischen den europäischen Ländern wurden durch die Internationalisierung der Medien im Verlauf der 1970er- und 1980er-Jahre angestoßen. Darüber hinaus wurde auch die Berichterstattung der nationalen Medien internationaler und europäischer. Die Leser erfuhren aus ihrer Zeitung im Laufe der Zeit mehr über gemeinsame europäische Themen. Über diese wurde in den europäischen Zeitungen nicht nur zu ähnlicher Zeit, sondern auch mit ähnlicher Gewichtung berichtet. Auch die internationale Erfahrung der Journalisten erweiterte sich, und das Zitieren der Presse anderer europäischer Länder wurde häufiger.

Zugenommen hat weiterhin eine ganz entscheidende Voraussetzung für mehr europäische Verflechtung durch Kommunikation: die Kenntnis von Fremdsprachen. Die Fremdsprachenkenntnisse, vor allem des Englischen, nahmen in vielen europäischen Ländern zu, freilich bei großen Unterschieden zwischen den einzelnen Staaten. Seit den 1980er-Jahren begannen die Werbung und die Dienstleistungsbranche immer mehr das Englische zu benutzen – ein Indikator dafür, dass diese Fremdsprache auf dem Weg zu einer Massensprache war.

Kultur

In der Kulturgeschichte Europas gab es in dieser Epoche kein so spektakuläres Ereignis wie den Ölschock in der Wirtschafts- oder den Mai 1968 in der Gesellschaftsgeschichte. Doch gab es auch in diesem Bereich seit den 1970er-Jahren eine ganze Reihe von Neuentwicklungen. Man kann sie vereinfacht auf die Formel der Rückkehr des europäischen Skeptizismus, der Privatisierung der Medien, aber auch der neuen Anstöße zu einer kulturellen Europäisierung bringen.

Wenn es ein Ereignis gab, dass eine Umorientierung der kulturellen Orientierungen und Werte anzeigte, dann war es der von Dennis L. Meadows zusammengestellte Bericht des Club of Rome von 1972. Dieser hatte auf den ersten Blick eigentlich wenig mit Kultur zu tun. Er prognostizierte, dass bis zum Jahr 2100 die bisherige Art des Weltwirtschaftswachstums aufgrund der Umweltverschmutzung und des Aufbrauchens der Energievorräte unabwendbar ein Ende finden würde. Dieser Bericht wurde sehr bald zu einem Symbol für die wachsende Skepsis gegenüber dem klassischen Wirtschaftswachstum des Industriezeitalters und für die Abwendung vom uneingeschränkten Zukunftsoptimismus der Prosperitätszeit, vom Fortschrittsglauben an eine kontinuierliche Verbesserung der Lebensumstände der Menschheit und an ihre universale Entwicklung in der Tradition der europäischen Aufklärung, vom Vertrauen in staatliche Intervention und Planung sowie in die Wissenschaften, die Natur- ebenso wie die Sozialwissenschaften mit ihrem Modernisierungskonzept. Diese Vorstellungen hatten auch zuvor sicherlich nicht alle Europäer geteilt, aber sie waren doch im westlichen und in anderer Weise im östlichen Europa eine Mehrheitsmeinung gewesen. Die neue Abwendung vom klassischen Fortschrittsoptimismus wurde wiederum nicht von allen Europäern getragen, besaß aber doch einen starken Einfluss.

Postmoderne und Pop-Art. Aus der kulturellen Umorientierung und der neuen Skepsis entstand die Postmoderne, welche die Künste ebenso wie die Architektur, aber auch die Wissenschaft massiv beeinflusste. Der Ausdruck «Postmoderne» war nicht neu, verbreitete sich aber am Ende der 1970er-Jahre rasch als Selbstbezeichnung einer Richtung, die durch eine Veröffentlichung des französischen Philosophen Jean-François Lyotard 1979 angestoßen wurde.[1] Diese Denkrichtung berief sich besonders häufig auf französische Philosophen wie Michel Foucault, Jacques Derrida und Jean Baudrillard, aber auch auf Amerikaner wie Richard Rorty und Hayden White.

Die «Postmoderne» war vieldeutig und ist nicht leicht zusammenzufassen. In ihr drückte sich auf jeden Fall ein allgemeines Krisengefühl der Zeit aus. Nicht mehr eine lineare Entwicklung in die Zukunft, sondern der Zufall und das Chaos standen im Zentrum dieser Denkrichtung. Modernisierung und Universalismus wurden zu Negativbegriffen. Die Fehlurteile und dunklen Seiten der Aufklärung wurden herausgearbeitet, im Extremfall sogar die angeblichen Kontinuitäten zum Holocaust. An dem Bestehen einer objektiven Wirklichkeit wurde grundlegend gezweifelt und das Wissen letztlich als sprachliches Konstrukt sowie als Reinterpretation solcher Sprachkonstruktionen angesehen. Medien und die von ihnen produzierte Wirklichkeit wurden daher zu einem neuen erstrangigen Thema. Die Sprache galt als Gefängnis, aus dem das Individuum nur schwer mit neuen Interpretationen der Wirklichkeit ausbrechen konnte. Dekonstruktion war die wichtigste wissenschaftliche Methode, mit der politische Macht und politische Ordnungen kritisiert und geschwächt werden sollten. Ein zentraler Wert war die Freiheit des Individuums.

Auch in der Kunst, der Architektur und der Wissenschaft nahm die Postmoderne für sich die individuelle Freiheit, die völlige Freiheit von der Bindung an ein bestimmtes Konzept, in Anspruch. «Anything goes» war ein wichtiges Leitmotiv dieser Richtung. In der Architektur ersetzte die Postmoderne die rechtwinkligen Stahl- und Glasbauten, die Verpflichtung auf einen einheitlichen, modernen, durch das Bauhaus inspirierten Stil, durch ein Formenspiel, oft unter Verwendung von Zitaten älterer Formen. Sie lehnte in der Wissenschaft Bindungen an strenge sozialwissenschaftliche Theorien ab und wandte sich dem Narrativ, dem Raum, der Mikrowelt, dem Körper und der menschlichen Erfahrung, überhaupt den Menschen aus Fleisch und Blut zu. An die Stelle der Erklärung mit theoretischen Konzepten wurde der untheoretische Zweifel gesetzt. Postmoderne bedeutete oft auch eine Abwendung von natur- und sozialwissenschaftlichen Methoden und eine Aufwertung der Philosophie, der Geistes- und der Kunstwissenschaften.

Eng damit verbunden war eine andere Neuentwicklung: die Pop-Art. Auch sie ist nicht leicht zu resümieren. Sie veränderte seit den 1970er-Jahren die Stellung der Kunst in der Gesellschaft. Mit der Pop-Art und auch mit der Popmusik wurde die alte Trennung zwischen der hohen Kunst, die von der Gesellschaft abgehoben war und einen hohen Bildungsgrad einforderte, und dem von ihr heftig kritisierten Massenkonsum aufgegeben. Die Pop-Art akzeptierte den Massenkonsum und die Massenmedien nicht nur, sondern benutzte auch Bilder, Darstellungsformen und Techniken der modernen Medien und Reklame, des Comics und des Films. Sie stand für eine gewollte Trivialisierung der Kunst und sprach nicht mehr den Bildungsbürger, sondern den modernen Massenkonsumenten an. Mit dem Schönheitsideal der klassischen Kunst wurde bewusst gebrochen. Allerdings wäre es ein Missverständnis, wenn man die Pop-Art nur noch als Werbung oder Happening einstufen würde. Ganz im Gegenteil nahmen die Künstler ihre Rolle als Erzieher so ernst wie je zuvor.

Medien. Postmoderne und Pop-Art waren sehr eng mit der Veränderung der Medien verbunden, die sich seit den 1980er-Jahren in eine neue Richtung entwickelten. Privatisierung und Internationalisierung waren die wichtigen neuen Tendenzen. Das galt allerdings nur für das westliche Europa (über die Unterschiede zu Osteuropa wird im nächsten Kapitel zu sprechen sein).

Das Privatfernsehen startete in den 1980er-Jahren vor dem Hintergrund der Deregulierungspolitik und der knappen staatlichen Budgets seinen Siegeszug. In der Epoche zuvor hatte das private Fernsehen nur in wenigen europäischen Ländern, in Großbritannien, den Niederlanden und Luxemburg, ähnlich wie in den USA Fuß gefasst. In den 1980er-Jahren wurde es in den meisten europäischen Ländern rasch eingeführt. In Frankreich, der Bundesrepublik und in Skandinavien entstanden einige wenige große private Sender, in Italien und den Niederlanden dagegen eine unüberschaubare Zahl von kleinen Sendern. Mit den privaten Sendern kam auch die Werbung ins Fernsehen beziehungsweise die massive Ausweitung der Fernsehwerbung und die Orientierung auf Einschaltquoten, das Zurückschneiden der Nachrichten- und Kultursendungen sowie der Dokumentationen, die Dominanz der Unterhaltung, der nach den amerikanischen Vorbildern produzierten Quiz- und Talkshows. Seit damals beherrschen amerikanische Fernsehfilme den Markt in Europa, da sie preiswerter waren als europäische Produktionen und für einen internationalen Geschmack produziert wurden. Das private Fernsehen eroberte sich bald die Zuschauergunst und wurde je nach europäischem Land von der Hälfte bis zu drei Vierteln der Zuschauer gesehen. Der Fernsehmarkt expandierte dadurch stark.

Die entscheidende Auswirkung des Privatfernsehens und der Stimulation der anderen Medien durch den Aufstieg des Fernsehens war die enorme, nicht mehr überschaubare Vielfalt von Medienangeboten, von Unterhaltung ebenso wie von Nachrichten, Meinungen und Dokumentationen. Die autoritative staatliche Fernseh- oder Rundfunksendung oder den autoritativen Zeitungsartikel, welche die meisten Zuschauer beziehungsweise Leser kannten und über welche daher alle sprachen, gab es immer seltener.

In den 1970er- und 1980er-Jahren bestätigte sich allerdings auch erneut, dass der Aufstieg des Fernsehens die anderen Medien nicht verdrängte. Nur das Kino erlebte einen fortgesetzten Schwund, und auch dies nur in Teilen Europas. Die anderen Medien, der Rundfunk, die Printmedien, das Buch und das Theater, wuchsen hingegen weiter, veränderten sich allerdings unter der Vorherrschaft des Mediums Fernsehen erheblich und fanden Nischen, in die das Fernsehen nicht eindrang.

Darüber hinaus internationalisierten und vor allem europäisierten sich die Medien seit den 1980er-Jahren stärker. Dieser Prozess wurde durch private und staatliche, durch nationale und internationale Akteure vorangetrieben: Mit der Privatisierung des Fernsehens und des Rundfunks entstanden internationale Medienkonzerne, die in verschiedenen europäischen Ländern Fernseh- und Rundfunkanstalten, aber auch Zeitungen und Buchverlage besaßen wie etwa die luxemburgische RTL, die französische CGE und der deutsche Bertelsmann-Konzern. Nationale Zeitungen und Zeitschriften wie die britische *Financial Times* und aus dem gleichen Verlag der *Economist*, die französische *Le Monde* und die Schweizer *Neue Zürcher Zeitung* versuchten sich auf Märkten außerhalb ihres Landes zu etablieren. Die *Financial Times* war dabei besonders erfolgreich; sie wurde bald mehrheitlich von nicht britischen Lesern gelesen.

Auch neue Projekte europäischer Medien wurden von der Europäischen Gemeinschaft in den 1980er-Jahren gestartet, wenn auch mit sehr begrenztem Erfolg. Neben der schon 1950 gegründeten, marginal gebliebenen Eurovision wurde ein neuer Zusammenschluss der Europäischen Fernsehanstalten zur Gründung eines europäischen Fernsehens mit der SEPT projektiert, aus der allerdings in den 1990er-Jahren nur ein binationales deutsch-französisches Kulturfernsehen, Arte, entstand. Zur Internationalisierung trug auch die technologische Entwicklung bei: Mit den neuen Empfangstechniken, der Satellitenschüssel und dem Kabelfernsehen, die sich in den 1980er-Jahren durchsetzten, wurde es auch leichter möglich, Sendungen aus dem Ausland zu sehen.

Europäische Kulturfestivals und europäische Kulturpolitik. In engem Zusammenhang mit der Internationalisierung der Medien begann in den 1980er-Jahren eine zweite Expansion der europäischen Kulturfestivals im Bereich der Musik, des Theaters, des Films und der Museen. Viele Städte und Regionen entdeckten in den 1980er-Jahren die Kultur neben der Industrieansiedlung und dem Sport als eine wesentliche Profilierungschance in der nationalen und europäischen Konkurrenz um regionale Wirtschaftsentwicklung und den Tourismus. Städte und regionale Netzwerke initiierten daher häufiger Kulturfestivals. Ein besonders spektakuläres und ambitioniertes Projekt war das 1983 begonnene «Théâtre Odéon européen», das, von Giorgio Strehler geleitet, Theatergruppen aus ganz Europa nach Paris einlud und aus dem 1990 die «Union des théâtres en Europe» entstand.

In den 1980er-Jahren ergriff auch die Europäische Gemeinschaft Initiativen zu einer europäischen Kulturpolitik. Sie hatte zwar schon seit den späten 1960er-Jahren Erklärungen zur europäischen Kultur abgegeben und setzte diese Deklarationspolitik in den 1980er-Jahren mit der Erklärung zum «europäischen Kulturraum» 1980 und mit der Europäischen Kulturcharta 1989 fort. Aber erst durch die Einheitliche Europäische Akte von 1986 erhielt die Europäische Gemeinschaft tatsächlich kulturpolitische Kompetenzen. Die beiden bekanntesten und mit Abstand erfolgreichsten Kulturprogramme der Europäischen Gemeinschaft wurden in dieser Zeit gestartet: der seit 1985 laufende jährliche Wettbewerb um die Ernennung einer Stadt zur Kulturhauptstadt Europas für jeweils ein Jahr und daneben das 1987 eingerichtete Erasmus-Programm (fortgeführt unter dem Namen: Sokrates-Programm) für den Studentenaustausch zwischen europäischen Hochschulen. Beide Programme entwickelten allerdings ihre volle Wirkung und ihren großen Erfolg erst seit den 1990er-Jahren.

Europadebatte. Vor diesem Hintergrund begannen europäische Intellektuelle und Wissenschaftler seit den 1980er-Jahren auch wieder intensiv über Europa zu diskutieren. Bedeutende Intellektuelle wie Pierre Bourdieu, Jacques Derrida, Bronislaw Geremek. Anthony

Giddens, Jürgen Habermas, György Konrad, Richard Löwenthal, Edgar Morin und Altiero Spinelli beteiligten sich an dieser Debatte. Europäische Expertennetzwerke wurden etwa in der Politikwissenschaft (European Consortium of Political Sciences 1970) oder in der Geschichtswissenschaft (Groupe de liaison 1982; Forschungsnetzwerk «Identités européennes» 1989) gegründet. Die Europadebatte drehte sich um andere Themen als in der unmittelbaren Nachkriegszeit. Sie war nicht mehr eine Auseinandersetzung über ein Europa in einer fundamentalen Krise und über das völlige Fehlen von europäischen Institutionen.

Im östlichen Europa befasste sich die Debatte mit der Umorientierung vom Modell der UdSSR zu einem gemeinsamen europäischen Modell, wobei allerdings der gleichrangige Einschluss Ostmitteleuropas eingefordert wurde. Debattengegenstand in Westeuropa war vor allem das sklerotische, uninnovative, hinter die USA und Japan zurückfallende Europa nach der außergewöhnlichen Prosperität der 1950er- und 1960er-Jahre und nach dem als gescheitert angesehenen Aufbruch zur verstärkten europäischen Integration während der frühen 1970er-Jahre. Zudem war die Debatte oft auch eine Kritik an der Politik der europäischen Institutionen, der Europäischen Gemeinschaft und des Europarats. Sie befasste sich aber auch oft mit Kultur, europäischen Werten und europäischer Vielfalt oder europäischer Einheit über die Fronten des Kalten Krieges hinweg. Als einigendes Band eines gemeinsamen Europa wurde oft mehr die europäische Kultur als die europäische Wirtschaft oder Politik angesehen.

Für diese Wiederbelebung der Europadebatte gab es mehrere Ursachen. Mit der Entspannungspolitik, aber auch mit den gegenläufigen Gefahren eines auf Europa begrenzten Atomkriegs hatte die Blockkonfrontation im Kalten Krieg für die Europäer besonders in den 1980er-Jahren viel von ihrer Bindekraft verloren. Darüber hinaus verstärkte sich die Politisierung der Europäischen Gemeinschaft. Zudem hatte die Entkolonialisierung Raum geschaffen für eine langsame Umorientierung von den Räumen der Kolonialreiche zum neuen, zugleich alten Orientierungsraum Europa. Die Globalisierung, die vielen Europäern fälschlicherweise als ein wirtschaftlicher und kultureller Einbruch von außen erschien, steigerte noch ihr Bedürfnis, über die veränderte Rolle Europas in der Welt zu diskutieren.

Politik

Alle Ereignisse, die in Wirtschaft, Gesellschaft und Kultur eine neue Epoche anzukündigen schienen, der Ölpreisschock, der Mai 1968 und die Berichte über Grenzen des Wachstums waren auch für die europäische Politik erstrangige neue Herausforderungen. Sie leiteten auch hier neue, aber nicht immer die prägenden neuen Entwicklungen dieser Epoche ein.

Demokratisierung. Die 1970er- und 1980er-Jahre brachten keine fundamentalen Demokratisierungsschübe in Europa. Sie waren für die meisten Länder keine dramatische Zeit der Ablösung von Diktaturen und Besatzungsregimes und der Durchsetzung von demokratischen Verfassungen wie die Nachkriegszeit. Im östlichen Teil Europas waren keinerlei Demokratisierungstendenzen erkennbar, und im westlichen Teil hatten sich in den meisten Ländern bereits Demokratien etabliert. Trotzdem wurde die Zeit der 1970er- und 1980er-Jahre als die «zweite Demokratisierung» Europas bezeichnet. Zwei Gründe sprechen dafür: die Durchsetzung der Demokratie in Südeuropa und ihr Wandel im westlichen Europa.

Im Süden Europas, in Portugal, Spanien und Griechenland, wurden die Diktaturen Salazars, Francos und der griechischen Generäle beseitigt und parlamentarische Demokratien eingeführt. Die Gründe dafür waren vielfältig. Ein außenpolitisches Scheitern der Diktaturen spielte in Portugal und Griechenland eine wichtige Rolle: das Scheitern der portugiesischen Kolonialkriege in Afrika und der griechischen Annexion Zyperns. Im spanischen Fall hatte das Ende der Diktatur viel mit dem Tod des Diktators und mit der Person des Königs zu tun, aber auch mit der wirtschaftlichen Modernisierung Spaniens durch Industrialisierung und Tourismus. In der spanischen Bevölkerung entstanden dadurch Erwartungen, die mit der Franco-Diktatur unvereinbar waren.

Mit dem wachsenden zeitlichen Abstand zu den Bürgerkriegen in Spanien, aber auch in Griechenland stieg zudem das Vertrauen in einen demokratischen politischen Ausgleich. In allen drei Ländern trug darüber hinaus die enge Verflechtung mit den reichen, demokratischen europäischen Industrieländern durch die Massenauswanderung seit den 1950er-Jahren zum Verfall der Diktaturen bei. Die Rückreise und Rückwanderung von Migranten mit ihren Erfahrungen in den liberalen europäischen Wohlstandsgesellschaften halfen mit, die Akzeptanz der südeuropäischen Diktaturen zu untergraben.

In der heiklen Übergangszeit von der Diktatur zur Demokratie, in der rechte und linke antidemokratische Kräfte zu putschen und die Macht zu übernehmen versuchten, spielte schließlich in allen drei Fällen sowohl die zivilgesellschaftliche als auch die staatliche Unterstützung durch die westeuropäischen Demokratien eine wichtige Rolle. Das Ende der Diktaturen in Südeuropa war nicht nur ein regionales Ereignis. Es hatte auch eine Signalwirkung für Europa als Ganzes. Es war ein Zeichen für die Durchsetzungsfähigkeit der westeuropäischen Demokratien zumindest auf dem eigenen Kontinent.

Außerdem wandelten sich auch die bestehenden westeuropäischen Demokratien. Anders als noch in der Prosperitätszeit dominierten unter den sozialen Bewegungen die Gewerkschaften nicht mehr so eindeutig. Die 1970er- und 1980er-Jahre wurden vielmehr die Glanzzeit der neuen sozialen Bewegungen, welche die politischen Öffentlichkeiten aufrührten, Druck auf die Regierungen ausübten und sogar die Parteiensysteme veränderten und sich dann in den 1990er-Jahren wieder abschwächten. Sie unterschieden sich in den Zielsetzungen, Protestmethoden, Trägergruppen, in der Generations- und Geschlechtszugehörigkeit und zwischen Ost und West.

Nach der Studentenbewegung der späten 1960er-Jahre entstanden neben zahlreichen Bürgerinitiativen und internationalen Netzwerken vor allem fünf neue soziale Bewegungen: Die politischen *Regionalbewegungen* waren schon in den 1960er-Jahren entstanden, blieben weiterhin dezentral, waren aber international verflochten. Sie konnten nur im westlichen Europa offen regionale Autonomien fordern und äußerten sich im östlichen Europa dagegen eher in verstärkten regionalen Identitäten, da eigenständige soziale Bewegungen von den Regierungen nicht zugelassen wurden.

Die auf lange Sicht erfolgreiche neue *Frauenbewegung* drängte nicht nur auf politische Entscheidungen für mehr Gleichberechtigung der Frauen, sondern auch auf eine Änderung der Geschlechterrollen in den Wertvorstellungen, Mentalitäten und Lebensweisen. Sie stützte sich neben politischen Protesten daher vor allem auf Selbsterfahrung durch Gruppentreffen, Filme und Literatur, Presse, Frauenbuchläden und -cafés, Selbsthilfe und auch auf wissenschaftliche Frauenforschung. Seit den frühen 1970er-Jahren arbeitete die langfristig ebenfalls erfolgreiche neue *Umweltbewegung* einerseits mit den klassischen politischen Instrumenten der Memoranden, Manifeste, Parlamentseingaben, Expertenberichte und wissenschaftlichen Analysen, andererseits aber auch mit medienwirksamen Events und Inszenierungen durch kleine Gruppen und durch schlagkräftige internationale Organisationen wie Greenpeace oder Robin Wood.

Die in ihrer Wirkung begrenztere *Friedensbewegung* seit den frühen 1980er-Jahren war stark international ausgerichtet und stützte sich vor allem auf große Demonstrationen und Versammlungen, aber auch auf Memoranden, Reports und eigene Symbole. Schließlich entstanden ebenfalls in den 1970er- und verstärkt in den 1980er-Jahren die *Dissidentenbewegungen* im östlichen Europa, die sich in ihren Zielen der Durchsetzung von Bürger- und Menschenrechten, der Friedenssicherung und des Umweltschutzes zwar nicht grundsätzlich von den sozialen Bewegungen in Westeuropa unterschieden, aber unter den extrem schwierigen Bedingungen der kommunistischen Diktaturen agierten. Sie wurden in Osteuropa zur offiziellen Öffentlichkeit nicht zugelassen und stützten sich daher auf die Untergrund- und die westeuropäische Öffentlichkeit.

Gleichzeitig veränderten sich die klassischen politischen Milieus, die in der Prosperitätszeit meist noch weitgehend intakt ge-

Abb. 3. Heinrich Böll bei der Demonstration gegen Mittelstreckenraketen in Mutlangen, 1983.

wesen waren. Diese Milieus erwarteten von ihren Angehörigen in der Regel lebenslange Loyalität, banden sie in eine Vielfalt von örtlichen Vereinen, Festen, Netzwerken und sozialen Riten ein. Sie verfügten über ihre eigenen Zeitungen, boten oft Hilfe und Sicherheit in persönlichen Notlagen und erwarteten dafür Unterstützung der sozialen und politischen Führungspersönlichkeiten des Milieus nicht zuletzt bei Wahlen. Man darf sie freilich nicht idealisieren. Sie besaßen ihre eigene Art der inneren Konfliktaustragung. Auch reduzierten sie die sozialen und politischen Optionen der Individuen erheblich. Sie erschwerten zudem wesentliche Elemente des politischen Prozesses in der Demokratie, die politische Kompromissfindung und die Bildung stabiler parlamentarischer Koalitionsregierungen.

Aber die Berechenbarkeit politischer Wahlen war durch die Existenz dieser politischen Milieus in der Regel hoch. Sie waren allmählich im 19. Jahrhundert mit der politischen Massenmobilisierung entstanden und hatten die politischen Umbrüche der Weltkriege zum erheblichen Teil überstanden. Mit der besseren Ausbildung, der umfassenden wohlfahrtsstaatlichen Absicherung, dem Zugang zu den neuen Medien und der steigenden räumlichen Mobilität ihrer Angehörigen verloren sie in den 1970er- und 1980er-Jahren erheblich an Bindekraft. Junge Erwachsene verließen jetzt leichter das politische Milieu ihrer Eltern. Die Studentenbewegung baute zum erheblichen Teil auf dem Bruch ihrer Angehörigen mit dem familiär angestammten politischen Milieu auf.

Vor allem bei den Wahlen wurde diese Abschwächung der Bindung an politische Milieus deutlich erkennbar und auch von den zeitgenössischen Beobachtern genau registriert. Der Anteil der Wechselwähler, die nicht lebenslang über Milieuzugehörigkeit an eine bestimmte politische Partei gebunden waren, sondern von Wahl zu Wahl ihr Abstimmungsverhalten neu festlegten und oft sogar bis kurz vor der Wahl unentschieden waren, nahm erheblich zu, unter Männern wie unter Frauen. Daher veränderten sich die Wahlkämpfe. Sie waren weniger Affirmationswahlkämpfe zur Bestätigung der Milieuzugehörigkeit der Wähler und wurden stärker Werbewahlkämpfe mit gezielten Wahlversprechen und dem Einsatz der persönlichen Anziehungskraft der Kandidaten, um Wählerstimmen zu gewinnen.

Diese Lockerung der politischen Milieus führte auch zu einer größeren Vielfalt der Parteiensysteme und der politischen Öffentlichkeiten, allerdings von Land zu Land in sehr unterschiedlicher Weise. Am geringsten waren die Auswirkungen in Großbritannien, wo sich das Parteiensystem wenig veränderte. Stärker waren die Auswirkungen in den meisten kontinentalen Demokratien. Es entstanden neue Parteien, wie etwa die Grünen und andere Parteien im linken Spektrum, aber auch rechtsradikale Parteien. Das Parteienspektrum wurde überall vielfältiger, Regierungsbildungen wurden dadurch komplizierter.

Eine weitere Veränderung war die Minderung der politischen Autorität, welche die Experten und die Wissenschaft während der Prosperitätszeit erlangt hatten: Wissenschaftliche Prognosen für und Begleituntersuchungen von politischen Entscheidungen blieben zwar wichtig, aber die Politik hielt sich weniger an die Empfehlungen. Von den Experten nicht vorausgesehene Ereignisse wie die Ölschocks, die Fehleinschätzung der Konjunkturexperten über die Steuerbarkeit der Wirtschaftszyklen, spektakuläre verhängnisvolle Forschungs- und Entwicklungsfehler wie etwa die Einführung des Arzneimittels Contergan in den 1950er-Jahren mit der Folge zahlreicher Missbildungen bei Neugeborenen, auch die enge Bindung mancher Wissenschaftler an Interessenpolitik griffen den politischen Nimbus der Experten und Wissenschaftler an.

Gewalt. Eine weitere wichtige politische Veränderung in dieser Epoche betraf die Einstellung der Europäer zur Gewalt. Die Entwicklung war widersprüchlich: Einerseits wurden in den frühen 1970er-Jahren die letzten europäischen Kolonialkriege mit der Unabhängigkeit der portugiesischen Kolonien Mosambik, Angola und Guinea-Bissau und damit der Einsatz von kriegerischer Gewalt in den Außenbeziehungen Europas beendet, wenn man von dem Ausnahmefall des Falklandkriegs Großbritanniens mit Argentinien 1982 absieht. Unter den Europäern wurde – in Übereinstimmung mit der UN-Charta – der Krieg als legitime Form der Verfolgung außenpolitischer Interessen zunehmend abgelehnt. Menschenrechte und damit der Schutz vor staatlicher und privater Gewalt wurden seit den 1970er-Jahren ein wichtiges Element der Außenpolitik im westlichen Europa, auch der Europäischen Gemeinschaft. Die Schrecken des Zweiten Weltkriegs, aber auch die Angst vor einer völligen Zerstörung großer Teile Europas in einem Atomkrieg zwischen den Supermächten zeigten ihre Wirkung. Zudem wurde die Todesstrafe als äußerste Form der staatlichen Gewaltanwendung gegenüber den eigenen Bürgern bis zu den 1980er-Jahren immer häufiger abgeschafft. Der Europarat beschloss 1983 die Abschaffung der Todesstrafe in Friedenszeiten in einem Protokoll zur Europäischen Konvention der Menschenrechte und erreichte damit, dass die Mitgliedsstaaten das Protokoll unterzeichneten und zumindest keine Hinrichtungen mehr durchführten. Im östlichen Europa gehörten in den 1970er- und 1980er-Jahren nicht nur die stalinistischen Gewaltexzesse, die Morde an zahllosen Menschen und die Verschleppung von Millionen in die riesigen Gulags der Sowjetunion, der Geschichte an. Auch die poststalinistische Gewalt gegen eigene Bürger, die gewalttätige Niederschlagung von Demonstrationen während der Aufstände 1953 in der DDR, 1956 in Ungarn und 1968 in der Tschechoslowakei wiederholte sich in den 1970er- und 1980er-Jahren nicht, auch wenn die Breschnew-Doktrin der militärischen Intervention bei Abweichung eines Mitgliedsstaats des Warschauer Pakts von der sowjetischen Linie bestehen blieb, darüber hinaus die Bevölkerung im östlichen Europa durch die Geheimdienste weiterhin strikt kontrolliert und massiv schikaniert wurde und dabei gegen den Einzelnen auch weiterhin Gewalt angewandt wurde bis hin zur Verhängung des Kriegsrechts in Polen mit der Verhaftung von Tausenden.

Andererseits nahm im westlichen Europa die Gewalttätigkeit bei den inneren Auseinandersetzungen während der 1970er-Jahre vorübergehend in vier Ländern zu: in der Bundesrepublik mit dem Linksterrorismus der «Roten Armee Fraktion» (RAF), durch den über 60 Menschen starben; in Italien mit dem Linksterrorismus der *brigadi rossi*, dem über 400 Menschen zum Opfer fielen; in Großbritannien im Nordirland-Konflikt, der insgesamt bisher über 3000 Todesopfer forderte und in Spanien mit über 800 Todesopfern durch die baskische ETA. Manche Historiker bezeichnen deshalb die 1970er-Jahre als das schrecklichste Jahrzehnt in Europa seit dem Zweiten Weltkrieg.

Politische Krise und schwacher Staat. Im westlichen wie im östlichen Europa geriet der Staat in dieser Epoche in eine Vertrauenskrise. Die Kritik an den politischen Eliten nahm zu. Umfragen zeigten in vielen westeuropäischen Ländern einen Rückgang des Vertrauens nicht nur in die Regierungen im engeren Sinne, sondern auch in andere politische Institutionen wie die Parlamente, die Gerichte, die Polizei und die Armee sowie die Medien und die Gewerkschaften. Im östlichen Europa verstärkten sich die Dissidentenbewegungen seit den 1970er-Jahren mit der Charta 77 in der Tschechoslowakei, dem «Komitee zur Verteidigung der Arbeiter» (KOR) und später der oppositionellen Gewerkschaft Solidarność mit Millionen von Mitgliedern in Polen und mit den Protesten von einigen Intellektuellen anlässlich der Ausweisung Wolf Biermanns 1976 aus der DDR und den dortigen Protestbewegungen der späten 1980er-Jahre.

Als Reaktion auf die wachsende Kritik an den politischen Eliten, auf die stärkere Bürgerbeteiligung und die größere Parteienvielfalt, aber vor allem auch auf die neue terroristische Gewalt entstanden Ängste vor einem Staatsversagen und vor einer erneuten Krise der Demokratien in der Zeit wirtschaftlicher Schwierigkeiten und politischer Stresssituationen. Manche Stimmen in der politischen Öffentlichkeit zweifelten daran, ob die sogenannten Schönwetterdemokratien Europas, die nach dem Zweiten Weltkrieg entstanden waren und sich in der Prosperitätszeit der 1950er- und 1960er-Jahre stabilisiert hatten, auch die Zeiten der wirtschaftlichen und politischen Schwierigkeiten überstehen würden.

Verstärkt wurden die Ängste vor einem Staatsversagen noch dadurch, dass der Staat seine physische Präsenz in der Öffentlichkeit vielfach verringerte. Die Patrouille von Polizisten zu Fuß in der Nachbarschaft wurde oft aufgegeben. Der Briefträger, – solange die Post Teil der öffentlichen Hand war –, ein anderes Symbol des Staates auf der Straße, kam nur noch einmal am Tag, nicht mehr zwei- oder dreimal. Immer seltener wurde die staatliche monatliche Rente auf dem Postamt von einem Beamten ausbezahlt, stattdessen wurde sie von der Bank überwiesen. Orte staatlicher Präsenz wie das Telegraphenbüro, der Vorort- oder Kleinstadtbahnhof und die Postzweigstelle wurden oft wegrationalisiert. Viele staatliche Schulen und Bürgermeisterämter auf dem Land wurden geschlossen und durch Mittelpunktschulen und durch zentralisierte Verwaltungen ersetzt. Auch die auf eindrucksvolle Repräsentation der Staatsmacht ausgerichtete Architektur des 19. Jahrhunderts wurde von einer völlig unauffälligen, rein funktionalen Architektur abgelöst, die sich durch nichts von privaten Gebäuden unterschied. Manche Historiker bezeichnen diese Tendenz zum Rückzug des europäischen Staates aus dem öffentlichen Raum als «Entterritorialisierung». Der westeuropäische Staat war zwar an der Verteilung des Sozialprodukts immer stärker beteiligt, aber im öffentlichen Raum zugleich immer weniger sichtbar.

Weiter geschürt wurden die Ängste vor einer Schwäche des Staates durch die Globalisierung. Die Verhandlungsmacht der Nationalstaaten erschien massiv geschwächt vor allem gegenüber den internationalen Unternehmen, deren Jahresumsätze oft weit höher waren als die Staatshaushalte von kleineren europäischen Ländern und die in ihren Verhandlungen um Steuervorteile und um Ansiedlungsbedingungen die nationalen Regierungen gegeneinander ausspielen konnten. Infrage gestellt erschien die Entscheidungsgewalt des Nationalstaats auch angesichts der Internationalität der Energie- und Umweltprobleme, aber auch mancher Epidemien. Gegen die Schäden von Kernkraftunfällen wie etwa der Kernschmelze im Atomkraftwerk im ukrainischen Tschernobyl 1986 konnte ein einzelner Staat ebenso wenig ausrichten wie gegen die globalen Verteuerungen des Erdöls oder gegen globale Epidemien wie etwa die russische Grippe 1977/78 oder die Ausbreitung von Aids seit den 1980er-Jahren. Aber auch gegenüber dem mit der Globalisierung verstärkten internationalen Menschenhandel und internationalen Drogen- und Geldwäschebanden erschien der klassische europäische Nationalstaat als schwach.

Kalter Krieg. Die 1970er- und 1980er-Jahre waren im Ganzen eher eine Zeit der Entspannung im Kalten Krieg, allerdings unterbrochen ab 1979 durch mehr als ein halbes Jahrzehnt erneuter massiver Spannungen zwischen den beiden Supermächten. Eingeläutet wurde die Entspannungsphase durch zwei Verträge, die eine wirkliche Begrenzung des Wettrüstens brachten: den ABM-Vertrag 1972 zur Begrenzung von Raketenabwehrsystemen und vor allem den SALT-I-Vertrag über die Begrenzung der Interkontinentalraketen. Im Jahr darauf begannen die Verhandlungen über die für Europa besonders wichtige Beschränkung der mobilen Raketensysteme, die allerdings erst 1979 zu einem Vertrag führen sollten. Dagegen blieben die Verhandlungen über Truppenverminderungen in Europa erfolglos.

Gleichzeitig begannen 1972 die multilateralen Verhandlungen über Sicherheit und Zusammenarbeit in Europa. An ihnen waren neben den beiden Supermächten alle europäischen Staaten einschließlich der Türkei, darüber hinaus auch das NATO-Mitglied Kanada beteiligt. Sie wurden 1975 mit der Schlussakte von Helsinki abgeschlossen, die aus drei Teilen, den sogenannten Körben, bestand. Der erste Korb betraf vertrauensbildende Maßnahmen, vor allem die wechselseitige Nichteinmischung in innere Angelegenheiten der Staaten und Respektierung der territorialen Integrität, die der UdSSR besonders wichtig waren. Der zweite Korb enthielt Absprachen über wirtschaftliche und wissenschaftliche Zusammenarbeit und der dritte Korb Regelungen über mehr Freizügigkeit für die Menschen in Europa und die bessere Einhaltung der Menschenrechte. Dieser Korb sollte in den späten 1970er- und den 1980er-Jahren noch außerordentlich wichtig werden, da sich die Dissidenten im östlichen Europa auf ihn berufen konnten. Diese internationale europäische Entspannungspolitik wurde ganz entscheidend unterstützt durch die westdeutsche Entspannungspolitik: durch die Ostpolitik und die Verträge der Bundesrepublik mit der UdSSR, mit Polen, der DDR und der Tschechoslowakei zwischen 1970 und 1973.

Diese Entspannungszeit brach durch zwei Entwicklungen ab: Der Einmarsch der Sowjetunion in Afghanistan 1979 führte zu einer Gegenreaktion der USA, die nun die muslimischen Mudschaheddins in Afghanistan vor allem mit Waffenlieferungen unterstützten. So entwickelte sich eine Art Stellvertreterkrieg, in dem die USA recht erfolgreich mit der Unterstützung Pakistans und Saudi-Arabiens agierten. Dieser Konflikt berührte Europa freilich nur wenig. Außerdem stellte die UdSSR darüber hinaus im Osten Europas neue atomare Mittelstreckenraketen vom Typ SS-20 auf, von denen sich vor allem die Westeuropäer bedroht fühlten, weil sie die Möglichkeit eines allein auf Europa beschränkten Atomkriegs schufen. Der bis dahin entscheidende Hinderungsgrund für einen heißen Atomkrieg, der mit Gewissheit zu erwartende verheerende Schaden auf dem *eigenen* Territorium beider Supermächte, drohte dadurch auf Kosten Europas obsolet zu werden.

Unter dem Einfluss von westeuropäischen Regierungen, vor allem der bundesdeutschen Regierung unter Kanzler Helmut Schmidt und Außenminister Hans-Dietrich Genscher, entstand auch daraus ein neuer Rüstungswettlauf zwischen den USA und der UdSSR mit dem sogenannten NATO-Doppelbeschluss 1979. Er forderte die UdSSR zu Verhandlungen über die Begrenzung der atomaren Mittelstreckenraketen auf. Für den Fall des Ausbleibens einer Verhandlungslösung wurde die Aufstellung von amerikanischen nuklearen Mittelstreckenraketen Pershing II, aber auch von neuen, mit Radarschirmen nur schwer erfassbaren nuklearen Marschflugkörpern in Mitteleuropa angekündigt. Zudem plante die amerikanische Reagan-Regierung 1983 das – letztlich nicht realisierte – Projekt der «Strategic Defense Initiative» (SDI), das den Abschuss von anfliegenden sowjetischen Raketen im Weltraum zum Ziel hatte. Die Abrüstungsverhandlungen zwischen den USA und der UdSSR wurden in den frühen 1980er-Jahren abgebrochen.

Dieser neue Rüstungswettlauf erzeugte in der Bevölkerung des westlichen, aber auch des östlichen Europa große Befürchtungen vor einem heißen Atomkrieg. Daher bekamen die Friedensbewegung im Westen und die Friedensgruppen im Osten einen enormen Zulauf. Zu den großen Friedensdemonstrationen zwischen 1981 und 1983 in den Niederlanden, Belgien und der Bundesrepublik kamen jeweils mehrere Hunderttausend Teilnehmer. Im östlichen Europa entstanden viele Friedensgruppen, die eine andere Linie als die offizielle Friedenspropaganda der kommunistischen Regime verfolgten und eine vom sowjetischen Staatschef Chruschtschow der UNO geschenkte Skulptur «Schwerter zu Pflugscharen» des sowjetischen Bildhauers Jewgeni Wutschetitsch uminterpretierten. Anders als in den 1950er-Jahren stieß der Rüstungswettlauf der frühen 1980er-Jahre auf Proteste der Europäer, teils weil die Entspannungspolitik der 1970er-Jahre viele Hoffnungen erzeugt hatte, die nicht enttäuscht werden wollten, teils weil der Vietnamkrieg der USA und der Einmarsch der Warschauer Paktstaaten in Prag 1968 unter Europäern viel Misstrauen gegenüber Militäraktionen erzeugt hatten.

Die darauffolgende erneute Entspannungspolitik hing in hohem Maße mit der Politik des neuen Generalsekretärs der KPdSU, Michael Gorbatschow, zusammen. Er nahm sofort nach seiner Machtübernahme 1985 die Rüstungskontrollgespräche wieder auf, was allerdings bereits 1984/85 auch vonseiten der USA angestrebt wurde. Bei dem Treffen zwischen dem amerikanischen Präsidenten Ronald Reagan und Gorbatschow 1986 im isländischen Reykjavik und in dem darauffolgenden INF-Abkommen wurde der Rückzug aller Mittelstreckenraketen aus Europa vereinbart. Die völlige Überlastung des sowjetischen Haushalts mit Rüstungsausgaben war ein entscheidender Faktor für die Abrüstungspolitik der UdSSR. Ihre Militärausgaben waren fast so hoch wie die der USA. Mit ihrer im Vergleich zu den USA weit schwächeren Wirtschaft konnte die UdSSR jedoch diese Kosten nicht auf Dauer tragen. Gorbatschow wollte mit der Abrüstungspolitik zugleich auch eine Modernisierung und größere Schlagkraft des Sozialismus erreichen.

Europäische Integration. Nach dem vielversprechenden Neuanfang am Ende der Prosperitätszeit, dem Haager Gipfel der Staats- und Regierungschefs von 1969, geriet die Europäische Gemeinschaft in eine lange Stagnationszeit von mehr als einem Jahrzehnt mit wenigen, wenn auch oft unterschätzten Ansätzen zu Reformen. Erst in der zweiten Hälfte der 1980er-Jahre gelang ihr ein neuer Aufbruch, der weit über diese Epoche hinaus anhielt. Der Haager Gipfel hatte unter französisch-deutscher Führung vor allem drei große Reformprojekte ins Auge gefasst, die zum Maßstab für die Epoche ab 1973 wurden: die europäische politische Union, die europäische Wirtschafts- und Währungsunion und die geographische Erweiterung der Europäischen Gemeinschaft in den wohlhabenden europäischen Norden.

Zum Projekt der europäischen politischen Union, also der Vertiefung der politischen Zusammenarbeit, legte der belgische Ministerpräsident Leo Tindemans 1974 einen ambitionierten Bericht vor, der erheblich weiter ging als der vorsichtige Davignon-Bericht von 1970 (vgl. Kap. 4). Tindemans schlug mehr Einfluss für das Europäische Parlament durch Direktwahl seiner Abgeordneten, Mehrheitsentscheidungen im Ministerrat, mehr Einfluss für die Europäische Kommission und mehr Kompetenzen der Gemeinschaft bei Währungsfragen, Energie und äußerer Sicherheit vor. Nur zwei seiner Vorschläge wurden im weiteren Verlauf der 1970er-Jahre umgesetzt: Im Jahr 1975 wurde der Europäische Rat, das regelmäßige Treffen der Staats- und Regierungschefs, als neues zentrales Entscheidungszentrum der Europäischen Gemeinschaft eingerichtet. Darüber hinaus wurde 1979 die Direktwahl zum dadurch aufgewerteten Europäischen Parlament eingeführt. Die Abgeordneten des Parlaments wurden nicht mehr von den nationalen Parlamenten delegiert, sondern in parallelen europaweiten Wahlen direkt gewählt. Rund zwei Drittel der wahlberechtigten Europäer nahmen 1979 an dieser Wahl teil, mehr als jemals danach.

Das Projekt einer europäischen Wirtschafts- und Währungsunion war nach dem Scheitern des ehrgeizigen Projekts des luxemburgischen Premierministers Pierre Werner in den globalen Währungsturbulenzen der 1970er-Jahre weitgehend gelähmt. Immerhin schlossen sich 1979 alle Mitgliedsländer der Europäischen Gemeinschaft außer Großbritannien unter französisch-deutscher Führung zum Europäischen Währungssystem zusammen, das Kursschwankungen zwischen den Währungen der Mitgliedsländer auf eine schmale Bandbreite begrenzte und dadurch eine regionale Zone der Währungsstabilität einrichtete. Das Europäische Währungssystem schuf zwar noch keine gemeinsame Währung, führte aber doch zu einer langsamen, freiwilligen Annäherung der nationalen Geld- und Wirtschaftspolitiken – allerdings unter einer außergewöhnlich starken, zunehmend kritisierten Vorrangstellung der Deutschen Bundesbank.

Auch die Erweiterung der EG nach Norden stellte sich als schwieriger heraus, als auf dem Haager Gipfel 1969 erwartet worden war. Die Verhandlungen mündeten nur für Großbritannien, Irland und

Dänemark 1973 im Beitritt. Norwegen lehnte den Beitrittsvertrag in einem Referendum 1971 ab. Nach dem Beitritt Großbritanniens führten die britischen Regierungen Wilson und Thatcher zudem immer wieder quälende Nachverhandlungen über den britischen Finanzbeitrag zur Gemeinschaft und drängten damit europäische Zukunftsprojekte in den Hintergrund. Auch die Süderweiterung der Europäischen Gemeinschaft, die sich seit dem Zusammenbruch der Diktaturen in Griechenland, Spanien und Portugal in den Jahren 1973 bis 1975 als Perspektive eröffnete, kam nur langsam voran. Vor dem neuen Aufschwung der europäischen Integration ab Mitte der 1980er-Jahre wurde lediglich Griechenland 1981 als Mitglied in die Gemeinschaft aufgenommen.

Was war der Grund für diese Stagnation der europäischen Integration, dieses Zurückfallen hinter den großen Entwurf des Haager Gipfels, manchmal auch als die «bleiernen Jahre» oder die Zeit der «Eurosklerose» bezeichnet oder mit dem niederländischen Außenminister van der Stoel als die Zeit von «Stillstand, Rückschritt und Flucht»?[2] Die Kluft zwischen den nationalen Wirtschaftspolitiken in Reaktion auf die Ölpreisschocks der 1970er-Jahre und auf das Ende des Währungssystems von Bretton Woods war zunächst zu tief für die Kompromisse, die für eine gemeinsame Wirtschafts- und Währungsunion unausweichlich gewesen wären. Ein Bewusstsein einer europäischen Mitverantwortung für das globale Währungssystem nach dem Ende des Systems von Bretton Woods war noch nicht genügend entwickelt. Zudem engten die sinkenden wirtschaftlichen Wachstumsraten die Spielräume vieler Regierungen ein. Die Europäische Gemeinschaft war, weil das nicht in ihre Kompetenz fiel, auch kein Akteur in den globalen Konflikten und in der Entspannungspolitik.

Erst um die Mitte der 1980er-Jahre setzte ein neuer Aufschwung der europäischen Integration ein. Die Einheitliche Europäische Akte, die durch französische, deutsche und italienische Initiativen vorbereitet auf dem Gipfel in Luxemburg 1986 verabschiedet wurde, war die erste große Revision der Römischen Verträge von 1957 und brachte vor allem vier große Veränderungen: Für die endgültige Durchsetzung des europäischen Wirtschaftsraums setzte sie das Zieldatum 31. Dezember 1992 und bekräftigte noch einmal das Ziel der Wirtschafts- und Währungsunion. Sie gab der Europäischen Gemeinschaft mehr Kompetenzen in den wirtschaftsrelevanten Feldern der Umwelt-, Forschungs-, Technologie- und Sozialpolitik. Sie erweiterte die Anwendung von Mehrheitsentscheidungen im Ministerrat und verlieh dem Europäischen Parlament mehr legislative Kompetenzen, allerdings weiterhin keine Befugnisse bei der Ernennung der Kommission.

Besonders wichtig wurden die Projekte des Binnenmarkts und der Währungsunion, initiiert von dem 1985 ernannten Kommissionspräsidenten, Jacques Delors. Das Binnenmarktprojekt sollte das Ziel eines gemeinsamen Markts für Waren, Dienstleistungen, Personen und Kapital über die Beseitigung von zahlreichen nationalen wirtschaftlichen Barrieren realisieren. Dieses Binnenmarktprojekt passte in die Zeit, in der nicht die Staatsintervention, sondern der Abbau von staatlichen Schranken, die Liberalisierung und Deregulierung als das entscheidende Stimulans von Wachstum angesehen wurden.

Delors ergriff jedoch auch – wie in der Einheitlichen Akte vorgesehen – die erneute Initiative zum Aufbau einer Währungsunion. Von einem Expertenkomitee unter seiner Leitung wurde 1989 ein neuer Zeitplan entwickelt, der mit der Harmonisierung der Währungen beginnen und dann über die Einrichtung einer europäischen Zentralbank bis zur Schaffung einer gemeinsamen Währung führen sollte. Im Juni 1989, fünf Monate vor dem Fall der Berliner Mauer, wurde dieser Plan auf dem Gipfel von Madrid angenommen.

Einen Aufschwung der westeuropäischen Integration signalisierte auch der Abschluss der Süderweiterung der Europäischen Gemeinschaft. Diese war schwierig, weil sie nicht eine Erweiterung um wohlhabende Länder wie – mit Ausnahme Irlands – die Norderweiterung, sondern um ärmere Länder Südeuropas war, die weit stärker der finanziellen Solidarität der Gemeinschaft bedurften, um dem Wettbewerbsdruck im gemeinsamen Wirtschaftsraum standzuhalten. Gleichzeitig war die Süderweiterung für die Europäische Gemeinschaft ein besonderer Erfolg, weil auch auf ihren Druck hin nach dem Scheitern der Diktaturen in diesen drei Ländern Demokratien eingeführt worden waren. Die Politik der Europäischen Gemeinschaft, im Unterschied zur NATO und später auch zum Europarat nur Demokratien als Mitgliedsländer zu akzeptieren, hatte sich als durchsetzbar und als höchst wirksamer Anreiz zur Demokratisierung erwiesen.

Als Folge dieses neuen Schwungs der europäischen Integration nahm auch die Unterstützung der Europäischen Gemeinschaft durch die Bürger zu. Nach den Meinungsumfragen, die seit den 1970er-Jahren im Auftrag des «Eurobarometers» der Europäischen Kommission durchgeführt wurden, stieg der Anteil der Bürger in der Europäischen Gemeinschaft, die sie für eine gute Sache hielten, von rund 50% um 1980 auf rund 70% um 1990 an. Für eine schlechte Sache hielten sie um 1980 noch fast 20%, um 1990 nur noch fast 5% der Befragten. Mit 63% Wahlbeteiligung 1989 blieb die Teilnahme an den europäischen Wahlen im Vergleich zur Gegenwart hoch. Die Zahl der Verbände und Netzwerke auf der europäischen Ebene, meist europäische Zusammenschlüsse und Plattformen von nationalen oder regionalen Organisationen, nahm in den 1970er- und 1980er-Jahren stark zu.

Ein damit zusammenhängendes Element des neuen Aufschwungs war die Politisierung der Europäischen Gemeinschaft, eine zunehmend lebhafte öffentliche Debatte über ihre Politik durch Gegner wie Befürworter der europäischen Integration, durch Intellektuelle und europäische Expertennetzwerke von Politikwissenschaftlern, Juristen und Ökonomen. Es entstanden zwar keine europäischen Medien, aber in den nationalen Medien wurde jetzt zu ähnlicheren Zeitpunkten und mit ähnlicherer Gewichtung in stärkerer internationaler Vernetzung über europäische Politik berichtet. Ursachen für diese Politisierung waren die Einführung der Direktwahlen zum Europäischen Parlament, die Reformen der europäischen Verträge durch die Einheitliche Europäische Akte mit den wachsenden Kompetenzen der Europäischen Gemeinschaft, besonders den Projekten des Binnenmarkts und der Währungsunion, aber auch die geographischen Erweiterungen der Europäischen Gemeinschaft, die umstrittenen Beitritte neuer Mitgliedsländer und die dazugehörenden, heftig umstrittenen, die Öffentlichkeit mobilisierenden Referenden und der wachsende Bedarf der Europäischen Kommission an Europaexpertise vor allem aus den Politik-, Wirtschafts- und Rechtswissenschaften.

Angesichts dieser Politisierung setzte sich in der Europäischen Gemeinschaft allmählich die Erkenntnis durch, dass die grundlegenden europäischen Entscheidungen nicht mehr allein von den hinter verschlossenen Türen tagenden Regierungen, Interessengruppen und Experten getroffen werden konnten, sondern auch die Bürger in der Gemeinschaft einzubeziehen waren. Die Europäische Gemeinschaft entwickelte daher seit den 1980er-Jahren eine Politik, um die europäischen Bürger fester an sich zu binden: Sie erfand europäische Symbole, die europäische Flagge, die europäische Hymne und den europäischen Reisepass. Zudem startete sie die europäische Kulturpolitik und versuchte, allerdings ziemlich erfolglos, europäische Medien zu gründen. Außerdem entwickelte sie das «soziale Europa», die Öffnung der nationalen Sozialstaaten für die Migranten innerhalb der Gemeinschaft und die Sicherung von Arbeitnehmerrechten in der Europäischen Charta für Arbeitnehmer von 1989. Auch die Direktwahlen zum Europäischen Parlament und die langsam wachsenden Befugnisse dieses Parlaments gehörten in den Rahmen dieser Politik.

Wie kam es zu diesem neuen Aufschwung der europäischen Integration? Die akute Gefahr eines Rückfalls der westeuropäischen Wirtschaft hinter die dynamischeren USA und Japan zwang zum Handeln, was durch Kompromisse in den schwierigen Nachverhandlungen mit Großbritannien über seinen Finanzbeitrag zur Gemeinschaft und durch Reformen des europäischen Agrarmarkts erleichtert wurde. Das europäische Projekt gewann zudem durch die neue Entspannungspolitik seit Mitte der 1980er-Jahre wieder eine höhere politische Dringlichkeit und wurde nicht mehr, wie oft in den Spannungszeiten des Kalten Kriegs, an den Rand der Aufmerksamkeit gedrängt. Darüber hinaus verstärkte sich der Druck der Öffentlichkeit und des Europäischen Parlaments. Das Europäische

Parlament war die Institution, welche die Initiative ergriff, indem es 1984 das Projekt einer Europäischen Union beschloss und damit die Regierungschefs unter Druck setzte. Schließlich besetzten erfolgreiche Politiker die Entscheidungspositionen: Der dynamische und ingeniöse Jacques Delors war zehn Jahre lang Präsident der Europäischen Kommission und verstand es, die europäische Öffentlichkeit und die Regierungen für das europäische Projekt zu mobilisieren. Der französische Präsident François Mitterrand und der deutsche Bundeskanzler Helmut Kohl arbeiteten zur Durchsetzung europäischer Projekte eng zusammen, nicht ohne Spannungen, aber von der Einsicht in den Zwang der Umstände immer wieder zusammengetrieben.

Insgesamt genommen waren die 1970er- und 1980er-Jahre eine markante eigene Epoche mit vielen gemeinsamen europäischen Entwicklungen, denen freilich auch tiefe innereuropäische Differenzen gegenüberstanden. In der Wirtschaft signalisierten der Ölpreisschock von 1973, der scharfe Rückgang der wirtschaftlichen Wachstumsraten im westlichen Europa und die Verknappung der Konsumgüter im östlichen Europa eine neue Epoche, die darüber hinaus im westlichen Europa vom Übergang von der Industrie- zur Dienstleistungsgesellschaft, von der neuen Dominanz der monetaristischen Konzepte, den nationalen Deregulierungen, aber auch der europäischen Reregulierung und im östlichen Europa vom Gegenprogramm der höheren politischen Priorität auf der Sicherung des Lebensstandards auf Kosten der Investitionen sowie schließlich auch dem neuen Aufschwung der Globalisierung gekennzeichnet war.

Eine neue gesellschaftliche Epoche wurde durch die Protestbewegungen im westlichen wie im östlichen Europa seit den späten 1960er-Jahren und durch das Ende der optimistischen Zukunftserwartungen unbegrenzten Wachstums und Wohlstands angesichts der Energieknappheit, der Umweltschäden, der Unwirtlichkeit der neuen Städte und der neuen Epidemien signalisiert. Gegen die vereinheitlichende Planung von Stadt, sozialer Sicherung, Bildung und Lebensläufen von oben entstand eine neue Wertschätzung der Vielfalt der Lebensoptionen vor allem im westlichen Europa, aber auch eine stärkere Autonomisierung der Lebensentwürfe gegenüber dem Staat im östlichen Europa.

In der Kultur waren die Privatisierung von Fernsehen und Radio, die Internationalisierung der Medien, Postmoderne und Pop-Art, aber auch die Expansion der internationalen Kulturfestivals und die europäische Kulturpolitik zwar ausschließlich oder überwiegend Entwicklungen im westlichen Europa. Aber der kulturelle Austausch zwischen Ost- und Westeuropa wurde im kulturellen Bereich doch dichter. Über Europa entstand in den 1980er-Jahren eine Debatte, an der Intellektuelle und Experten aus dem westlichen wie dem östlichen Europa in gleicher Weise teilnahmen.

Die 1970er-Jahre waren in einigen Ländern Westeuropas ein Jahrzehnt der terroristischen Gewalt und gleichzeitig auch ein Jahrzehnt der überraschenden Demokratisierung mit dem Ende der Diktaturen in Südeuropa. Aber im westlichen wie im östlichen Europa war der Staat massiv herausgefordert durch die wirtschaftlichen Schwierigkeiten, durch Protestbewegungen, durch das neue Misstrauen gegenüber den Eliten und der Planung von oben, aber auch durch das Misstrauen gegenüber den Supermächten, gegenüber den USA wegen des Vietnamkriegs und gegenüber der UdSSR wegen des Einmarschs in Prag und später des Afghanistankriegs. Die politischen Pressionen durch den Staat nahmen überall zu, freilich im Westen begrenzt auf Notstandsregelungen und Überwachung ohne wirkliche Schwächung der Demokratie, im östlichen Europa hingegen durch eine Rücknahme von politischen Liberalisierungen und schärfere politische Repressionen und Einschränkungen der Menschenrechte bis hin zur Ausrufung des Kriegsrechts in Polen, dem Land mit den meisten Protesten.

Darüber hinaus entstand während der 1970er-Jahre neben den globalen Abrüstungsverhandlungen der Supermächte auch ein eigenes europäisches Forum der Entspannungspolitik, die KSZE, mit der folgenreichen Helsinki-Schlussakte. Die europäische Integration, ihre großen Entwürfe der frühen 1970er- und ihr neuer Aufschwung seit der Mitte der 1980er-Jahre, auch ihre geographische Erweiterung wirkten zwar vorerst nur im westlichen Europa, aber wichtige Voraussetzungen für die spätere gesamteuropäische Union wurden damit bereits geschaffen.

Dass mit den 1970er-Jahren eine neue Epoche der europäischen Geschichte begann, ist unter Historikern nicht umstritten. Umstritten dagegen ist die Bewertung dieser Epoche. Manche Historiker sehen sie eher als eine Epoche des Niedergangs, des Endes der Prosperitätszeit, des Beginns der Massenarbeitslosigkeit und der neuen Armut, des Verlusts des Zukunftsoptimismus und der Zuversicht, der Krise des Wohlfahrtsstaats und der Stadtplanung, des Terrorismus und der wachsenden staatlichen Überwachung, der Kritik an Aufklärung und Rationalität, der enttäuschten Entspannungshoffnungen sowie der Blockade und Sklerose der europäischen Integration.

Andere Historiker sehen sie eher als eine positive Periode der Rückkehr zu einem normalen Wirtschaftswachstum, der stärkeren Sensibilität für einen sparsamen Umgang mit Energie, für Umweltschutz, städtische Lebensqualität und für Gesundheit, des sinkenden Konformitätsdrucks und der Erweiterung der Lebensoptionen, der erneuten Demokratisierung und Bewährung des demokratischen Staates gegenüber dem Terrorismus, der neuen Chancen der Entspannung und europäischen Integration und des langsamen Scheiterns des sowjetischen Modells.

8. Abnehmende Divergenzen

Auch in den späten 1970er- und den 1980er-Jahren bot Europa ein widerspruchsvolles Bild. Neben den gemeinsamen Tendenzen war es durch tief gehende Divergenzen geteilt. Allerdings wandelten sich diese gegenüber der Prosperitätszeit grundlegend.

Kolonialreiche und Postkolonialismus

Der alte Gegensatz zwischen Kolonialreichen und Ländern ohne Kolonien war nun erstmals weitgehend verschwunden. Nach der Entkolonialisierung blieben nur noch einige Überbleibsel dieses alten Gegensatzes bestehen. Vereinzelte Kolonien oder assoziierte

Gebiete mit mehr oder weniger Autonomie blieben erhalten, so die französischen Überseeterritorien in der Karibik und im Pazifik, die britischen Kolonien Hongkong und Gibraltar sowie die Überseeterritorien in der Karibik, im Südatlantik und Pazifik, die niederländischen Antillen und das portugiesische Macao in China. Wirkliche Kolonialreiche waren dies jedoch nicht mehr.

Enge kulturelle und wirtschaftliche Beziehungen zu den ehemaligen Kolonien bestanden meist weiter, allerdings manchmal auch besondere Spannungen wie etwa im Verhältnis zwischen Frankreich und Algerien oder zwischen Großbritannien und Simbabwe. Die Aufmerksamkeit der Medien für Politik, Wirtschaft und Kultur in Afrika und Asien blieb in den ehemaligen Mutterländern besonders stark, vor allem in den Qualitätsmedien und insbesondere in den internationalen Programmen des BBC World Service (eingerichtet 1958 als BBC Overseas Service, davor seit 1932 als BBC Empire Service) und des RTF Radio France und seines Nachfolgers Radio France Internationale (eingerichtet 1975, davor Voix de la France seit 1940).

In den ehemaligen Kolonialmetropolen prägten die Zuwanderer aus den ehemaligen Kolonien weiterhin die Immigration, eine große Zahl von Algeriern, Vietnamesen und Westafrikanern in Frankreich, von Indern, Pakistanis, Chinesen und Zuwanderern aus der Karibik in Großbritannien, von Surinamesen und Indonesiern in den Niederlanden und von subsaharischen Afrikanern in Belgien. In den anderen westeuropäischen Ländern dagegen stammten die außereuropäischen Zuwanderer im Wesentlichen aus den nicht europäischen Mittelmeeranrainerstaaten.

Die Sprachen der Metropolen der ehemaligen Kolonialreiche waren in der außereuropäischen Welt weiterhin stark verbreitet. Auch nach der Entkolonialisierung waren Englisch, Französisch, Spanisch oder Portugiesisch in vielen außereuropäischen Staaten Amtssprache. In den postkolonialen Beziehungen Europas zu den ehemaligen Kolonien, also im Handel und bei den Investitionen, in den Verträgen der EG mit Drittweltländern, im Tourismus und in den kulturellen Beziehungen, trat der alte europäische Gegensatz zwischen Kolonialmächten und Ländern ohne Kolonien jedoch weitgehend zurück.

Nord-Süd-Gegensatz

Eine zweite Divergenz, die in den 1970er-Jahren verschwand, war der Gegensatz zwischen südeuropäischen Diktaturen in Griechenland, Spanien und Portugal und den Demokratien in anderen Teilen Westeuropas. Die drei Diktaturen verfielen und machten Demokratien Platz. In Griechenland scheiterte die 1967 errichtete Diktatur von Armeegenerälen an dem erfolglosen Versuch, Zypern zu annektieren und die Besetzung der nördlichen Hälfte der Insel durch türkische Truppen zu verhindern. Nach diesem eklatanten Misserfolg der Militärjunta entschieden die Stabschefs der Streitkräfte 1974, wieder eine Zivilregierung einzusetzen, und holten den früheren konservativen Ministerpräsidenten Karamanlis aus dem Pariser Exil zurück. Die Verfassung von 1952 mit ihren Grundrechten wurde wieder eingeführt, Wahlen abgehalten und die diskreditierte Monarchie in einem Referendum abgeschafft.

In Spanien wurde nach dem Tod des Diktators Franco 1975 in einer konsensualen schrittweisen *transición* innerhalb von wenigen Jahren der Übergang zur parlamentarischen Demokratie vollzogen, die Verfassung 1978 verabschiedet und auch gegen einen Putschversuch von Militärs 1981 erfolgreich verteidigt. Zentral für diesen raschen und bruchlosen Übergang zur Demokratie waren der breite Konsens in der politischen Elite jenseits der Militärs, die Entschiedenheit von König Juan Carlos und Ministerpräsident Suárez, gewiss auch die schlimme Erfahrung des nur vierzig Jahre zurückliegenden mörderischen Bürgerkriegs und daneben auch die Unterstützung durch Westeuropa und die USA.

In Portugal war die Demokratisierung konfliktreicher. Die Diktatur Salazars und seines Nachfolgers Caetanos wurde 1974 von einer Gruppe von Armeeoffizieren in der «Nelkenrevolution» wegen des aussichtslosen Kolonialkriegs in Afrika beseitigt. In dem danach entstehenden politischen Vakuum mit schwachen Parteien erschien die Kommunistische Partei für kurze Zeit als die wichtigste politische Kraft. Portugal schien sich an den kommunistischen Diktaturen des östlichen Europa zu orientieren. Aber bei den Wahlen zur verfassunggebenden Versammlung blieb die kommunistische Partei weit schwächer als die sozialdemokratischen und konservativen Konkurrenten. Mit der Verfassung von 1976, dem schrittweisen, langsamen Aufbau von politischen Parteien und der Entmachtung des militärischen Revolutionsrats wurde nach vielen Wechseln von schwachen Regierungen allmählich der Weg zur parlamentarischen Demokratie geebnet. Insgesamt verlief die Einführung der Demokratie in den drei südeuropäischen Ländern sehr unterschiedlich.

Trotzdem fand der Übergang von der Diktatur zur Demokratie in den drei Ländern nicht zufällig zur gleichen Zeit statt. Der wirtschaftliche Umbruch der 1970er-Jahre trieb alle drei Diktaturen in Schwierigkeiten. Die gesellschaftliche Demokratisierung im westlichen Europa trug auch die Demokratie in Südeuropa und führte zu ihrer massiven Unterstützung aus dem übrigen Westeuropa. Für die Südeuropäer wurde die westeuropäische Demokratie auch deshalb so attraktiv, weil sie mit den Reformprojekten der Europäischen Gemeinschaft und mit der Entspannungspolitik der NATO der 1970er-Jahre verbunden war. Alle drei Länder konnten als Demokratien in die Europäische Gemeinschaft aufgenommen werden, Griechenland 1981, Spanien und Portugal 1986.

Auch die frühere Selbstisolation gegenüber Europa in der öffentlichen Meinung besonders in Spanien und Portugal wurde aufgegeben. Immer stärker verflochten sich die Zivilgesellschaften mit dem übrigen Europa. Barcelona wurde in den 1990er-Jahren sogar das Eldorado der jungen Europäer. Spanische und portugiesische Politiker wie Javier Solana, Maria de Lourdes Pintasilgo oder José Manuel Barroso übernahmen im Lauf der nächsten Jahrzehnte höchste Ämter oder wichtige Beraterrollen in der europäischen Politik. Spanien spielte eine besonders wichtige Rolle in der europäischen Mittelmeerpolitik. Jedenfalls endete die *politische* Nord-Süd-Differenz, die politische Belastung Westeuropas mit drei Rechtsdiktaturen, innerhalb weniger Jahre.

Gewiss verschwanden damit in den 1970er- und 1980er-Jahren nicht alle Nord-Süd-Unterschiede. Die südlichen Länder erlebten auch in den 1980er-Jahren noch kaum Immigration und damit auch noch nicht die Debatten über die Integration der Immigranten in den europäischen Industrieländern. Der Tourismus und auch die Migration von Rentnern und Pensionären gingen weiterhin einseitig vom Norden in den Süden. Tourismus vom Süden in den Norden war noch selten. Vorerst blieb auch die sprachliche Verflechtung mit dem übrigen Kontinent über Fremdsprachenkenntnisse schwach. Noch Mitte der 1990er-Jahre sprach weniger als ein Viertel der Spanier und Portugiesen Englisch, erheblich weniger als unter den Bürgern in den anderen Mitgliedsländern der Europäischen Gemeinschaft. Das Spanische und Portugiesische waren zwar ebenfalls internationale Sprachen, aber nur außerhalb Europas, und daher eröffneten sie nicht die Kommunikation mit anderen Europäern. Im Vergleich zu dem einstigen harten politischen Nord-Süd-Kontrast zwischen Diktaturen und Demokratien fielen freilich diese Unterschiede kaum noch ins Gewicht.

Gegensatz zwischen Industrie- und Agrarländern

Der alte Gegensatz zwischen Zentrum und Peripherie, zwischen den reichen Industrieländern und den ärmeren Agrarländern nahm seit den 1970er-Jahren weiter ab. Die Industriebeschäftigung näherte sich bis 1990 völlig an: In den ehemaligen Industrieländern fiel ihr Anteil im Durchschnitt von 50 auf 41 %, umgekehrt stieg sie in den meisten ehemals peripheren agrarischen Ländern im südlichen und östlichen Europa im Durchschnitt von 37 auf 42 % an. Um 1990 gab es zwar immer noch große Unterschiede, vor allem zwischen dem industrieschwachen Balkan, besonders Griechenland (32 %) oder Albanien (26 %), und der immer noch hohen Industriebeschäftigung in Mitteleuropa, etwa in Tschechien (54 %), Österreich (49 %) und Deutschland (48 %).

Aber dies war nur noch ein regionaler, kein gesamteuropäischer Gegensatz. Im Dienstleistungssektor, der seit den 1970er-Jahren der beherrschende Sektor wurde, entstanden keine vergleichbaren neuen Gegensätze. In engem Zusammenhang mit der Industrialisierung der europäischen Peripherie wuchsen dort Exporte und Verstädterung besonders rasch. Auch dadurch schwächten sich die alten Unterschiede ab.

Gleichzeitig verschwanden die Unterschiede im Wohlstand nicht, milderten sich aber doch ab. Die Stundenlöhne in Industrie und Gewerbe stiegen in den ehemals peripheren Ländern zumindest Westeuropas meist rascher als im westeuropäischen Durchschnitt. Beim damals noch beliebtesten Indikator für den Konsumstandard, dem Automobil, holten viele Länder der Peripherie deutlich auf, im westlichen ebenso wie im östlichen Europa. Der härteste Indikator für gesellschaftliche Rückständigkeit, die Analphabetenrate, war in den meisten Ländern Süd- und Osteuropas auf einstellige Ziffern abgesunken. Nur in Portugal und der Türkei lag sie selbst um 1990 immer noch bei 17 beziehungsweise 22%.

In der Hochschulausbildung lag die Peripherie ebenfalls nicht mehr generell zurück. Nur Rumänien und Albanien mit einer Studentenquote von jeweils 10% und die Türkei mit 13% lagen weit ab vom europäischen Niveau. Die Ausgaben für soziale Sicherung im Verhältnis zum Bruttosozialprodukt näherten sich ebenfalls weiter dem westeuropäischen Durchschnitt an, auch wenn absolut gesehen die Ausgaben für soziale Sicherung meistens deutlich niedriger blieben als in den reicheren Ländern. Über das östliche Europa fehlen entsprechende Informationen.

Schließlich ließ sich die alte Trennlinie zwischen industriellen und agrarischen Ländern auch nicht mehr bei der Lebenserwartung erkennen. In Westeuropa verschwand diese alte Diskrepanz im Verlauf der 1970er- und 1980er-Jahre mit Ausnahme der Türkei völlig. Allerdings ging in Teilen Osteuropas, in Bulgarien und Rumänien, die Lebenserwartung sogar zurück.

Insgesamt verschwand die alte scharfe Trennlinie zwischen Zentrum und Peripherie bis zum Ende der 1980er-Jahre. Der alte Gegensatz zwischen einem inneren, industriellen reichen Europa und einem äußeren Kranz von armen agrarischen Ländern im Süden, Osten, hohen Norden und fernen Westen bestand nicht mehr. Manche Länder, vor allem Finnland, Italien und Irland, wurden normale europäische Wohlstandsländer und unterschieden sich nicht mehr vom europäischen Durchschnitt, wenn man von regionalen Disparitäten innerhalb dieser Länder absieht. Für die anderen, vor allem für die südeuropäischen Länder Spanien und Portugal, aber auch für Balkanländer wie Griechenland, Slowenien und Kroatien und in geringerem Maße auch für die Türkei, milderte sich diese alte Trennlinie erheblich ab. Der alte Gegensatz reduzierte sich weitgehend auf ein regionales Problem, auf den Wohlstandsrückstand großer Teile des Balkans und Osteuropas, vor allem Rumäniens und auch Bulgariens. Nach dem Zusammenbruch der UdSSR wurde erkennbar, dass auch Moldawien, die Ukraine und Weißrussland zu dieser Problemregion Osteuropa gehörten.

Die begrenzte Abschwächung der Unterschiede zwischen einzelnen europäischen Nationen

Auch in den 1970er- und 1980er-Jahren gingen die Kontraste zwischen den europäischen Nationalstaaten etwas zurück. Vor allem drei neue oder sich verfestigende Faktoren trugen in dieser Epoche zu dieser Abmilderung der zwischennationalen Kontraste bei: die Internationalisierung des Konsums, die Politik der Europäischen Gemeinschaft und in geringem Maße auch die des Rats für gegenseitige Wirtschaftshilfe (RGW) und die Abwendung von der klassischen Kultivierung von nationalen Feindbildern und Überlegenheitsgefühlen. Mehr als eine Abschwächung der Unterschiede zwischen den einzelnen europäischen Nationen haben diese Faktoren allerdings nicht bewirkt. Auch recht ähnliche Nationalstaaten behielten viele nationale Entscheidungsspielräume.

Stärker als zuvor wurden die nationalen Eigenarten durch die Internationalisierung des Konsums abgeschliffen. Die internationalen Unternehmen propagierten einen möglichst einheitlichen Konsumenten, der möglichst viele internationale Produkte mit möglichst wenigen nationalen Variationen konsumierte. Zwei Arten von Marktstrategien wurden entwickelt: das Produkt oder die Dienstleistung ohne jeden Anklang an eine nationale Kultur mit Gebrauchsanweisungen in vielen Sprachen und das mit einem nationalen Flair verbundene Produkt, wie schwedische Möbel, französischer Wein, italienische Pasta oder der britische Mini, die aber letztlich ebenfalls für einen internationalen Konsummarkt entwickelt wurden. Europäische, amerikanische und japanische Unternehmen trieben diese Internationalisierung des Konsums voran und hatten damit auch erheblichen Erfolg.

Die Angebote in den Einkaufszentren, Supermärkten und Warenhäusern, die Filme im Fernsehen und in den Kinos, die moderne ebenso wie die klassische Musik internationalisierten sich einen Schritt weit, behielten zwar viele nationale Differenzen bei, aber unterschieden sich von Land zu Land doch weniger. Zunehmend besaßen die europäischen Käufer die gleichen Autos und PCs, das gleiche Kinderspielzeug und die gleichen Möbel, sahen häufiger die gleichen Filme und hörten die gleiche Musik, gingen mehr als zuvor in die gleiche Art von Schnellrestaurant und Pizzeria, trafen sich in denselben Ferienanlagen und zogen ihr Bargeld aus den gleichen Geldautomaten. Die Reise in ein anderes europäisches Land brachte zwar weiterhin die erhoffte Erfahrung von Unterschieden, aber war doch mehr als zuvor auch die Begegnung mit demselben Alltagskonsum wie in dem eigenen Land.

Zwar blieb die Wirkung der Politik der Europäischen Gemeinschaft auf den Abbau von nationalen Unterschieden in den 1970er- und 1980er-Jahren noch weitgehend auf die Wirtschaft beschränkt, wurde aber von den Zeitgenossen oft unterschätzt. Schon in den 1980er-Jahren schätzte man, dass mindestens die Hälfte der wirtschaftspolitischen Entscheidungen im Hinblick auf die Mitgliedsstaaten der Gemeinschaft durch die Europäische Kommission und den Ministerrat gefällt wurden. Auch der Europäische Gerichtshof entwickelte seit den 1970er-Jahren eine bedeutsame transnationale Rechtsprechung.

Die Europäische Gemeinschaft verfolgte zwei Strategien. Auf der einen Seite die Strategie der Vereinheitlichung der Produkte und Dienstleistungen durch die Harmonisierung des Wirtschaftsrechts. Mit diesem Ziel wurde in den 1970er- und 1980er-Jahren viel vereinheitlicht, etwa die Kennzeichnung und Qualitätsstufen von Konsumgütern bis hin zur viel ironisierten Normierung der Krümmung der Banane, der Führerscheine, der Verkehrsschilder oder der Lastkraftwagenlänge. Daneben hatte die Europäische Kommission allerdings eine zweite Strategie, die eher auf Differenzen zielte und oft übersehen wird: die Strategie der produktiven Konkurrenz zwischen den nationalen Besonderheiten, verbunden mit dem aus der katholischen Soziallehre übernommenen Prinzip der Subsidiarität. Jedoch dominierte die Vereinheitlichungsstrategie in den 1970er- und 1980er-Jahren und trug zur Abmilderung nationaler Unterschiede im westlichen Europa bei.

Für die Abmilderung der nationalen Unterschiede war allerdings nicht nur die Vereinheitlichung durch Brüssel von oben, sondern auch der Austausch zwischen den nationalen Regierungen und Verwaltungen in Westeuropa, auch unter Einbeziehung von Ländern außerhalb der Europäischen Gemeinschaft wichtig. Dieser Austausch fand auch in Politikfeldern statt, auf denen die Europäische Gemeinschaft noch wenige Kompetenzen besaß, wie etwa in der Sozial-, der Bildungs- oder Gesundheitspolitik oder der Stadtplanung. Auf diesen Feldern nahmen die nationalen Unterschiede zwar nicht in den Institutionen, aber doch in den Resultaten deutlich ab: Streng statistisch betrachtet, wurden die Unterschiede bei den öffentlichen Sozialausgaben, den Schüler- und Studentenzahlen oder der Verstädterung erheblich geringer.

Der Rat für gegenseitige Wirtschaftshilfe (RGW) im östlichen Europa schliff die nationalen Unterschiede weniger ab, da das Prinzip der Nationalwirtschaft in der Logik der hoch zentralisierten Planwirtschaften stärker gewahrt wurde als in der Europäischen Gemeinschaft. Der RGW zielte nicht auf einen wechselseitigen Austausch zwischen den Mitgliedsländern ab, sondern bestand seit der Nachkriegszeit vor allem in einer Vielzahl von bilateralen Verträgen mit der UdSSR, die die umfangreiche Lieferung von ostmitteleuropäischen Industriegütern gegen sowjetische Rohstoffe zu festen Preisen regeln und damit nicht nur die Versorgung der sowjetischen Wirtschaft mit Industriegütern, sondern auch die weitgehende

Autarkie des RGW gegenüber der westlichen Weltwirtschaft sichern sollten. Die Unterschiede innerhalb des RGW zwischen den ostmitteleuropäischen Industriewirtschaften und der UdSSR wurden dadurch eher noch verfestigt. In der Arbeitsteilung zwischen den Nationalwirtschaften im RGW seit der Chruschtschow-Ära wurden zahlreiche Monopole der einzelnen Mitgliedsstaaten bei der Produktion von Industriegütern beschlossen. So baute Ungarn Busse für den gesamten RGW-Raum. Auch damit wurden eher die Unterschiede als die Ähnlichkeiten zwischen den Industrien des RGW verstärkt. Ein zentrales Planungsbüro, das Chruschtschow durchsetzen wollte und das möglicherweise zu einer stärkeren wirtschaftlichen Homogenisierung des RGW geführt hätte, scheiterte an den anderen Mitgliedsländern des RGW und ihren Vorbehalten gegen eine noch beherrschendere wirtschaftliche Vormacht der UdSSR. Trotzdem hat auch der RGW zum Abbau der inneren wirtschaftlichen Unterschiede innerhalb Europas beigetragen. Durch die rasche, rücksichtslose Industrialisierungspolitik von oben wurden im agrarischen Ost- und Südosteuropa Industriewirtschaften aus dem Boden gestampft, die freilich ihre Industrieprodukte aufgrund der schlechten Qualität nur in dem Schonraum RGW, nicht auf dem Weltmarkt absetzen konnten. Die gemeinsame Orientierung auf das sowjetische Gesellschaftmodell in der Stadtplanung, in der Bildung, im Wohlfahrtsstaat und in der Gesundheitspolitik hat zur Angleichung der Mitgliedsstaaten des RGW beigetragen.

Die großen innereuropäischen Unterschiede in der Bindung an die Nation wurden während der 1970er- und 1980er-Jahre nicht wirklich abgebaut. Der scharfe Gegensatz zwischen Ländern mit sehr ausgeprägtem Nationalstolz wie Irland, Polen, Großbritannien oder Österreich und Ländern mit geringerem Nationalstolz wie die Niederlande, Belgien, Frankreich, Deutschland, die Tschechoslowakei oder Estland bestand um 1990 meist genauso wie um 1970. Jedoch gingen die Feindbilder, die sich in den beiden Weltkriegen in der ersten Jahrhunderthälfte aufgebaut hatten, seit den 1970er-Jahren spürbar zurück. Erst jetzt begann in den beiden europäischen Ländern mit der härtesten Tradition der wechselseitigen Erbfeindschaft, in Frankreich und Deutschland, das Vertrauen in das jeweils andere Land jenseits des Rheins zu überwiegen. In den meisten westeuropäischen Ländern veränderte sich das nationale Selbstverständnis. Das Verhältnis zu anderen Nationen wurde nicht mehr als ein gnadenloser naturgegebener Überlebenskampf aller Nationen gegen alle angesehen, sondern eher als ein Kooperationsverhältnis, durchaus mit Konflikten, aber auch mit Lösungen und gemeinsamen Projekten. Nationale Besonderheiten wurden nicht mehr als Waffen im Kampf aller gegen alle, sondern eher als interessante Eigenarten oder sogar als mögliche Neuerungen gedeutet, von denen die anderen Nationen lernen konnten.

Gewiss darf man diese Abschwächung von nationalen Unterschieden nicht überschätzen. Diese blieben erheblich und wurden zudem oft als ein wichtiger Trumpf Europas auf der Weltbühne angesehen. Die nationale Vielfalt Europas wurde eher noch positiver bewertet als zuvor. Zudem blieb die Nation für den Einzelnen vorrangiges Identifikationsobjekt, wichtiger als Region, Wohnort oder das weitere Europa. Aber die nationalen Unterschiede verschoben sich doch. Sie milderten sich etwas ab und wurden vor allem anders gedeutet.

Die unterschiedlichen moralischen Folgen des Zweiten Weltkriegs
Der grundsätzliche moralische Gegensatz zwischen Deutschland, von dem der Zweite Weltkrieg in Europa ausgegangen war und das die Genozide an den Juden, Polen und Russen geplant und exekutiert hatte, und den im Zweiten Weltkrieg vom nationalsozialistischen Deutschland besetzten Ländern trat zwischen 1970 und 1990 gewiss nicht zurück, da die Erinnerung an den Zweiten Weltkrieg in der kollektiven Erinnerung einen zentralen Platz einnahm. Die Feiern in Frankreich und Großbritannien zur Erinnerung an die Landung der westlichen Alliierten in der Normandie 1944 und die deutsche Kapitulation 1945 blieben so bedeutsam wie zuvor. Der westdeutsche Verbündete wurde zu diesen Feiern noch nicht eingeladen.

Gleichzeitig veränderten sich die Unterschiede in den Erinnerungsfeiern. Der deutsche Bundespräsident Richard von Weizsäcker schlug in seiner aufsehenerregenden Rede zum 8. Mai 1985, dem 40. Jahrestag des Endes des Zweiten Weltkrieg in Europa, vor, den Begriff der «Befreiung», der bisher nur in den ehemals besetzten Ländern benutzt wurde, auch in Deutschland für die Kapitulation zu verwenden und damit zu einer gemeinsamen europäischen Sprache zu kommen. Die Aufarbeitung des NS-Regimes in Deutschland veränderte sich, weil einerseits neben den großen Plänen des politischen Widerstands auch die alltägliche begrenztere «Resistenz» erforscht wurde. Viel stärker als bisher wurde gleichzeitig auch die Mittäterschaft breiter Teile der Bevölkerung, auch die massive Beteiligung der Wehrmacht an den Massenmorden im östlichen Europa diskutiert.

Zudem wurde in der Erinnerung der ehemals besetzten Länder neben dem Widerstand zunehmend auch die Kollaboration aufgearbeitet und dabei nicht nur die Leistungen des Widerstands, sondern auch eine gewisse Mitschuld am Genozid an den Juden diskutiert. Vor allem in Frankreich war diese Debatte intensiv.

Die weitere Vertiefung der Divergenzen durch den Kalten Krieg

Der Kalte Krieg schien sich auf der Ebene der internationalen Beziehungen während des größeren Teils der 1970er-Jahre eher abzumildern, weil eine Entspannungspolitik nicht nur von den beiden Supermächten, sondern auch von der europäischen Seite durch die Ostpolitik der Bundesregierung und den KSZE-Prozess vorangetrieben wurde. Ende der 1970er-Jahre verschärfte sich der Kalte Krieg freilich wieder, bevor seit Mitte der 1980er-Jahre mit den Abrüstungsverhandlungen zwischen dem amerikanischen Präsidenten Reagan und dem sowjetischen Generalsekretär Gorbatschow seine Endphase eingeläutet wurde.

In Wirtschaft und Gesellschaft nahmen dagegen in den 1970er- und 1980er-Jahren die Divergenzen zwischen dem östlichen und dem westlichen Europa weiter zu. Wirtschaftlich gerieten zwar die westliche wie die östliche Seite seit den 1970er-Jahren in ähnlicher Weise in Schwierigkeiten. Aber die Formen und der Ablauf dieser Krise sahen in den beiden Hälften des Kontinents völlig verschieden aus. Die entscheidenden Entwicklungen im westlichen Europa waren der dramatische Wachstumsrückgang, der Zusammenbruch des Währungssystems von Bretton Woods, die Ölkrise und das Hochschnellen der Ölpreise, das starke Ansteigen der Inflation, die Krise der klassischen schwerindustriellen Regionen und der Rückgang der Industriearbeit zugunsten der Dienstleistungen, der Umschwung bei den herrschenden ökonomischen Prinzipien vom Keynesianismus zum Monetarismus, die wachsende Kritik an den westeuropäischen Sozialstaaten, der kontinuierliche Anstieg der Arbeitslosigkeit, die Stagnation der Realeinkommen und das Ende des Überflusses in den öffentlichen Haushalten.

Dagegen sahen die wirtschaftlichen Probleme im östlichen Europa meist ganz anders aus: Versorgungsengpässe, Technologierückstand, Auslandsverschuldung, ein dem Westen entgegengesetzter Umschwung in der Wirtschafts- und Sozialpolitik und im Laufe der Zeit auch Preiserhöhungen, vor allem beim Öl, durch die Supermacht UdSSR. Die Wirtschaft im östlichen Europa wuchs in den 1970er-Jahren zwar ebenfalls langsamer, aber mit 2,9% doch erst einmal noch etwas schneller als im westlichen Europa mit seinen 2,3%, sofern man diesen schmalen Zahlenunterschieden trauen darf. In den 1980er-Jahren brachen die Wachstumsraten jedoch auf jährlich durchschnittlich 0,4% ein und lagen damit weit hinter der westeuropäischen Wirtschaft, die weiterhin um 2,3% jährlich wuchs.

Bei der Versorgung mit Waren und Dienstleistungen entstanden im Ostblock Engpässe. Der Rückstand in der Spitzentechnologie gegenüber dem Westen nahm trotz des Gegensteuerns bei den Investitionen zu, etwa in der elektronischen Datenverarbeitung. Schon 1970 übernahm die UdSSR resigniert den amerikanischen IBM-Standard, statt ein eigenes EDV-System zu entwickeln. Die Modernisierung der Wirtschaft durch Import von westlicher Technologie stieß gleichzeitig auf große Schwierigkeiten, da sie nur durch steigende Verschuldung bei westlichen Regierungen bezahlt werden konnte. Das Kalkül, die Schulden im Westen mit dem Export der mithilfe westlicher Technologie produzierten Güter wieder zurückzuzahlen, ging nicht auf, da die Produkte des östlichen Europa auf dem Weltmarkt häufig nicht konkurrenzfähig waren.

Ein anderes Krisensymptom war die – wenn auch zeitverzögert gegenüber dem westlichen Markt – Preiserhöhung der UdSSR für ihre Rohstofflieferungen vor allem für das Erdöl an die anderen Länder des östlichen Europa. Die Preise stiegen daher aufgrund einer neuen Politik der Supermacht UdSSR, nicht gegen den Willen der Supermacht wie auf dem westlichen Weltmarkt. Die Versuche der anderen osteuropäischen Länder, sich deshalb auf dem Weltmarkt mit Rohstoffen zu versorgen, trafen auf große Schwierigkeiten und stießen bei der UdSSR auf Widerstand.

Ein weiteres Krisensymptom im östlichen Europa war die Durchsetzung einer Tendenz in der Wirtschafts- und Sozialpolitik, die dem Monetarismus und der Wohlfahrtsstaatskritik im Westen völlig entgegengesetzt war: Die soziale Sicherung und die Hebung des Lebensstandards erhielten eine höhere politische Priorität, die Investitionen dagegen eine niedrigere als zuvor. Statt zu investieren, wurden die Lebenshaltungskosten und die soziale Sicherung verstärkt subventioniert. Diese neue Wirtschafts- und Gesellschaftspolitik war mit dem Führungswechsel von Chruschtschow zu Breschnew in der UdSSR, von Ulbricht zu Honecker in der DDR und von Gomulka zu Gierek in Polen verbunden. Im östlichen Europa entstand durch diese neue Priorität für Lebensstandardsicherung eine Investitionslücke – man lebte auf Kosten der Substanz –, die sich auf die Dauer auch in der Lebenshaltung niederschlagen musste.

Gleichzeitig erhöhte diese Politik die Erwartungen an die soziale Sicherung und auf einen steigenden Lebensstandard. Daher protestierte die Bevölkerung, vor allem in Polen, sobald diese Politik wieder zurückgenommen wurde. Darauf wiederum reagierten die Regierungen mit zunehmenden Repressionen, in der DDR mit der Unterdrückung der Kritik von Intellektuellen, am spektakulärsten bei der Ausweisung Wolf Biermanns 1976, und in Polen 1981 mit der Ausrufung des Kriegsrechts durch Ministerpräsident Jaruzelski. Diese Verbindung von kurzfristiger Lebensstandardsicherung auf Kosten der Investitionen und politischer Unterdrückung im östlichen Europa stand in scharfem Kontrast zur Wohlfahrtsstaatskritik und Demokratisierung im westlichen Europa.

Auch zwischen den Gesellschaften im westlichen und östlichen Europa entstanden in den 1970er- und 1980er-Jahren neue Divergenzen. Die Hochschulausbildung expandierte im westlichen Europa rascher. Die Zahl der Studenten nahm dort stärker zu und stieg zwischen 1970 und 1989 von durchschnittlich 15 % auf 34 % der jungen Erwachsenen, die Zahl der Studentinnen sogar von 5 % auf 17 %. Im östlichen Teil Europas dagegen nahm die Zahl der Studenten nur von 13 % auf 26 % zu, die der Studentinnen nur von 6 % auf 13 %.

In den 1950er- und 1960er-Jahren hatte das östliche Europa bei der Hochschulausbildung noch einen Vorsprung besessen. Seit den 1960er-Jahren geriet es zunehmend in einen Rückstand. Dieser Rückstand kam zustande, weil im westlichen Europa die Nachfrage nach Hochqualifizierten aus der dynamischeren Wirtschaft größer war, gleichzeitig auch die jungen Erwachsenen stärker an die Hochschulen und in die lukrativeren akademischen Berufe drängten, auch weil der Staat im östlichen Europa den Zugang zu den Hochschulen rigider kontrollierte und dabei keiner Kontrolle durch die Gerichte unterlag.

Bei der Gesundheit der Bevölkerung öffnete sich ebenfalls ein neuer Graben. Die Lebenswartung entwickelte sich auseinander. Noch in den 1950er- und 1960er-Jahren hatte sich die Lebenserwartung zwischen Ost- und Westeuropa angenähert. Das östliche Europa hatte aufgeholt. In den 1970- und 1980er-Jahren setzte eine umgekehrte Entwicklung ein. Im westlichen Europa stieg die Lebenserwartung für Männer und Frauen weiter an. Männer wie Frauen lebten 1990 fünf Jahre länger als 1970. Im östlichen Europa dagegen stieg die Lebenserwartung von Frauen zwischen 1970 und 1990 im Durchschnitt nur um zwei Jahre, für Männer fiel sie um ein Jahr, heruntergezogen vor allem durch die sinkende Lebenserwartung in Rumänien, Bulgarien und Ungarn. Noch schärfer unterschied sich die Sowjetunion vom westlichen Europa. Dort war das Leben der Männer 1990 sogar um drei Jahre, der Frauen um ein Jahr kürzer als um 1970.

Ganz so dramatische neue Gräben entstanden beim Konsum nicht. Die ausgeprägten Divergenzen, die um 1970 in zwei für die

Zeitgenossen zentralen Bereichen des Konsums, beim Automobil und Fernsehen, bestanden hatten, milderten sich bis 1989 sogar etwas ab. Während bei der Verbreitung des Automobils und des Fernsehens im westlichen Europa die stürmischste Zunahme vorbei war, befand sie sich im östlichen Europa noch in vollem Gange. Gleichzeitig nahmen die Unterschiede in anderen Bereichen des Konsums wie beim Telefon und dem Wohnen, überhaupt den Ausgaben der Haushalte für Grundbedürfnisse erheblich zu.

In der Hochkultur verstärkten sich die Differenzen ebenfalls eher. Im östlichen Europa waren die neuen westeuropäischen kulturellen Entwicklungen, die Postmoderne, Pop-Art, die Privatisierung und Internationalisierung der Medien fremde, kaum verständliche Tendenzen. Europäische Kulturfestivals waren im Osten meist schwer jenseits der offiziellen Parteilinie zu organisieren. Abgenommen hat der Austausch in der Wissenschaft, der Literatur und der Musik zugleich sicherlich nicht. In den Europadebatten und den Debatten über die Zivilgesellschaft kamen bei diesem West-Ost-Austausch wichtige Anstöße aus Ostmittel- nach Westeuropa. Aber dieser Austausch blieb im Osten doch auf einen schmalen Zirkel beschränkt.

Schließlich trieb auch die Globalisierung das westliche und das östliche Europa auseinander. Mit ihr konfrontiert und gleichzeitig maßgeblich an ihr beteiligt war vor allem der westliche Teil Europas und auch dort nicht alle Länder gleichermaßen. Der Außenhandel Osteuropas mit der übrigen Welt stieg dagegen nur langsam an. Die Kapitalflüsse nahmen ebenfalls vor allem im westlichen Europa zu, nicht im östlichen.

Auch die Verstärkung der Immigration aus außereuropäischen Ländern erlebte vor allem das westliche Europa und dort auch nur die reicheren Länder. Im östlichen Europa gab es sie kaum. Die Intensivierung der Kommunikation über automatisches Telefon, Fax sowie später über das Internet war ebenfalls weitgehend auf Westeuropa beschränkt. Im östlichen Europa gab es dagegen noch kein automatisches internationales Telefon und noch sehr selten Telefax. Überhaupt waren Telefone noch selten und gehörten nicht zur Normalausstattung der Haushalte. Reisen in außereuropäische Länder stiegen im westlichen Europa stark an, kaum dagegen – auch aus politischen Gründen – im östlichen Europa. Der Zusammenbruch des sowjetischen Imperiums fand daher in einem tief gespaltenen Europa statt, dessen Gräben sich nicht von heute auf morgen wieder einebnen ließen.

Insgesamt gingen in den 1970er- und 1980er-Jahren die europäischen Unterschiedlichkeiten eher etwas zurück. Drei gewichtige Divergenzen, die bis in die 1970er-Jahre Europa geteilt hatten, verblassten: Der Nord-Süd-Gegensatz zwischen den Diktaturen in Südeuropa und den Demokratien im nördlichen Westeuropa verschwand mit dem Übergang Spaniens, Portugals und Griechenlands zur Demokratie. Der Gegensatz zwischen europäischen Kolonialreichen und europäischen Ländern ohne Kolonien löste sich ebenfalls mit der Dekolonialisierung auf, die für die meisten Kolonialreiche in den frühen 1960er- und für Portugal erst in den frühen 1970er-Jahren zu Ende ging. In den postkolonialen Beziehungen waren die Unterschiede zwischen Ländern mit früheren Kolonien und ohne Kolonien weit geringer.

Darüber hinaus verschwand auch der Gegensatz in der materiellen Situation zwischen den vom Zweiten Weltkrieg betroffenen und den kriegsverschonten Ländern. Der Gegensatz zwischen den europäischen Industrie- und Agrarländern ging noch weiter zurück als schon in den 1950er- und 1960er-Jahren. Gewichtig blieben nur noch die Unterschiede zwischen den einzelnen europäischen Nationalstaaten, die vom Kalten Krieg in Europa verursachten Entwicklungen und die höchst verschiedenen Erinnerungen an den Zweiten Weltkrieg. Die Internationalisierung des Konsums, der wachsende Einfluss der Europäischen Gemeinschaft und der Wandel der individuellen Bindungen an die Nation vor allem im westlichen Europa ließen die Unterschiede weiter zurücktreten. Mit der wachsenden deutschen Selbstkritik an der nationalsozialistischen Zeit entspannten sich auch die moralischen Gegensätze in der Erinnerung an den Zweiten Weltkrieg. Unspektakulär und ohne dass die Zeitgenossen darüber intensiv diskutierten, milderten sich die Divergenzen in dieser Epoche insgesamt ab. Ganz ohne Folgen blieb dies freilich nicht, denn ab der Mitte der 1980er-Jahre begannen die Europäer nach einer langen Periode des Desinteresses wieder über Europa zu diskutieren. Von Europas Einheit zu sprechen, erschien seit Langem zum ersten Mal wieder plausibel.

9. Postkoloniale globale Rolle und Globalisierung

Auch die globalen Besonderheiten und Verflechtungen Europas sahen zwischen dem ersten Ölschock und dem Fall der Berliner Mauer anders aus als in der Prosperitätsepoche der 1950er- und 1960er-Jahre: (1) Neue europäische Besonderheiten entstanden, und ältere veränderten sich erheblich. (2) Nach der Entkolonialisierung wandelten sich die wirtschaftlichen und kulturellen Verflechtungen Europas mit Afrika und Asien. (3) Mit dem Beginn einer neuen Globalisierungsepoche in der Weltwirtschaft und der weltweiten Kommunikation nahm Europa eine neue Position in der Welt ein, da in dieser erneuten, dritten Globalisierung die Hauptanstöße von den USA sowie von Ostasien und nicht mehr von Europa ausgingen. (4) In engem Zusammenhang mit dieser Globalisierung verlor Europa endgültig seine Rolle als Auswandererkontinent und wurde zu einem der bedeutenden globalen Einwanderungspole. (5) Die Bedeutung Europas in der Weltöffentlichkeit und in den internationalen Organisationen verschob sich.

Besonderheiten Europas

Europa war in den 1970er- und 1980er-Jahren nicht mehr eine der dynamischsten Wachstumsregionen der Welt wie noch in den 1950er- und 1960er-Jahren. Ganz im Gegenteil fiel das europäische Wirtschaftswachstum zwischen dem ersten Ölschock und dem Fall der Mauer hinter fast alle anderen Weltregionen zurück. Am dramatischsten war diese Trendumkehr in den 1970er-Jahren. In kurzer Zeit sackte Europa von der wachstumsstärksten zur wachstumsschwächsten Weltregion ab, lag jetzt sogar hinter Afrika und

Lateinamerika. Die europäische Wirtschaft wuchs zwischen 1973 und 1980 in ihrem westlichen Teil im Durchschnitt nur noch um 2,3%, in ihrem östlichen Teil um 2,9% und im Ganzen um 2,5%, die Weltwirtschaft dagegen immerhin um 3,1%. In den 1980er-Jahren blieb das Wirtschaftswachstum im westlichen Europa mit durchschnittlich 2,3% gleich niedrig wie zuvor, brach aber mit lediglich 0,4% im östlichen Europa ein und sank deshalb in Europa als Ganzem auf 1,8%. Nur die noch größeren wirtschaftlichen Schwierigkeiten in Lateinamerika (1,5%) und das ähnlich schwache Wachstum in Afrika (2,2%) bewirkten, dass Europa in den 1980er-Jahren nicht erneut die wachstumsschwächste Weltregion war. Der globale Glanz des europäischen Wirtschaftswachstums der 1950er- und 1960er-Jahre war dahin.

Nach dem Boom stach Europa auch nicht mehr durch die Dominanz der Industriebeschäftigung unter den anderen Weltregionen hervor, da Industriearbeitsplätze nicht nur in außereuropäische Wirtschaften abgewandert, sondern auch durch die höhere Produktivität und Automatisierung wegrationalisiert worden waren. Trotzdem wurde der Kontinent auch in dieser Epoche von der Industriegesellschaft immer noch intensiver geprägt als andere Weltregionen. Einerseits waren die Krise und der Verfall der Industrie in Europa besonders gravierend und beschäftigten die Öffentlichkeit stark. Die Fahrt durch die alten, einst blühenden Industrieregionen in den englischen Midlands, in Nordfrankreich, in Südbelgien und im Ruhrgebiet führte vorbei an leeren Geisterfabriken und Industrieruinen.

Andererseits blieb die Industriebeschäftigung in Europa wichtiger als in den meisten anderen Weltgegenden, und zwar nicht nur im östlichen Europa, wo die Dienstleistungsgesellschaft noch auf sich warten ließ, sondern auch im kontinentalen Westeuropa, und dort vor allem im deutschsprachigen Raum. Um 1990 arbeiteten in Europa als Ganzem immer noch mehr als zwei Fünftel der Beschäftigten im Industriesektor, immer noch weit mehr als in allen anderen Weltregionen. Wirtschaftliche Wachstumspolitik bedeutete weiterhin für europäische Politiker und Experten in aller Regel Industrieansiedlung. Die Industrie verlor zwar in der Beschäftigung an Boden, blieb aber als Wirtschaftsmodell in den Köpfen der Europäer weiterhin beherrschend.

In der Demographie unterschied sich Europa ebenfalls von allen anderen Weltregionen. Zwischen 1973 und 1989 wuchs die Weltbevölkerung um 31%, in Industrieregionen beziehungsweise -ländern wie Nordamerika betrug das Wachstum immerhin um 18%, in Japan um 14% und der UdSSR um 16%. Im östlichen Europa waren es dagegen nur um 9%, im westlichen sogar nur um 5%, in Europa als Ganzem nur um 6% – der europäische Kontinent erreichte also nur ein Fünftel des globalen Bevölkerungswachstums. Damit fiel die europäische Bevölkerungsentwicklung noch stärker aus der globalen heraus als in den 1950er- und 1960er-Jahren, als die Bevölkerung Europas noch um 19% und die Weltbevölkerung um 52% gewachsen war. Das waren immerhin noch fast zwei Fünftel des globalen Bevölkerungswachstums gewesen. Diese weitere Verschärfung der europäischen Sonderentwicklung hing mit der Abschwächung der Heiratsfreude und mit den wirtschaftlichen Schwierigkeiten, vor allem der steigenden Arbeitslosigkeit zusammen. Die Zuwanderung nach Europa wurde in den 1970er- und 1980er-Jahren angesichts der wirtschaftlichen Schwierigkeiten von den Regierungen gebremst und konnte die sinkenden europäischen Geburtenraten nicht ausgleichen.

Auch die massiven wirtschaftlichen und gesellschaftlichen Staatsinterventionen, die in den 1950er- und 1960er-Jahren einen wesentlichen Teil der weltweiten Ausstrahlung des europäischen Modells ausgemacht hatten, veränderten sich in den 1970er- und 1980er-Jahren ganz erheblich. Ein neuer, besonderer europäischer Widerspruch entstand vor allem in Westeuropa. Einerseits nahm die öffentliche Kritik an der Staatsintervention in Europa wie überall auf der Welt zu. Der Staat verlor auch in Europa seinen Glanz als Träger des Fortschritts und der Modernität. Diese Kritik kam in Europa nicht nur wie auch anderswo von neoliberalen Experten, Wissenschaftlern und Politikern, die mehr Kosteneffizienz und eine Privatisierung der öffentlichen Unternehmen und öffentlichen Dienste forderten.

Auch die neuen sozialen Bewegungen kritisierten die Macht des Staates, die riesigen Sozialbürokratien, Stadtplanungsprojekte, Gesundheitszentren und Staatsunternehmen und den Mangel an Beteiligung der Klienten und Bürger. Schließlich übten auch die Dissidenten in Osteuropa an den dortigen Regimes massive Kritik. Diese öffentliche Kritik am Staat ließ Europa anderen Weltregionen ähnlicher werden. Als Folge dieser Kritik begann im westlichen Europa eine Welle der Privatisierungen und Deregulierungen. Damit wurde die europäische Besonderheit des massiv eingreifenden Interventionsstaats ein Stück weit zurückgenommen.

Gleichzeitig wurden die Staatsinterventionen in wichtigen Bereichen weiter ausgedehnt. Die öffentlichen Sozialausgaben wurden, wenn überhaupt, nur vorübergehend gesenkt. In der Tendenz stieg ihr Anteil am Sozialprodukt während der 1970er- und 1980er-Jahre sogar noch an, oft wegen der wachsenden Arbeitslosigkeit und Armut. Europa gab damit weiterhin weltweit bei Weitem den größten Anteil seines Sozialprodukts für öffentliche soziale Sicherung aus, wenn man von den schwer vergleichbaren öffentlichen Ausgaben der kommunistischen Länder absieht. In engem Zusammenhang damit nahm auch der Anteil der Steuern und Abgaben am Sozialprodukt in Europa in den 1970er- und 1980er-Jahren nicht ab, sondern ganz im Gegenteil weiter zu und lag ebenfalls weltweit auf höchstem Niveau, das weder die anderen Industrieländer wie die USA oder Japan noch gar die Länder der südlichen Halbkugel erreichten, allerdings wiederum ungeachtet der schwer vergleichbaren kommunistischen Länder.

In den internen Währungsbeziehungen ging die Europäische Gemeinschaft sogar auf Regulierungskurs. Das internationale Währungssystem von Bretton Woods, das 1973 unter dem Einfluss von monetaristischen Ökonomen von der amerikanischen Regierung aufgegeben worden war, wurde in Westeuropa 1979 durch ein eigenes regionales System, das die Mitgliedsländer der Europäischen Gemeinschaft umfassende Europäische Währungssystem mit seiner wechselseitigen Bindung der Währungen aneinander, ersetzt. In den späten 1980er-Jahren begann die Planung für eine gemeinsame europäische Währung. Daher waren die 1970er- und 1980er-Jahre eine widersprüchliche Epoche der wachsenden Kritik an der Staatsintervention sowie der Privatisierung, aber gleichzeitig auch der massiven Widerstände gegen Deregulierung, der neuen Regulierungen und einer hohen Akzeptanz des Interventionsstaats in der europäischen Bevölkerung. Die ausgeprägte Staatsaktivität als europäische Besonderheit wandelte sich und verlor ihre globale Ausstrahlungskraft, verschwand jedoch nicht.

Auch bei der Entwicklung der Wertvorstellungen schlug Europa, wiederum vor allem das westliche Europa, in den 1970er- und 1980er-Jahren einen eigenen Weg ein. Soziologen dieser Zeit haben für den europäischen Wertewandel ihrer Epoche den Ausdruck «Individualisierung» gefunden (vgl. Kap. 7). Damalige Umfragen zeigten, dass die damit verknüpften Werte nirgends in der Welt so hohen Zuspruch erhielten wie in Europa und wiederum vor allem im westlichen Europa.

Auch auf zwei weiteren, damit eng zusammenhängenden Feldern verstärkte sich die europäische Sonderentwicklung. Die Säkularisierung, der Rückgang der Bindung an die Kirchen und an kirchliche Milieus, der Kirchenmitgliedschaft, auch des regelmäßigen Besuchs der Gottesdienste und der Teilnahme an kirchlichen Riten, war schon seit den 1960er-Jahren ein augenscheinlicher Prozess in Europa, auch wenn er nicht überall gleich intensiv ablief und zudem die politischen Ursachen im östlichen und westlichen Europa ganz verschieden waren. Anders als die meisten Sozialwissenschaftler in dieser Epoche glaubten, war diese Säkularisierung allerdings kein weltweiter Prozess. Sie war weder in den Amerikas noch in Afrika, im Nahen Osten, in Südasien oder Südostasien zu finden. Nur in Ostasien war die Säkularisierung ähnlich einschneidend, kann aber nicht als eine wirkliche Parallele angesehen werden, da die religiösen Institutionen, das Verhältnis von Religion und Staat und die Bindung an die Religionen völlig anders aussahen. Die Säkularisierung war daher eine europäische Sonderentwicklung, die allerdings in den 1990er-Jahren nicht in gleicher Weise anhielt.

Auch die neue Einstellung der Europäer zu privater sowie öffentlicher Gewalt stellte eine Sonderentwicklung dar. Misstrauen und Ablehnung gegenüber Gewalt entwickelten sich unter Europäern stärker als in anderen Weltregionen, stärker auch als in den USA. Die Ächtung privater Gewalt, des Prügelns von Kindern in der Familie, des privaten Besitzes von Waffen, der gewalttätigen Initiationsriten unter jungen Erwachsenen wie etwa Mensuren unter Studenten in den deutschsprachigen Ländern verstärkte sich erheblich. Aber auch staatliche Gewalt, vor allem die Todesstrafe, der Krieg als Mittel der Außenpolitik, polizeiliche Gewalt gegenüber Demonstranten und Prügeln durch Lehrer in den öffentlichen Schulen, wurde immer mehr abgelehnt. Menschenrechte und ihre Begrenzung der Gewalt wurden seit den 1970er-Jahren als ein Leitprinzip in die Außenpolitik der westeuropäischen Staaten aufgenommen und prägten auch viele Bereiche ihrer Innenpolitik. Die Erinnerung an die zerstörerische Gewalt in den beiden Weltkriegen spielte bei dieser Ächtung der Gewalt mit. Vor allem aber beruhte sie auf einem Wandel der Werte, auch auf dem Glauben an eine öffentliche zivile und politische, nationale und internationale Ordnung mit einem Minimum an Gewalt.

Schließlich stach eine politische Besonderheit Westeuropas in den 1970er- und 1980er-Jahren immer stärker heraus: die enge internationale Zusammenarbeit und Verflechtung zwischen nationalen Regierungen in europäischen Regionalorganisationen, vor allem in der Europäischen Gemeinschaft. Solche regionalen Organisationen entstanden zwar auch in anderen Weltregionen, wie etwa die schon 1945 gegründete Arabische Liga im Nahen Osten und in Nordafrika, die 1967 gegründete ASEAN in Südostasien, die 1963 gegründete Organisation afrikanischer Einheit OUA und die 1989 gegründete asiatisch-pazifische APEC, später in den 1990er-Jahren der südamerikanische Mercosur (1991) und die nordamerikanische NAFTA (1994), um nur die wichtigsten Zusammenschlüsse zu nennen.

Aber die transnationale Zusammenarbeit zwischen den nationalen Regierungen war in Westeuropa weit intensiver und unterschied sich von den außereuropäischen Regionalorganisationen: Nirgends sonst entstanden supranationale Institutionen, die eigene Kompetenzen besaßen und unabhängig von den nationalen Regierungen agieren konnten, wie im westlichen Europa vor allem die Europäische Kommission, aber auch der Europäische Gerichtshof in Luxemburg und das Europäische Parlament. Darüber hinaus trafen sich die europäischen Regierungschefs vor allem seit den 1970er-Jahren, seit der Einrichtung des Europäischen Rates, wesentlich häufiger als ihre Kollegen in anderen Weltregionen. Die Elitennetzwerke waren im westlichen Europa weit dichter geknüpft, der dauernde Austausch zwischen den staatlichen Verwaltungen war enger. Zudem war eine parlamentarische Kontrolle der Regionalorganisation nur im westlichen Europa angelegt, wenn auch damals noch schwach ausgeprägt.

Überhaupt war eine stabile Demokratie als Voraussetzung für den Beitritt eine beinahe einzigartige westeuropäische Anforderung, die später nur noch in der NAFTA, aber sonst in keiner Regionalorganisation gestellt wurde. Weiterhin wurde nur in Europa ein internationaler Menschenrechtsgerichtshof gegründet, der Gerichtshof in Straßburg, vor dem auch der einzelne Bürger gegen seine Regierung klagen konnte und der seit den 1970er-Jahren ergänzt wurde durch die Grundrechtsprechung des Luxemburger Gerichtshofs der Europäischen Gemeinschaft. Das Gewicht der europäischen Regionalorganisation nahm im Blick von außen zu, da ihr bis zu den 1970er- und 1980er-Jahren alle größeren Länder des westlichen Europa beitraten.

Schließlich war die Europäische Gemeinschaft auch deshalb besonders, weil sie in scharfer Konkurrenz zu einem zweiten regionalen, allerdings völlig anders aufgebauten europäischen Zusammenschluss, zum RGW im östlichen Europa, stand, der vor allem ein imperiales Instrument zur Vorherrschaft der UdSSR war, während die westliche Vormacht, die USA, außerhalb der EG blieb. Aus allen diesen Gründen wurde die Europäische Gemeinschaft in den 1970er- und 1980er-Jahren in der globalen Öffentlichkeit zunehmend als ein politisches Modell für die wirtschaftliche Zusammenarbeit und für den regionalen Zusammenschluss von nationalen Regierungen diskutiert.

Postkolonialismus

Entscheidend für die weltweiten Verflechtungen Europas war seine neue postkoloniale Rolle. Wie tief der Bruch der Entkolonialisierung ging und wie dauerhaft anschließend die Kontinuitäten zur Kolonialära waren, ist umstritten. Eine starke wirtschaftliche Abhängigkeit der ehemaligen Kolonien gab es nach wie vor. Sie bestand vor allem im Außenhandel und bei den Fremdinvestitionen. Die ehemaligen Kolonien lieferten weiterhin im Wesentlichen Rohstoffe und Agrarprodukte nach Europa, das im Gegenzug Industrieprodukte und Kapital in die ehemaligen Kolonien exportierte. Diese Wirtschaftsbeziehungen blieben für die ehemaligen Kolonien ungünstig, weil sich zwischen den Preisen für Industrieprodukte und für Rohstoffe eine Schere zum Nachteil der ehemaligen Kolonien öffnete. Dieser Nachteil wog schwer, weil sich die Wirtschaft vieler kleinerer ehemaliger Kolonien stark auf ein Exportprodukt konzentrierte.

Darüber hinaus blieben die ehemaligen Kolonien auch deshalb abhängig, weil sie ihre Investitionen sehr oft mit europäischen Krediten finanzieren mussten. Die niedrigen Einnahmen aus ihren Exporten erlaubten es aber oft nicht, die Kredite zurückzuzahlen. Der Teufelskreis immer stärkerer Verschuldung und damit immer stärkerer Verarmung hielt die ehemaligen Kolonien in der Abhängigkeit von Europa. Schließlich zeichnete sich schon eine neue wirtschaftliche Abhängigkeit der ehemaligen Kolonien von Europa in den Wirtschaftszweigen des Tourismus und des Kunsthandwerks ab. Allerdings nahm auch die Bedeutung der internationalen Unternehmen in den wirtschaftlichen Beziehungen zwischen Europa und den ehemaligen Kolonien immer mehr zu, darunter auch Unternehmen aus europäischen Ländern, die schon lange keine Kolonien mehr besaßen. Dadurch schwächte sich die wirtschaftliche Bedeutung der Regierungen im postkolonialen Zusammenhang ab.

Der politische Einfluss der europäischen Mutterländer schwand dadurch allerdings nicht. Zahlreiche europäische Berater der Regierungen und Verwaltungen besaßen in den unabhängig gewordenen ehemaligen Kolonien einen starken Einfluss, da in diesen Ländern oft qualifiziertes einheimisches Personal fehlte und die Europäer das Land aus der Kolonialzeit häufig gut kannten. Selbst europäisches Militär wurde gelegentlich in den ehemaligen Kolonien angefordert, um einen der zahlreichen inneren Konflikte zu beenden. Daneben arbeiteten dort viele europäische Ärzte, Wissenschaftler, Missionare, Lehrer und Entwicklungshelfer. Die Europäische Gemeinschaft unterstützte dies mit einer Entwicklungspolitik, die stark auf Wissen und Experten aufbaute. Der Kalte Krieg heizte diese militärische und zivile Präsenz von Westeuropäern noch weiter an. Mit unterschiedlichem Erfolg versuchten die ehemaligen Kolonialmetropolen Großbritannien und Frankreich mit dem Commonwealth und der *Francophonie* ihren politischen Einfluss zu wahren.

Der kulturelle Bereich zementierte die Abhängigkeit der ehemaligen Kolonien weiter. Dabei spielte die Sprache eine wichtige Rolle. Es waren europäische, nicht afrikanische Sprachen, in denen die politischen, wirtschaftlichen und kulturellen Verhandlungen zwischen Europa und den ehemaligen Kolonien geführt wurden. Wenn Schriftsteller, Wissenschaftler oder Politiker der ehemaligen Kolonien in der internationalen Öffentlichkeit wirken wollten, dann mussten sie sich in europäischen Sprachen ausdrücken und damit auch europäische Werte übernehmen, mit denen diese Sprachen eng verbunden waren.

Darüber hinaus propagierten die Exporteure europäischer Industriewaren und die karitativen und politischen europäischen Organisationen in den ehemaligen Kolonien auch einen europäischen Lebensstil in Gesundheit und Hygiene, in der Ernährung, in räumlicher Mobilität und Besitz, im Familienleben und in den sozialen Kontakten, eine europäische Modernität, die den Lebensweisen in den ehemaligen Kolonien oft überlegen zu sein beanspruchte. Der europäische Lebensstil hatte auf diese Weise über die Werbung, medizinische Hilfe sowie familiäre und wirtschaftliche Beratungsprojekte einen hegemonialen Einfluss, gleichgültig, ob sie aus dem westlichen oder dem östlichen Europa kamen. Schließlich sahen sich die indigenen Bewohner der ehemaligen Kolonien auch nach der Entkolonialisierung nicht nur in ihrem eigenen Land, sondern auch in Europa mit europäischen Überlegenheitsvorstellungen und mit Exotisierungen ihres eigenen Landes konfrontiert.

Trotzdem kann man nicht einfach von einer Kontinuität der Abhängigkeit sprechen. Die Dekolonialisierung stellte auch einen tiefen Bruch dar. Es waren nun die beiden Supermächte des Kalten Krieges, die USA und die UdSSR, die massiven politischen, wirtschaftlichen und kulturellen Einfluss auf die ehemaligen europäischen Kolonien ausübten. Dieser Einfluss beruhte nicht auf formaler Kolonialherrschaft, aber doch auf informeller Hegemonie. Die Supermächte und nicht mehr in erster Linie die Europäer sicherten die Abhängigkeit der südlichen von der nördlichen Hemisphäre. Die internationalen europäischen Wirtschaftsunternehmen gewannen zudem gegenüber den europäischen Regierungen erheblich an Macht. Sie wurden zunehmend eigenständige Akteure in den Beziehungen zwischen Europa und der Dritten Welt, indem sie sich so stark internationalisierten, dass die einzelnen europäischen Regierungen sie immer weniger beeinflussen konnten. Neben den Supermächten waren sie der zweite große Gewinner beim globalen politischen Machtverlust Europas. Ein zweiter neuer Akteur war die Europäische Gemeinschaft. Sie war nicht einfach ein Instrument der früheren Kolonialmächte zur Stabilisierung ihrer Beziehungen zur Dritten Welt, sondern sie entwickelte eine eigenständige Entwicklungspolitik, die besonders stark auf Planung, Expertise und den Einsatz von Wissenschaft aufbaute.

Die ehemaligen Kolonien verloren für Europa aber auch erheblich an wirtschaftlicher Bedeutung. Direkt nach dem Zweiten Weltkrieg waren Kolonien wie Algerien, Indien und Indonesien noch die wichtigsten Außenhandelspartner für die europäischen Mutterländer, für Frankreich, Großbritannien und die Niederlande, gewesen. Im Verlauf der 1950er- und 1960er-Jahre stiegen dagegen die anderen Industrieländer für die europäischen Wirtschaften zu den wichtigsten Handelspartnern und zu den wichtigsten Investitionsländern auf. Dagegen schwand die Bedeutung der Dritten Welt für die europäische Wirtschaft, allerdings mit der wichtigen Ausnahme derjenigen ehemaligen Kolonien, denen es gelang, wirtschaftlich aufzuholen.

Tatsächlich blieb nicht die gesamte Dritte Welt in der postkolonialen Abhängigkeit stecken. Es gelang einer ganzen Reihe von ehemaligen Kolonien und früheren hegemonialen Einflusszonen Europas, sich aus der wirtschaftlichen Abhängigkeit zu lösen. Dafür gab es nach der Dekolonialisierung zwei Wege: Durch aggressiven Export eigener Industriewaren auf den Weltmarkt erreichten einige ehemalige Kolonien ein hohes wirtschaftliches Wachstum und beeindruckenden Wohlstand. Das gelang schon in den 1970er- und 1980er-Jahren vor allem ost- und südostasiatischen japanischen und britischen ehemaligen bzw. weiterbestehenden Kolonien wie Taiwan, Südkorea und Singapur sowie Hongkong, das noch eine britische Kolonie war. China wandte sich in den 1980er-Jahren diesem Modell zu. Viele industrielle Arbeitsplätze verlagerten sich auf diese Weise von Europa in ehemalige Kolonien.

Der zweite Weg aus der kolonialen Abhängigkeit war – falls in entsprechenden Mengen vorhanden – der Export eines bestimmten Rohstoffs, des Erdöls, dessen Preis dramatisch und weit schneller als Preise für Industrieprodukte anstieg. Dadurch sammelten einige ehemalige Kolonien und hegemoniale Einflusszonen enorme Reichtümer an und lösten sich ebenfalls aus der wirtschaftlichen Abhängigkeit von Europa. Das galt in den 1980er-Jahren für einige Länder des Nahen Ostens, darunter Saudi-Arabien, Kuwait und die Vereinigten Arabischen Emirate. Auf diesen beiden Wegen wurden ehemalige Kolonien bzw. Einflusszonen zwar wirtschaftlich nicht völlig unabhängig, aber die einseitige koloniale Abhängigkeit und Ausbeutung wurde ersetzt durch wechselseitige Abhängigkeiten. In manchen Wirtschaftskrisen, etwa während der Ölschocks der 1970er-Jahre, kehrten sich die Abhängigkeiten sogar ins Gegenteil um.

Eine weitere Diskontinuität war seit den frühen 1970er-Jahren das fast völlige Verschwinden der Kolonie als Herrschaftsform.

Die wenigen verbliebenen Kolonien wie Süd-Rhodesien (erst 1980 unabhängig) und Hongkong (erst 1997 Rückgabe durch Großbritannien an China) waren nur noch Bruchstücke der ehemaligen europäischen Imperien. Es machte durchaus einen Unterschied, ob Abhängigkeit unter kolonialer Herrschaft bestand oder ob sie auf ökonomischen und kulturellen, manchmal auch militärischen europäischen Einflussnahmen beruhte. Die ehemaligen Kolonien besaßen nach ihrer Unabhängigkeit anders als während der Kolonialzeit eigene Eliten, die ihre Länder zwar sehr unterschiedlich gut regierten, aber doch immer eigene Macht ausübten und über eigene Einnahmen verfügten. Sie besaßen nach ihrer Unabhängigkeit zudem durch den Kalten Krieg, der ihnen mitunter die Möglichkeit eröffnete, die Supermächte gegeneinander auszuspielen, erhebliche Verhandlungsspielräume und nutzten diese auch aus.

Zudem wandelte sich der kulturelle Austausch zwischen Europa und den ehemaligen Kolonien nach der Entkolonialisierung erheblich. Mit den zahlreichen Immigranten aus den ehemaligen Kolonien der Karibik, Nordafrikas, des Nahen Ostens, des indischen Subkontinents, Südost- und Ostasiens wurde die Grundlage für einen massiven Einfluss dieser neuen Minderheiten auf die europäische Kultur gelegt, auch wenn diese Immigranten zunächst meist noch isoliert in Gettos der europäischen Städte lebten.

Allmählich, verstärkt allerdings erst seit den 1990er-Jahren, begannen die neuen Zuwanderer, zuerst europäische Musik, europäisches Essen, europäischen Lebensstil und Sport, später auch europäische Literatur und Malerei, Heiratsnetze, Medizin und Religionen zu beeinflussen und Europa auch außerhalb der ehemaligen Kolonialmetropolen für die Kunst, die Küche und die Religionen der ehemaligen Kolonien zu öffnen. Darüber hinaus bedeuteten die wirtschaftlichen und kulturellen Exporte und Transfers in die ehemaligen Kolonien nicht immer bloß europäische kulturelle Dominanz und Assimilation an die europäische Kultur. Transfers wurden in den Empfängerländern häufig umgewandelt, mit neuem Sinn versehen und anders verwandt als im europäischen Kontext.

Nach der Entkolonialisierung gab ein erheblicher Teil der europäischen Öffentlichkeit die Vorstellung einer grundsätzlichen europäischen Überlegenheit auf. Man kann seit den 1960er-Jahren drei verschiedene europäische Einstellungen gegenüber dem Süden unterscheiden: die Beibehaltung des klassischen europäischen Überlegenheitsanspruchs, freilich in modifizierter Form ohne Kolonien, in der europäischen Modernisierungspolitik und Entwicklungshilfe, besonders ausgeprägt gegenüber dem subsaharischen und nördlichen Afrika und manchen Ländern des Nahen Ostens; daneben die Exotisierung der ehemaligen Kolonien, teils die klassische Exotisierung einer heilen nicht kommerzialisierten Welt, einer Gegenwelt zu Europa, die zumindest in der Religion, der Philosophie und der Medizin, aber auch im Alltagsleben bevorzugt wurde, teils aber auch die neue politische Exotisierung der gewalttätigen Befreiungskämpfe im Lateinamerika Che Guevaras und Fidel Castros und im China Mao Tse-tungs; schließlich sehr allmählich auch die Anerkennung der Länder der südlichen Hemisphäre als wirtschaftlich und politisch gleichrangig in einer multipolaren Welt.

Globalisierung

«Globalisierung» wurde schon während der 1980er-Jahre zu einem Schlüsselbegriff in den politischen und wissenschaftlichen Debatten. Er ist mehrdeutig. Im engsten Sinne ist damit die verstärkte internationale Verflechtung der Wirtschaft durch internationalen Handel, durch internationale Kapitalinvestitionen und durch internationale Unternehmen gemeint. Im weitesten Sinne bedeutet Globalisierung neben den wirtschaftlichen Verflechtungen, die in der Regel als zentral angesehen werden, auch die Zunahme globaler Kommunikation und Mobilität, den wachsenden Einfluss globaler Organisationen und Netzwerke, die Herausbildung eines globalen Lebens- und Konsumstils, oft auch regionaler und nationaler Widerständigkeiten gegen globale Konsumstile, schließlich auch die stärkere öffentliche Wahrnehmung der anderen Weltregionen und der globalen Entwicklungen. Im Folgenden wird der weitere Begriff der Globalisierung verwandt, da man die Augen nicht vor den sozialen und politischen Folgen und Voraussetzungen der globalen wirtschaftlichen Verflechtung verschließen kann.

Auch die Periodisierung der Globalisierung wird ganz unterschiedlich vorgenommen. Manche Historiker setzen eine erste Globalisierung mit der europäischen Expansion in der frühen Neuzeit an, die von anderen Historikern entweder nicht gezählt oder als eine von mehreren frühen Globalisierungen neben und nach der islamischen und der mongolischen angesehen wird. Eine weitere Globalisierung wird im langen 19. Jahrhundert angesetzt, manchmal schon ab dem frühen 19. Jahrhundert, manchmal erst ab den 1870er-Jahren. In dieser war neben Europa die USA ein Hauptakteur. Sie wird manchmal als die erste, manchmal auch – so wie in diesem Buch – als die zweite gezählt.

Die dritte (oder nach mancher Zählung zweite) Globalisierung wird schließlich nach dem Zweiten Weltkrieg angesiedelt. Hauptakteur bei dieser Globalisierung waren die USA, aber im weiteren Verlauf gewann auch Ostasien zunehmend an Bedeutung, während die Rolle Europas durchweg als zweitrangig angesehen wird. Auch der Beginn dieser Globalisierung wird unterschiedlich datiert. Manche Historiker lassen sie schon direkt nach dem Zweiten Weltkrieg beginnen, vor allem wegen der Gründung globaler Organisationen, der UNO und der Weltbank mit ihren jeweiligen Nebenorganisationen, welche die Nationalstaaten stark einbanden, aber auch wegen der Globalität des Kalten Krieges und schließlich wegen der globalen Expansion des Handels und Transports seit den 1950er-Jahren und wegen der globalen Regulierung der Währungen durch das System von Bretton Woods. Auch in der internationalen Studentenbewegung während der späten 1960er-Jahre sehen manche Historiker ein Anzeichen für Globalisierung.

Aber die Epoche von den 1950er- bis zu den frühen 1970er-Jahren war für die globalen Verflechtungen *Europas* doch ambivalent. Halb Europa und zudem große Teile Ostasiens waren aus dem Weltmarkt herausgenommen und blieben deshalb von der Globalisierung weitgehend unberührt. Zudem waren im westlichen Teil der Welt die Finanzmärkte und auch die Warenmärkte immer noch hoch reguliert, teils von den nationalen Regierungen, teils aber auch durch internationale Vereinbarungen wie das System von Bretton Woods. Dadurch wurde die Globalisierung massiv gebremst. Die globalen wirtschaftlichen Verflechtungen des Handels und des Kapitals blieben während der 1950er- und 1960er-Jahre meist hinter den Verflechtungen der vorhergehenden Globalisierungszeit vor 1914 zurück. Es kommt hinzu, dass Europa in den globalen Organisationen, vor allem der UNO und ihren Unterorganisationen, nach der unmittelbaren Nachkriegszeit eher an Gewicht verlor und die globalen politischen Verflechtungen Europas durch die Entkolonialisierung eher abnahmen. Der Kalte Krieg, an sich ein globaler Konflikt, erschien für Europa eher als ein regionaler Konflikt im atlantischen Raum. Die Migration verflocht Europa zunächst nur wenig mit anderen Weltregionen, und auch die europäischen Humanwissenschaften waren wenig global orientiert. Aus diesen Gründen kann man die 1950er- und 1960er-Jahre noch nicht als eine erneute Globalisierung Europas in vollem Sinne ansehen.

Seit den 1970er- und 1980er-Jahren änderte sich dies. Eine ganze Reihe von wichtigen Entwicklungen verstärkte die Globalisierung des westlichen Teils des Kontinents, die sich dann in den 1990er-Jahren noch dynamischer fortsetzte und auch das östliche Europa erfasste. Die 1970er- und 1980er-Jahre brachten zwar keine erneute Beschleunigung der weltwirtschaftlichen Einbindung Europas, da dafür die wirtschaftliche Entwicklung zu problembeladen war. Aber sie wuchs doch in andere Dimensionen hinein als in der vorhergehenden Globalisierung vor 1914. Um 1970 hatte die globale weltwirtschaftliche Verflechtung grob wieder das Niveau von 1913 erreicht. Der Anteil der weltweiten Exporte am globalen Bruttosozialprodukt lag 1973 mit 11% nicht weit über dem Niveau von 8% von 1913, auch im westlichen Europa lag der Anteil der Exporte am Bruttosozialprodukt mit 19% nicht weit über dem Niveau von 14% 1913. Um 1990 dagegen war die Weltwirtschaft in einem Ausmaß verflochten, das 1913 noch schwer vorstellbar gewesen war. Der Anteil der weltweiten Exporte am globalen Bruttosozialprodukt hatte sich mit 17% (1998) gegenüber 8% (1913) mehr als verdoppelt. Noch rascher nahm dieser Trend in Europa zu. Der Anteil der Exporte am Bruttosozialprodukt war in Westeuropa mit 28% (1990) doppelt so hoch wie 1913 (14%), im östlichen Europa mit 13% (allerdings 1998) sogar mehr als viermal so hoch wie 1913 mit 3%.

Die Bedeutung Europas für die Weltwirtschaft, vor allem die des westlichen Europa, lag weit über dem Weltdurchschnitt, auch weit über der der USA und Japans und nahm auch rascher zu, selbst wenn man von dem innereuropäischen Handel absieht. Diese Entwicklung hatte ihre Wurzeln in der globalen Vormachtstellung der europäischen Industrie des 19. Jahrhunderts, die in hohem Maße aus dem Export in außereuropäische Märkte entstand. Mit dieser starken Exportorientierung hatten die europäischen Wirtschaften zudem nach dem Zweiten Weltkrieg ihren Bedarf an Rohstoffen und Investitionsgütern finanziert und damit den Prozess der wirtschaftlichen Wiedererholung in Gang gebracht. Diesen einmal eingeschlagenen Pfad setzte Europa auch nach dem Auslaufen der Dominanz der Industrie in der europäischen Wirtschaft fort, da die Chancen dafür besonders günstig waren: Die Transport- und Kommunikationskosten sanken. Die Zollsenkungen der GATT-Runden von rund 25% auf rund 10% wirkten. Die internationale Kommunikation wurde überhaupt viel einfacher.

Zudem wurde die Globalisierung Europas verstärkt durch das Wachstum der Auslandsinvestitionen. Weltweit nahmen die Auslandsinvestitionen in den 1970er- und 1980er-Jahren stark zu und lagen daher um 1990 weit höher als noch um 1970. Ob sie das Niveau von vor 1914 überstiegen, ist allerdings umstritten. Sie waren zudem weit stärkeren Zyklen unterworfen als der Außenhandel und stiegen in den späten 1970er- und vor allem in den späten 1980er-Jahren rasch an, während sie in den frühen 1970er-Jahren stagnierten und in den frühen 1980er-Jahren sogar vorübergehend einbrachen. An diesem globalen Trend zu Auslandsinvestitionen war Europa massiv beteiligt. Um 1960 stammten nur rund 20% der registrierten globalen Auslandsinvestitionen aus Europa, um 1975 dagegen lag der europäische Anteil bei rund 40%, erreichte damit den Umfang des amerikanischen und blieb seitdem auf diesem Niveau, während sich die globalen Auslandsinvestitionen, die sich von 1960 bis 1985 verzehnfacht hatten, bis 1995 sogar verdreißigfachten.

Allerdings beschränkten sich die Auslandsinvestitionen im Hinblick auf ihre Zielländer zunehmend auf die Triade, das heißt auf die USA, Westeuropa und Japan. So gingen um 1961 die westdeutschen Auslandsinvestitionen noch meistens in die Entwicklungsländer, um 1990 dagegen in der Regel in den nordatlantischen Raum. Entscheidend für die rasante Zunahme der Auslandsinvestitionen war die Liberalisierung der staatlichen Kontrolle der internationalen Kapitelflüsse besonders in den 1980er-Jahren.

Ein drittes Anzeichen für die Globalisierung Europas war die Rolle der internationalen europäischen Unternehmen. Unter den größten börsennotierten Unternehmen der Welt erlangten die in Europa basierten Unternehmen in den 1970er- und 1980er-Jahren ein größeres Gewicht. Um 1970 hatten nur rund ein Drittel der weltweit fünfzig größten Unternehmen ihren Hauptsitz in Europa. Die amerikanischen Konzerne herrschten vor. Die Folgen der beiden Weltkriege waren immer noch spürbar. Hingegen stammten um 1990 mehr als die Hälfte der fünfzig größten Firmen der Welt aus Europa. Auch dadurch wurde die europäische Wirtschaft stärker in den Weltmarkt hineingezogen.

Verstärkt wurde die Globalisierung Europas zudem durch die außergewöhnliche Intensivierung des Informationsaustauschs im Zeichen neuer Kommunikationstechnologien, das automatische Telefon, das Fax und das Internet. Hinzu kam die Erleichterung des Güteraustauschs durch neue Transporttechnologien, vor allem die Luftfracht und den standardisierten Container. Der Informationsaustausch war nicht nur ungewöhnlich rasch und ungewöhnlich umfangreich, sondern ließ sich darüber hinaus auch durch die Regierungen schwerer kontrollieren als früher. In dieser Dichte des Informationsaustauschs unterschied sich die neue Globalisierung grundlegend von der Globalisierung im 19. Jahrhundert, die noch auf dem Brief, dem Telegramm und dem Telefon aufgebaut hatte.

Ein weiteres Anzeichen für die Globalisierung des Kontinents war die Einwanderung nach Europa. Nichteuropäer begannen vor allem seit den 1960er-Jahren nach Europa zuzuwandern. Die Niederlande, Großbritannien, Frankreich, Belgien und die Bundesrepublik waren die hauptsächlichen Aufnahmeländer. Neben den rasch eingebürgerten Nachfahren von europäischen Auswanderern aus den ehemaligen Kolonien und aus dem asiatischen Teil der UdSSR kamen auch viele indigene Zuwanderer aus der Karibik, aus Nordafrika, aus Pakistan und Indien, aus China und Indonesien nach Europa. Sie verblieben meist im Status von Ausländern, wurden jedoch in den Niederlanden und Großbritannien auch zu einem erheblichen Teil eingebürgert. Europa wurde zu einer der Einwanderungsregionen der Welt. Allerdings muss man einschränkend hinzufügen, dass bei der klassischen Arbeitsmigration, die in der Regel in Arbeitsplätze ohne hohe Qualifikation führte, die große Mehrheit der nicht europäischen Zuwanderer aus dem südlichen und östlichen Mittelmeerraum kamen, also keine globalen Fernwanderer, sondern Zuwanderer aus einer benachbarten Weltregion waren.

Aber neben dieser klassischen Arbeitsmigration erhielt die Einwanderung nach Europa drei neue Impulse: den raschen Anstieg der Asylbewerberzahlen besonders in den 1980er-Jahren, der durch brutale Diktaturen nicht nur im Mittelmeerraum und im östlichen Europa, sondern auch in Teilen Asiens, im subsaharischen Afrika und in Lateinamerika ausgelöst wurde; die illegale Zuwanderung nach Europa, die vor allem durch das Zurückfallen Afrikas hinter die Entwicklung der Weltwirtschaft entstand; und schließlich die neue globale Migration der Hochqualifizierten, eine Folge des Aufstiegs der internationalen Unternehmen und der Internationalisierung der Wissenschaft.

In den großen europäischen Städten wurde der Lebens- und Konsumstil durch die von Zuwanderern betriebenen Restaurants, Lebensmittel-, Kleider- und Schmuckgeschäfte, religiösen Zentren und lokalen Feste erweitert und die europäische Kultur vor Ort globalisiert. Anders als in der vorhergehenden Globalisierung wurden nicht mehr Kolonialwaren aus anderen Weltregionen von europäischen Handelsfirmen mit einem erfundenen exotischen Flair an Europäer verkauft. Den entscheidenden Unterschied machten die Zuwanderer aus anderen Kulturen aus, welche die importierten Waren selbst vor Ort in Europa verkauften und ihnen eine eigene Bedeutung gaben.

In den 1950er- und 1960er-Jahren war die Internationalisierung des europäischen Konsums teilweise noch eine Europäisierung, daneben aber auch eine Amerikanisierung gewesen, begleitet umgekehrt auch von einer Europäisierung des amerikanischen Konsums. In den 1970er- und 1980er-Jahren wurde diese Amerikanisierung des europäischen Konsums nun durch die Übernahme von Konsumstilen aus anderen Ländern ergänzt. Vor allem ostasiatische Konsumgüter, japanische, südkoreanische und später auch chinesische Produkte, drängten im Bereich der Elektronik, der Textilien und Spielwaren auf den westeuropäischen Markt. Der europäische Konsum wurde dadurch weiter globalisiert.

Allerdings sah diese Globalisierung anders aus als die vorhergehende Amerikanisierung. Sie veränderte die europäische Gesellschaft nicht so weitgehend wie die Amerikanisierung, die mit ihrer Werbung, ihrem Marketing, ihren Selbstbedienungsläden, ihren Supermärkten und ihrer Automobilisierung sowie ihren Fernsehprogrammen auch die Grundlagen des Konsums verändert hatte. Die Konsumgüter aus Asien wurden zudem auch nicht zum Symbol eines Generationskonflikts. Auch die öffentlichen Debatten über diese verstärkte Globalisierung des europäischen Konsums sahen anders aus. Es entzündeten sich keine Debatten über eine Nipponisierung oder Asiatisierung Europas ähnlich der Debatte über die Überwältigung Europas durch die Amerikanisierung, da hinter dieser Internationalisierung des europäischen Konsums keine Supermacht stand und sie die Amerikanisierung lediglich ergänzte – und dadurch zugleich etwas relativierte.

In einer anderen Dimension der globalen Mobilität von Menschen, bei den internationalen Tourismus- und Geschäftsreisen, setzte sich die bisherige Entwicklung fort. Sie nahmen nach den Zählungen der World Tourism Organisation weltweit in den 1970er- und 1980er-Jahren weiterhin rasch zu. Aber das Wachstum des weltweiten Tourismus beschleunigte sich nicht noch im Vergleich zu den 1950er- und 1960er-Jahren. Die Globalisierung Europas bestand vor allem auch darin, dass sich die weltweiten Auslandsreisen sehr stark auf Europa konzentrierten, selbst wenn man den innereuropäischen Tourismus unberücksichtigt lässt. Nach Europa kamen 1989 250 Millionen Touristen, in die Amerikas dagegen bloß knapp 87 Millionen, nach Asien rund 50 Millionen, nach Afrika nur 14 Millionen und in den Nahen Osten sogar nur 9 Millionen. Der Anteil der Europatouristen war in den 1970er- und 1980er-Jahren rückläufig, aber andere Weltregionen blieben weit hinter Europa zurück.

Europa zog zudem neben den USA am meisten Studenten aus den übrigen Weltregionen an. Um 1980 waren an europäischen Universitäten rund 260 000 nicht europäische Studenten eingeschrieben, in den USA 312 000 nicht amerikanische, in Japan, dem nächstgrößten Anziehungsraum für ausländische Studenten, dagegen nur rund 6500 nicht japanische. Der Abstand zwischen den USA und Europa ging in den 1980er- und 1990er-Jahren weiter zurück. Europa war darüber hinaus der größte Buch- und Zeitungsexporteur der Welt. Im Jahr 1990 exportierte Europa Bücher im Wert von 3,7 Milliarden US-Dollar, Nordamerika hingegen mit 1,7 Milliarden weniger als die Hälfte. Beim Export von Printmedien hatte Europa 1990 sogar einen Anteil von 48% am Weltexport, Nordamerika dagegen nur von 20%. Nirgends wurden so viele Bücher in so viele andere Sprachen übersetzt und wieder exportiert wie in Europa: 66% aller Buchübersetzungen (1989) wurden in Europa publiziert, sicher zum Teil eine Folge der Vielsprachigkeit Europas.

Intensiviert wurde die Globalisierung Europas auch durch die Stärkung der internationalen Zivilgesellschaft. Während der 1970er- und 1980er-Jahre, generell eine Zeit der Mobilisierung der Zivilgesellschaft, nahm auch auf der globalen Ebene die Zahl der internationalen Nichtregierungsorganisationen (International Non-Governmental Organisations, INGOs) zu. Vor allem in den 1970er- und frühen 1980er-Jahren stieg ihre Zahl von rund 2000 auf über 4000 an. Besonders prominente INGOs waren in Europa basiert. In dieser Zeit entstanden auch viele global vernetzte soziale Bewegungen. Schon die Studentenbewegung der späten 1960er-Jahre war eine globale, nicht nur eine westliche Bewegung, ebenso später die Friedensbewegung, die Umweltbewegung und die Frauenbewegung. Auf diese Weise wurde auch die europäische Zivilgesellschaft stärker globalisiert als zuvor.

Allerdings verstärkten sich die dunklen Seiten der Globalisierung in den 1970er- und 1980er-Jahren ebenfalls. Der wachsende Drogenhandel verband Europa mit den Anbaugebieten in Lateinamerika und dem Mittleren Osten. Europa wurde ein wichtiger Markt und Umschlagplatz im internationalen Drogenhandel. Der Menschenhandel aus Afrika und Asien mit Arbeitssklaven und Zwangsprostituierten stieg an. Für den illegalen Waffenhandel wurde Westeuropa mit seinen liberalisierten Grenzkontrollen im Innern ein wichtiger Raum. Mit den wachsenden Einkommensunterschieden zwischen Europa und Afrika beziehungsweise Asien nahm die illegale Einwanderung nach Europa zu.

Man kann sich darüber streiten, ob in den 1970er- und 1980er-Jahren Europa und die anderen Weltregionen auch durch die gemeinsame Erfahrung globaler Krisen verbunden wurden. Ohne Zweifel war die Ölkrise eine solche globale Erfahrung. Aber die Krisen danach in den 1980er- und 1990er-Jahren waren dann doch eher wieder regionale Krisen, die auf einzelne Weltregionen beschränkt blieben.

Insgesamt intensivierte sich die weltweite Verflechtung Europas in den 1970er- und 1980er-Jahren so stark, dass man ohne große Abstriche von einer Globalisierung Europas sprechen kann. Allerdings brach diese nicht von außerhalb und ohne eigenes Zutun über Europa herein. Der Kontinent spielte nicht primär eine passive Opferrolle. Gewiss verlagerten sich in diesem Prozess viele Arbeitsplätze aus Europa in andere Weltregionen, und die europäische Wirtschaft hatte auch unter der Steigerung des Erdölpreises massiv zu leiden. Aber europäische Akteure, also Unternehmer, Regierungen, Entwicklungshelfer, Touristen und Konsumenten, haben die

Globalisierung des eigenen Kontinents selbst aktiv vorangetrieben und die wirtschaftlichen ebenso wie die politischen, sozialen und kulturellen Verflechtungen selbst herbeigeführt. Europa spielte daher ein widersprüchliches Doppelspiel, indem es auf der einen Seite seine angebliche Opferrolle in der Globalisierung beklagte und diese auf der anderen Seite gleichzeitig aktiv vorantrieb und von ihr profitierte.

Europa in der Weltöffentlichkeit

Das Postkolonialismus- ebenso wie das Globalisierungsparadigma lassen ein weiteres für die globale Verflechtung Europas aufschlussreiches Thema eher am Rande: die Rolle Europas in der Weltöffentlichkeit. Europa hatte schon seit dem Ersten Weltkrieg allmählich seine Rolle als führendes positives globales Modell verloren. Es war zwar auch zuvor nie ohne Vorbehalte angenommen worden, wurde aber doch erst durch die Gräuel der beiden Weltkriege und die anschließenden Kolonialkriege wirklich unattraktiv.

Nach dem Zweiten Weltkrieg wurde das europäische Modell zudem im Kalten Krieg durch das amerikanische und sowjetische Modell weitgehend verdrängt, mit der Ausnahme der Hochkultur und des Wohlfahrtsstaats. Auch dieses Restmodell Europa verlor in den 1970er- und 1980er-Jahren weiter an Boden. Dem europäischen Wohlfahrtsstaat blies der zunehmend stärkere Trend für den Markt und gegen den Staat ins Gesicht. In der Hochkultur wurden die USA, vor allem New York, immer stärker das kulturelle Zentrum des Westens. Gleichzeitig spielte Europa als Modell für transnationale Integration und für friedliche, nicht kriegerische, auf Ausgleich orientierte internationale Beziehungen in dieser Epoche noch kaum eine Rolle.

Europa blieb gleichzeitig in den 1970er- und 1980er-Jahren ein Kontinent, der sich zwar in der Wirtschaft, im Tourismus und in der Kommunikationstechnik mit anderen Weltregionen stärker verflocht, aber sich in der eigenen öffentlichen Aufmerksamkeit nur wenig gegenüber anderen Weltregionen öffnete. Die früheren Mutterländer von Kolonialreichen, also Großbritannien, Frankreich,

Portugal, Belgien und die Niederlande, orientierten sich auf Europa zurück. Neue kulturelle Verflechtungen mit anderen Weltregionen wurden selten aufgebaut. Anders als es die wachsenden wirtschaftlichen und touristischen Verflechtungen erwarten ließen, berichteten die europäischen Medien nicht verstärkt über andere Weltregionen. Ihre Auslandskorrespondenten wurden nicht zahlreicher. Was sie berichteten, diente oft nicht dem besseren Verständnis außereuropäischer Regionen, sondern war eher eine Fortsetzung der innereuropäischen politischen Grabenkämpfe im Kalten Krieg. Europäische Medien für andere Weltregionen wurden nicht weiter ausgebaut. Der BBC World Service, das Radio France Internationale und die Deutsche Welle (eingerichtet 1953) blieben die wichtigsten europäischen Sender für andere Weltregionen.

Die wissenschaftliche Expertise über andere Weltregionen wurde nicht gezielt gefördert. Mit ihnen befasste Lehrstühle oder Institute wurden nicht erheblich zahlreicher. Sozialwissenschaftliche und historische Vergleiche europäischer Wissenschaftler beschränkten sich in der Regel auf Europa oder den atlantischen Raum und schlossen Asien und Afrika selten ein. Die École des Hautes Études en Sciences Sociales in Paris und die School of Asian and African Studies in London, beides europäische Modelle für Forschung über andere Weltregionen, blieben Ausnahmen. Nicht nur im Vergleich zu den Vereinigten Staaten oder Australien, sondern auch im Vergleich zu China und Indien blieb das wissenschaftliche Interesse der Europäer an anderen Weltregionen somit schwach. Daher fehlte auch den europäischen Regierungen die nötige Vielzahl an unabhängigen Experten für außereuropäische und außerwestliche Länder.

Die neuen politischen Themen, die in den 1970er- und 1980er-Jahren zunächst die Experten und sozialen Bewegungen, später auch die Politik umtrieben, wie Umwelt- und Klimaschutz, Energieversorgung, Abrüstung, Menschenrechte, waren zwar zwingend international und sprengten den nationalen Rahmen, die Europäer betrachteten sie aber vorerst nicht konsequent global. Anders als in den Sechzigerjahren, der Zeit der Kubakrise und des Vietnamkriegs, wurden die Europäer nicht mehr durch außereuropäische

Ereignisse des Kalten Krieges aufgerüttelt und für andere Weltregionen interessiert.

Insgesamt veränderten sich in den 1970er- und 1980er-Jahren, die oft als Beginn der heutigen europäischen Moderne angesehen werden, die Besonderheiten Europas: Der Kontinent stürzte von einer der wachstumsstärksten zu einer der wachstumsschwächsten Weltregionen ab. Frühere Besonderheiten wie die Stärke der Industriebeschäftigung traten zurück oder gerieten wie die massive Staatsintervention mit dem Aufstieg des Monetarismus in die Kritik. Zumindest im westlichen Europa trat die starke Industrieorientierung der Wirtschaft zurück. Dienstleistungen gewannen wie überall auf der Welt an Gewicht. Europa deregulierte, wenn auch mit Verzögerung und mit Widerständen und verbunden mit Reregulierungen. Eindeutige europäische Besonderheiten waren in dieser Epoche Europas ungewöhnlich langsames Bevölkerungs- und Städtewachstum, das noch stärker als zuvor aus dem globalen Rahmen herausfiel, sowie Individualisierung und Säkularisierung.

Der Handel Europas mit anderen Weltregionen stieg weiter an und überschritt nun das Niveau der Zeit vor 1914, der vorangegangenen Globalisierungszeit. Die europäischen Auslandsinvestitionen wurden liberalisiert und stiegen stark an. Europas Konzerne nahmen einen gewichtigeren Platz unter den größten Unternehmen der Welt ein. Auch über die neuen Kommunikations- und Transporttechnologien, über das automatische Telefon, Fax und Internet, Flugzeug und Container wurde Europa erheblich stärker mit anderen Weltregionen verbunden. In der wachsenden globalen Zivilgesellschaft spielte es eine aktivere Rolle ebenso wie bei der Entstehung eines globalen Konsums. Die Zuwanderung von Nichteuropäern nach Europa nahm zu. Aber auch die dunklen Seiten der Globalisierung, der Drogen- und Menschenhandel, die illegale Zuwanderung sowie der illegale und legale Waffenexport aus Europa in andere Weltregionen, wurden gewichtiger. Eine Rückkehr zur alten globalen Machtposition Europas brachten diese neuen Verflechtungen allerdings gewiss nicht mit sich.

Zwar blieben trotz der Entkolonialisierung die ungleichen Wirtschaftsbeziehungen mit und die kulturelle Dominanz gegenüber den früheren Kolonien meist erhalten. Aber in der Weltpolitik war Europa definitiv von den beiden Supermächten, den USA und der UdSSR, verdrängt worden. Für die europäische Wirtschaft waren zudem die wirtschaftlichen Beziehungen mit den modernen Industrieländern wichtiger geworden als mit den Ländern der südlichen Hemisphäre, sofern sie sich nicht industrialisierten oder wichtige Rohstoffe wie das Erdöl lieferten. Der kulturelle Austausch mit dem Süden der Welt blieb freilich nicht so einseitig wie während der Kolonialzeit, denn der kulturelle Einfluss des Südens auf Europa stieg. Immigranten aus den früheren Kolonien in Europa gewannen sehr allmählich, wirklich greifbar allerdings erst in den 1990er-Jahren, eine Stimme in der Musik, im Sport, in der Literatur, der Malerei und teilweise sogar der europäischen Politik.

Der europäische globale Einfluss war aber während der 1970er- und 1980er-Jahre von einer grundlegenden Ambivalenz geprägt. Auf der einen Seite schwächte sich die Bedeutung Europas in den internationalen Organisationen und der Weltöffentlichkeit weiter ab. Europa war sogar selbst Einflusszone von zwei hegemonialen Supermächten, den USA und der UdSSR, von denen die UdSSR ihre Macht strikt zentralistisch und die USA eher dezentral ausübten. Auf der anderen Seite besaß Europa wirtschaftlich und kulturell, wenn auch nicht mehr politisch und militärisch, eine zwar neuartige, aber wichtige globale Position. Europa blieb ein bedeutsamer wirtschaftlicher und kultureller globaler Akteur.

Diese wachsenden Verflechtungen Europas mit anderen Weltregionen vollzogen die Europäer allerdings mental meist nicht mit. Die Aufmerksamkeit für andere Weltregionen stieg weder in den Medien noch in der Wissenschaft noch in der Literatur spürbar an. Auch die neuen internationalen politischen Themen wie Umwelt- und Klimaschutz, Energieversorgung, Abrüstung und Menschenrechte öffneten den Gesichtskreis der Europäer in dieser Epoche nur punktuell für andere Weltregionen. Der wirtschaftlichen, gesellschaftlichen und kommunikativen Globalisierung folgte noch keine mentale Globalisierung der Europäer.

Epilog: Europa um 1989

Dieses Buch endet vor dem Umbruch von 1989. Deshalb werden in diesem Epilog für 1989 nur knapp die eingangs gestellten Fragen nach den gemeinsamen europäischen Entwicklungen und den innereuropäischen Unterschieden noch einmal aufgenommen und verfolgt, ob dieser Umbruch wirklich ein gesamteuropäisches Ereignis von ähnlicher Tragweite war wie die beiden anderen Umbrüche, die in diesem Band behandelt wurden, das Jahr 1945 und die 1970er-Jahre. Die Antwort ist umstritten, und zwar unter den Historikern des östlichen wie des westlichen Europa. Auf den ersten Blick kann man gewichtige Argumente dagegen anführen. Ganz offenkundig brachen politische Regime nur im östlichen Teil Europas und in der UdSSR zusammen. In den westlichen Teilen Europas fand hingegen nirgends ein Regimeumbruch statt. In diesem fundamentalen Sinn unterschieden sich Ost- und Westeuropa in den Jahren 1989–1991.

Selbst im Osten war zudem der Umbruch von 1989 kein einheitliches Ereignis. Vielmehr ereigneten sich 1989/91 ganz unterschiedliche Umbrüche vom bloßen Putsch in Rumänien ohne Regimewandel über den Gorbatschow'schen Umbau des Regimes von oben und der nachfolgenden Implosion der UdSSR bis hin zu den gewaltlosen «samtenen» Revolutionen in Ostmitteleuropa mit regimekritischen Protestbewegungen, dem teilweisen Austausch der politischen Eliten, der Einführung von Demokratien und der vollen nationalen Unabhängigkeit. Von einer Revolution und zudem von einer neuartigen gewaltfreien Revolution, einem faszinierenden Novum in der europäischen Geschichte, kann man nur in Ostmitteleuropa sprechen, nicht dagegen in Osteuropa und auch nicht in der UdSSR. Auch die Vorgeschichten dieser «samtenen» Revolutionen waren ganz unterschiedlich, dauerte in Polen mit seinen vielen

Protesten und dem Belagerungszustand rund zwanzig, in den anderen Ländern Ostmitteleuropas und der DDR nur wenige Jahre.

Gegen die Bewertung von 1989 als ein gemeinsames europäisches Ereignis kann man auch einwenden, dass die Ursachen des Umbruchs nicht gesamteuropäisch waren, sondern vor allem mit der speziellen Situation der Sowjetunion und daneben mit den ganz unterschiedlichen nationalen Gegebenheiten in Ostmittel- und Osteuropa zu tun hatten. Dabei verdienen die innersowjetischen Ursachen für die Implosion der UdSSR besonders viel Aufmerksamkeit, weil deren imperiale Politik und später ihr Zusammenbruch eine Schlüsselrolle im Umbruch von 1989/91 spielten. Zu diesen besonderen sowjetischen Ursachen gehörten nicht nur die Unzulänglichkeit der planwirtschaftlich geführten sowjetischen Konsumgüterindustrie und die traditionelle Produktivitätsschwäche der russischen Agrarwirtschaft, sondern vor allem auch die immer größer werdende Schere zwischen der sowjetischen und westlichen Informationstechnologie. Nicht nur im Rüstungswettlauf mit den USA zog die UdSSR in dieser Hinsicht den Kürzeren und konnte ihn auf die Dauer nicht durchhalten. Wegen der mangelnden Informationstechnologie wurde auch der Rückstand der UdSSR gegenüber westlichem Lebensstandard und westlichem Lebensstil immer uneinholbarer. Man sollte auch nicht übersehen, dass ein solcher Rückstand nicht nur gegenüber dem Westen bestand, sondern auch gegenüber China zu entstehen drohte.

Ein weiterer wichtiger sowjetischer Faktor des Umbruchs von 1989 war sicher die Person Gorbatschows, der die Sowjetunion durch eine Entlastung vom Rüstungswettbewerb modernisieren wollte. Gegen ein europäisches 1989 kann man schließlich auch anführen, dass die Erinnerungen an diesen Umbruch in den verschiedenen Teilen Europas ganz unterschiedlich aussehen. Sie sind überwiegend negativ im heutigen Russland und dagegen überwiegend – wenn auch in unterschiedlicher Weise – positiv in Ostmitteleuropa und im westlichen Europa.

Es spricht allerdings mehr dafür, den Umbruch von 1989 doch als ein gemeinsames europäisches Ereignis anzusehen. Er sah zwar nicht in jedem europäischen Land gleich aus, hatte aber fast überall in Europa gravierende Auswirkungen. Er beeinflusste die politische Landschaft nicht nur im östlichen Europa und in der zerfallenden Sowjetunion, sondern auch im westlichen Europa grundlegend.

Das östliche Europa veränderte sich ohne Zweifel von Grund auf. Das sowjetische Imperium mit seiner politischen und wirtschaftlichen Kontrolle über Ostmitteleuropa und der Präsenz der Roten Armee brach zusammen. Die Länder Ostmitteleuropas, also Polen, die Tschechoslowakei und Ungarn, aber auch osteuropäische Länder wie Bulgarien und Rumänien konnten danach nicht nur über ihr Schicksal selbst entscheiden, sondern wurden auf mittlere Sicht auch Demokratien. Darüber hinaus entstanden aus den früheren Sowjetrepubliken – neben Russland – eigenständige Staaten, die baltischen Staaten, Weißrussland, die Ukraine, Moldawien, Georgien, Armenien, Aserbaidschan und die zentralasiatischen Republiken. In einigen wenigen dieser früheren Sowjetrepubliken, den drei baltischen Staaten, wurde in den 1990er-Jahren ebenfalls die Demokratie eingeführt. In Südosteuropa, auf dem Balkan, veränderte sich die politische Landschaft mit dem Verfall Jugoslawiens ebenfalls grundlegend, allerdings nicht schon 1989/1990, sondern erst im Verlauf der nächsten Jahre.

Entscheidend für die Bewertung von 1989 als europäisches Ereignis ist, dass sich auch im westlichen Europa die politische Landschaft 1989/90 tief greifend wandelte. Fast jedes Land war in der einen oder anderen Weise tangiert. Deutschland veränderte sich durch die Wiedervereinigung von 1990 grundlegend, bestand nun aus zwei Teilen mit anfangs ganz unterschiedlichen Wirtschaftsstrukturen, Lebensstandards und historischen Erfahrungen, die langsam zusammenwuchsen. In Italien, Frankreich, Spanien und Portugal veränderte sich die politische Landschaft erheblich mit dem Niedergang der zuvor einflussreichen kommunistischen Parteien. Das Selbstverständnis der Schweiz und Österreichs, Schwedens und Finnlands veränderte sich einschneidend mit dem Ende der Neutralität, die nach dem Ende des Kalten Krieges ihren Sinn verlor. Die nationalen Öffentlichkeiten und die Erinnerungen in vielen Ländern Europas wurden von dem Umbruch 1989 stark aufgerührt. Der Ausdruck «Fall der Mauer» («la chute du mur», «the fall of the wall») ging in die Alltagssprache vieler europäischer Länder ein. Die Silvesterfeier 1989 in Berlin war ein europäisches Event.

Nicht nur die europäischen Nationalstaaten veränderten sich, sondern auch ihre Beziehungen zueinander verschoben sich in der Folge des Umbruchs von 1989 ganz erheblich. Die Europäische Gemeinschaft entwickelte sich von einer rein westeuropäischen zu einer gesamteuropäischen Union. Als Folge des Umbruchs von 1989 wurde nicht nur die Mitgliedschaft der meisten neutralen westeuropäischen Länder, sondern auch der ostmitteleuropäischen Länder, der baltischen Staaten und zweier osteuropäischer Länder sowie der Mittelmeerinseln Malta und Zypern (wegen der fortdauernden Teilung Zyperns zunächst allerdings nur des griechischen Teils) ins Auge gefasst und 1995, 2004 und 2007 umgesetzt. Die europäische Integration zog damit keine Trennlinie mehr zwischen Neutralen und nicht Neutralen, zwischen Ost und West. Darüber hinaus erhielt die Europäische Union weit mehr Kompetenzen als die frühere Europäische Gemeinschaft. Nicht nur ihre wirtschaftlichen Kompetenzen wurden mit der Planung der gemeinsamen Währung und der Europäischen Zentralbank verstärkt. Auch im Bereich der äußeren und inneren Sicherheit, der Kultur und der sozialen Sicherung nahmen die Kompetenzen der Europäischen Union ganz erheblich zu.

Dieser Schub der europäischen Integration hatte viel mit einer Folge des Umbruchs von 1989, der deutschen Einheit, zu tun. Das für seine Nachbarn irritierend groß gewordene Deutschland wurde durch das entschiedene Vorantreiben der europäischen Integration umso fester eingebunden. Seit dem Vertrag von Maastricht 1992 und den dazu durchgeführten Referenden in einigen Mitgliedsländern der Europäischen Gemeinschaft politisierte sich zudem die europäische Integration. Europäische Politik wurde zu einem heiß umstrittenen Thema, das zwischen Mitgliedern der gleichen politischen Parteien und einfachen Bürgern leidenschaftliche Debatten auslösen konnte. Intellektuelle, die früher Europa eher als ein trockenes schwieriges Thema angesehen hatten, nahmen nun Stellung.

Die NATO veränderte sich als Folge des Umbruchs von 1989/1991 ebenfalls. Sie verlor ihre Funktion als Abwehrbündnis gegen die Sowjetunion im Kalten Krieg und wurde in den 1990er-Jahren ein wichtiges neues Integrationsinstrument für die ostmitteleuropäischen und osteuropäischen Staaten. Die Mitgliedschaft in der NATO verlieh ihnen Sicherheit in der neuen, offenen internationalen Situation – nicht zuletzt gegenüber Russland. Zudem wandelte sich die NATO später von einer bloß regionalen Militärallianz für Europa zu einer Allianz für globale militärische Friedensmissionen. Ohne den Umbruch von 1989/91 wäre dieser Wandel der NATO nicht denkbar gewesen.

Insgesamt traf der Umbruch von 1989 ganz ähnlich wie die vorhergehenden großen historischen Umbrüche der europäischen Geschichte 1789, 1848, 1914/18, 1945 nicht alle Länder Europas in exakt derselben Weise. Neben gemeinsamen Ursachen gibt es auch spezielle nationale Gründe. Aber 1989 war doch in fast jedem europäischen Land ein historischer Einschnitt oder hatte in den Jahren danach massive Auswirkungen. Es ist im Übrigen nicht erstaunlich, dass der Umbruch von 1989 von einem Land zum anderen unterschiedlich bewertet wird, bisher keine einheitliche europäische Erinnerung an diesen Umbruch besteht und man bestenfalls von einer Mehrheitserinnerung sprechen kann. Auch die Erinnerungen an die anderen großen Umbrüche in der europäischen Geschichte sind alles andere als einheitlich.

Danksagung

Eine erste Version dieses Buches habe ich 2008 in meiner Vorlesung vorgetragen und zentrale Aspekte in meinen Hauptseminaren an der Humboldt-Universität behandelt. Der Diskussion mit Studenten verdanke ich viel, ebenso wie den Debatten mit Kollegen und Doktoranden über einzelne Kapitel des Buches auf Vorträgen in Freiburg, Paris, London, Warschau und Berlin. Andreas Spreier hat als studentische Hilfskraft das Buch gründlich auf Faktenfehler und Unlesbarkeiten durchgesehen. Ivo Komljen hat das Register und die Zeitleiste angefertigt. Sebastian Ullrich bin ich sehr dankbar für ein exzellentes Lektorat. Meiner Frau und meiner Familie danke ich für ihre große Geduld mit einem intensiv schreibenden Ehemann, Vater, Schwiegervater und Großvater und für wichtige Gespräche über Weltwirtschaft, Kulturgeschichte, die Geschichte des Nahen Ostens und das Funktionieren der EU. Ihnen sei das Buch gewidmet.

Literaturhinweise

Aus der Vielzahl von historischen und sozialwissenschaftlichen Arbeiten zur Geschichte Europas zwischen 1945 und 1989 sei nur eine kleine Auswahl genereller Veröffentlichungen erwähnt, da eine ausführliche Bibliographie auf der Website des Beck-Verlags zur Verfügung gestellt wird (www.chbeck.de/go/Geschichte-Europas).

Mehrere gute Überblicke zur *Geschichte Europas seit 1945* wurden in der jüngsten Zeit publiziert: von Mary Fulbrook als sorgfältiger Herausgeberin «Europe since 1945» (Oxford 2001), von Constantin Goschler und Rüdiger Graf die informative, nach Sachthemen geordnete «Europäische Zeitgeschichte seit 1945» (Berlin 2010) und die umfangreiche, eher chronologische, hervorragend geschriebene «Geschichte Europas von 1945 bis zur Gegenwart» (München 2006) von Tony Judt. Auch einschlägige Kapitel aus jüngeren Darstellungen zur längeren Geschichte Europas sind sehr lesenswert, vor allem aus: Harold James, «Geschichte Europas im 20. Jahrhundert, Fall und Aufstieg 1914-2001» (München 2004); Helmut Altrichter/ Walther L. Bernecker, «Geschichte Europas im 20. Jahrhundert» (Stuttgart 2004); Mark Mazower, «Der dunkle Kontinent. Europa im 20. Jahrhundert» (Frankfurt 2002); Serge Bernstein/ Pierre Milza, «Histoire de l'Europe contemporaine» (Paris 2002); Hagen Schulze, «Phoenix Europa. Die Moderne von 1740 bis heute» (Berlin 1998).

Für die *großen Bereiche* der europäischen Geschichte nach 1945 findet man ebenfalls gute Darstellungen: für die *Wirtschaftsgeschichte* Barry Eichengreen, «The European Economy since 1945» (Princeton 2007), und die einschlägigen Kapitel bei: Stephen Broadberry und Kevin H. O'Rourke, «The Cambridge Economic History of Modern Europe, vol. 2, 1870 to the present» (Cambridge 2010); Ivan T. Berend, «Markt und Wirtschaft. Ökonomische Ordnungen und wirtschaftliche Entwicklung in Europa seit dem 18. Jahrhundert» (Göttingen 2007), nützlich auch die älteren Darstellungen von Wolfram Fischer (Hg.), «Handbuch der europäischen Wirtschafts- und Sozialgeschichte, Bd. 6: Vom Ersten Weltkrieg bis zur Gegenwart» (Stuttgart 1987) und von Gerold Ambrosius/ William H. Hubbard, «Sozial- und

Wirtschaftsgeschichte Europas im 20. Jahrhundert» (München 1986); für die *Sozialgeschichte* die Synthesen des Soziologen Göran Therborn, «Die Gesellschaften Europas 1945-2000. Ein soziologischer Vergleich» (Frankfurt 2000), des ungarischen Historikers Béla Tomka, «Európa társadalom-Története a 20. Században» (Budapest 2009; demnächst in Englisch), des Sozialwissenschaftlers Colin Crouch, «Social Change in Western Europe» (Oxford 1999), der Soziologen Stefan Hradil und Stefan Immerfall (Hg.), «Die westeuropäischen Gesellschaften im Vergleich» (Opladen 1997), die von Peter Stearns herausgegebene «Encyclopedia of European Social History» (6 Bde., New York 2001) und meine eigene «Sozialgeschichte Europas seit 1945» (München 2007, japan. 2010; poln. 2011; engl. vorauss. 2011); für die *Kulturgeschichte* die einschlägigen Kapitel aus Hermann W. van der Dunk, «Kulturgeschichte des 20. Jahrhunderts» (2 Bde., München 2004); Donald Sassoon, »The Culture of the Europeans from 1800 to the Present» (London 2006); Anne-Marie Autissier, »L'Europe de la culture. Histoire(s) et enjeux» (Paris 2005); für die *Politikgeschichte* die oben erwähnten allgemeinen Überblicke zu Europa.

Auch für *zentrale Themen* der Geschichte Europas 1945-1989 findet man jüngere Gesamtdarstellungen. Für die Geschichte des *Kalten Kriegs* gibt es die guten Überblicke von Jost Dülffer, «Europa im Ost-West-Konflikt, 1945-1991» (München 2004) und Bernd Stöver, «Der Kalte Krieg. Geschichte eines radikalen Zeitalters» (München 2007), das knappe Bändchen von Rolf Steininger, «Der Kalte Krieg» (Frankfurt 2006) und der ganz aus amerikanischer Perspektive geschriebene Band von John Lewis Gaddis, «Der Kalte Krieg. Eine neue Geschichte» (München 2007). Für die Geschichte der *europäischen Integration* wurde in der jüngsten Zeit eine große Auswahl von Überblicken geschrieben oder neu aufgelegt: Marie-Thérèse Bitsch, «Histoire de la construction européenne de 1945 à nos jours» (Neuaufl., Paris 2006; leider nicht übersetzt); Gerhard Brunn, «Die europäische Einigung von 1945 bis heute» (3.Aufl., Stuttgart 2009); Gabriele Clemens/ Alexander Reinfeldt/ Gerhard Wille, «Geschichte der europäischen Integration» (Paderborn 2008); Desmond Dinan, «Europe Recast: A History of the European Union» (Basingstoke 2004); Jürgen Elvert, «Die europäische Integration» (Darmstadt 2006); John Gillingham, «European Integration, 1950-2003. Superstate or New Market Economy?» (New York 2003); Franz Knipping, »Rom, 25.März 1957. Die Einigung Europas» (München 2004); Wilfried Loth, «Der Weg nach Europa. Die Geschichte der europäischen Integration 1939-1957» (3. Aufl., Göttingen 1996); Jürgen Mittag, «Kleine Geschichte der Europäischen Union» (Münster 2008); Hans-Joachim Seeler, «Geschichte und Politik der Europäischen Integration» (Baden-Baden 2008); Guido Thiemeyer, «Europäische Integration» (Köln 2010). Für die *Spätzeit der Kolonien und die Entkolonialisierung:* Raymond F. Betts, «Decolonization» (2. Aufl., London/New York 2004); Andreas Eckert, «Kolonialismus» (Frankfurt 2006); Jürgen Osterhammel, «Kolonialismus. Geschichte, Formen, Folgen» (4. Aufl., München 2003); Dietmar Rothermund, «Delhi, 15. August 1947. Das Ende kolonialer Herrschaft» (München 1998); Wolfgang Reinhardt, «Kleine Geschichte des Kolonialismus» (2.Aufl., Stuttgart 2008); für die jüngste Geschichte der *Globalisierung* Peter E. Fässler, «Globalisierung. Ein historisches Kompendium» (Köln 2007); David Held/ Antony McGrew/ David Goldblatt/ Jonathan Perraton, «Global Transformation. Politics, Economics and Culture» (Cambridge 1999); Jürgen Osterhammel/ Niels P. Petersson, «Geschichte der Globalisierung. Dimensionen, Prozesse, Epochen» (München 2003); Robert Gilpin, »The Challenge of Global Capitalism. The World Economy in the 21st Century» (2. Aufl., Princeton 2002); Peter Dicken, «Global Shift: Mapping the Changing Contours of the World Economy» (5. Aufl., London 2007). Für die globale Verflechtung Europas durch *Migration* liest man mit Gewinn Klaus J. Bade, «Europa in Bewegung. Migration vom späten 18. Jahrhundert bis zur Gegenwart» (München 2002); Stephen Castles/ Marc J. Miller, «The age of migration. International population movements in the world» (3. Aufl., Basingstoke 2003); Dirk Hoerder, «Cultures in Contact. World Migrations in the Second Millennium» (Durham 2002); Leo Lucassen, «The Immigrant Threat. The Integration of Old and New Migrants in Western Europe since 1850» (Chicago 2005). Zu wichtigen Themen fehlen allerdings bisher Gesamtdarstellungen zum Zeitraum 1945-1989: zur Geschichte von Zentrum und Peripherie in Europa; zum Einfluss Europas auf die Weltorganisationen und auf die globale Zivilgesellschaft, zu den globalen Unternehmen Europas und den globalen Wirtschaftsbeziehungen Europas, zum Einfluss Europas auf den globalen Konsum und auf die globale Wissenschaftsentwicklung, zum Wandel der nichteuropäischen Repräsentationen von Europa und zum Wandel der europäischen Repräsentationen von anderen Weltregionen, generell zur globalen Rolle Europas nach der Entkolonialisierung.

Für den *globalen Kontext* der Geschichte Europas seit 1945 konsultiert man am besten die verschiedenen neueren globalhistorischen Überblicke, die aber häufig eher nationale Entwicklungen, weniger die Entwicklung von ganzen Weltregionen wie Europa verfolgen. Für die Geschichte *einzelner europäischer Länder* gibt es ebenfalls mehrere gute, neuere Reihen. Für die Geschichte von *Begriffen* empfiehlt sich die Enzyklopädie der Neuzeit, die seit 2005 erscheint und voraussichtlich 2012 abgeschlossen sein wird.

Für *Persönlichkeiten* der Geschichte benutzt man am besten neben dem Internet die Neue Deutsche Biographie oder das Dictionaire de biographie française oder Oxford Dictionary of National Biography. Als *Online-Präsentation* der europäischen Geschichte sind besonders nützlich die beiden ganz unterschiedlichen Portale: das Themenportal Europäische Geschichte von HSozKult und das Themenportal EGO – Europäische Geschichte Online. Für die Entwicklung in *Statistiken* sind sehr nützlich: P. Flora, «State, Economy and Society 1915-1975» (2. Bde., Frankfurt 1984ff.); Angus Maddison, «The World Economy. A Millenial Perspective» (OECD Paris 2001); B.R. Mitchell, «International Historical Statistics: Europe, 1750-2000» (Basingstoke 2003); ILO, «Economically Active Population 1950-2010» (Genf 1997); OECD, «Historical Statistics» (unterschiedliche Jahrgänge).

Abbildungsnachweis

S. 15 ullstein bild, Berlin
S. 90 Österreichische Nationalbibliothek Wien, Foto: Alfred Cermak
S. 211 ullstein bild, Berlin, Foto: Rieth
Alle Karten: © Peter Palm, Berlin

Zeitleiste

4.–11.2.1945	Konferenz von Jalta
7.–9.5.1945	Kapitulation Deutschlands
26.6.1945	Gründung der UNO; Unterzeichnung der Charta der Vereinten Nationen
17.7.–2.8.1945	Konferenz von Potsdam, Verabschiedung des Potsdamer Abkommens
6./9.8.1945	Atombombenabwurf auf Hiroshima und Nagasaki
22.2.1946	«Langes Telegramm» George F. Kennans
5.3.1946	Churchills «Eiserner Vorhang»-Rede
29.7–15.10.1946	Pariser Friedenskonferenz
10.2.1947	Unterzeichnung der Pariser Friedensverträge
12.5.1947	US-Präsident Trumans Rede zur «Eindämmungspolitik»
5.6.1947	Ankündigung des Marshallplans/Europ. Wiederaufbauprogramm (ERP)
27.9.1947	Gründung des Kominform
14./15.8.1947	Unabhängigkeit Indiens und Pakistans
25.2.1948	Kommunistische Machtübernahme in der Tschechoslowakei
17.3.1948	Unterzeichnung des Brüsseler Pakts
16.4.1948	Gründung der Organisation für europäische wirtschaftliche Zusammenarbeit (OEEC)
14.5.1948	Staatsgründung Israels
20.6.1948	Währungsreform in den deutschen Westzonen
1.1.1949	Gründung des COMECON unter Führung der Sowjetunion
24.6.1948–4.5.1949	Berliner Blockade

4. 4. 1949	Gründung der North Atlantic Treaty Organisation (NATO)
5. 5. 1949	Gründung des Europarats
23. 5. 1949	Gründung der Bundesrepublik Deutschland
7. 10. 1949	Gründung der Deutschen Demokratischen Republik (DDR)
27. 12. 1949	Unabhängigkeit Indonesiens wird von den Niederlanden offiziell anerkannt
9. 5. 1950	Rede Robert Schumans, Vorschlag des Projekts der Montanunion
25. 6. 1950	Beginn des Koreakrieges
24. 10. 1950	Präsentation des Pleven-Plans zum Aufbau einer westeuropäischen Armee
4. 10. 1950	Unterzeichnung der Europäischen Menschenrechtskonvention in Rom
18. 4. 1951	Gründung der Europäischen Gemeinschaft für Kohle und Stahl (EGKS, auch Montanunion genannt)
10. 3. 1952	Stalin-Note zur Wiedervereinigung Deutschlands
5. 3. 1953	Tod Stalins
17. 6. 1953	Volksaufstand in der DDR
30. 8. 1954	Ablehnung der Europäischen Verteidigungsgemeinschaft im französischen Parlament
23. 10. 1954	Unterzeichnung der Pariser Verträge
5. 5. 1955	Inkrafttreten der Pariser Verträge
9. 5. 1955	NATO-Beitritt der Bundesrepublik
14. 5. 1955	Gründung des Warschauer Pakts
18.–23. 7. 1955	Genfer Konferenz
14.–25. 2. 1956	XX. Parteitag der KPdSU
22. 6. 1956	Aufstand in Polen
23.10.–11. 11. 1956	Ungarn-Aufstand
29.10./31. 10. 1956	Beginn der Suez-Krise

25. 3. 1957	Unterzeichnung der Römischen Verträge; Gründung der Europäischen Wirtschaftsgemeinschaft (EWG) und der Europäischen Atomgemeinschaft (EURATOM)
4. 10. 1957	Sputnik-Start
27. 11. 1958	Sowjetisches Berlin-Ultimatum
4. 1. 1960	Gründung der Europäischen Freihandelsassoziation (EFTA)
14. 12. 1960	Organisation für wirtschaftliche Zusammenarbeit und Entwicklung (OECD)
13. 8. 1961	Bau der Berliner Mauer
Juli 1962	Unabhängigkeit Algeriens
14.–28. 10. 1962	Kuba-Krise
14. 1. 1963	Veto des französischen Präsidenten de Gaulle gegen den Beitritt Großbritanniens zur EWG
22. 1. 1963	Unterzeichnung des Élysée-Vertrags zwischen Frankreich und der Bundesrepublik
28.–30. 1. 1966	Luxemburger Kompromiss der Staats- und Regierungschefs der EWG
Mai 1968	Studentenproteste in Frankreich
21. 8. 1968	Niederschlagung des «Prager Frühlings»
1.–2. 12. 1969	Gipfel von Den Haag
12. 8. 1970–11. 12. 1973	Unterzeichnung der vier Ostverträge
3. 9. 1971	Viermächte-Abkommen über Berlin
10. 4. 1972	Basler Abkommen zur sog. «Währungsschlange»
April/Mai 1972	Veröffentlichung des Berichts über «Die Grenzen des Wachstums» des Club of Rome
26. 5. 1972	SALT-I-Vertrag
22. 7. 1972	Freihandelsabkommen zwischen EFTA und EWG
1. 1. 1973	EWG-Beitritt Großbritanniens, Irlands und Dänemarks
27. 1. 1973	Waffenstillstandsabkommen in Vietnam
Februar–März 1973	Zusammenbruch des Bretton-Woods Währungssystems
6.–26. 10. 1973	Jom-Kippur-Krieg, erste Ölkrise
April 1974	Staatsstreich in Portugal, Ende der Diktatur

Juli 1974	Ende der Diktatur in Griechenland
9.–10. 12. 1974	Pariser Gipfel, Gründung des Europäischen Rates
28. 2. 1975	Abkommen von Lomé
25. 6. 1975	Unabhängigkeit Mozambiques
1. 8. 1975	Unterzeichnung der KSZE-Schlussakte von Helsinki
11. 11. 1975	Unabhängigkeit Angolas
20. 11. 1975	Tod Francos, Beginn des Demokratisierungsprozesses in Spanien
13. 3. 1979	Inkrafttreten des Europäischen Währungssystems
7.–10. 6. 1979	Erste direkte Wahlen zum Europäischen Parlament
18. 6. 1979	SALT-II-Vertrag
12. 12. 1979	NATO-Doppelbeschluss
27. 12. 1979	Einmarsch der Sowjetunion in Afghanistan
17. 9. 1980	Gründung der Solidarność in Polen
1. 1. 1981	EWG-Beitritt Griechenlands
1981–1982	Große Friedensdemonstrationen in Belgien, den Niederlanden und der Bundesrepublik
11. 3. 1985	Gorbatschow wird Generalsekretär der KPdSU
14. 6. 1985	Unterzeichnung des Schengener Abkommens
1. 1. 1986	EWG-Beitritt Spaniens und Portugals
17.–28. 2. 1986	Unterzeichnung der Einheitlichen Europäischen Akte (EEA)
1. 7. 1987	Inkrafttreten der Einheitlichen Europäischen Akte (EEA)
9. 11. 1989	Öffnung der Mauer in Berlin

Anmerkungen

Prolog: Europa um 1945

1 Hildegard Hamm-Brücher, in: H. Sarkowicz (Hg.), «Als der Krieg zu Ende war». Erinnerungen an den 8. Mai 1945, Frankfurt M./Leipzig 1995, S. 174 f.

2 Simone Veil, Und dennoch leben. Die Autobiographie der großen Europäerin, Berlin 2009, S. 95.

3 Jean Monnet, Erinnerungen eines Europäers, München 1980, S. 286.

4 Heinrich Böll, Eine deutsche Erinnerung, München 1981, S. 140–141.

I. Die Nachkriegszeit (1945–1949/50)

1 H. Kühn, Widerstand und Immigration. Die Jahre 1928–1945, Hamburg 1980, S. 303 f.

2 A. Renger, in: H. Sarkowicz (Hg.), «Als der Krieg zu Ende war». Erinnerungen an den 8. Mai 1945, Frankfurt M./Leipzig 1995, S. 181 f.

3 K. Mann, Die Heimsuchung des Geistes (1949), in: P. M. Lützeler (Hg.), Plädoyers für Europa. Stellungnahmen deutschsprachiger Schriftsteller 1915–1949, Hamburg 1987, S. 304 f.

4 Karl Meyer, Weltgeschichte im Überblick, Frankfurt M. 1961, S. 21 (gedruckt nach Aufzeichnungen und Mitschriften einer Vorlesung an der Universität Zürich, gehalten in der Nachkriegszeit und in den 1950er-Jahren).

II. Prosperität und Kalter Krieg (1950–1973)

1 Robert Jungk, Die Zukunft hat schon begonnen, Bern/München 1963, S. 20 f.

2 Karl Jaspers, Vom Ursprung und Ziel der Geschichte, Frankfurt/M. 1955, S. 169 (zuerst 1949).

3 Zit. nach Gabriel Fragnière, Hendrik Brugmans. Building Europe by educating Europeans, Brüssel 2006.

III. Auslaufen der Prosperität und neue Vielfalt der Optionen (1973–1989)

1 Jean-François Lyotard, La condition postmoderne. Rapport sur le savoir, Paris 1979.

2 Zit. nach Gerhard Brunn, Die europäische Einigung, Stuttgart 2002, S. 228.

Namensregister (Personen und Institutionen)